プリント形式のリアル過去問で本番の臨場感！

奈良県

奈良教育大学附属中学校

2025年春受験用

解答集

本書は，実物をなるべくそのままに，プリント形式で年度ごとに収録しています。
問題用紙を教科別に分けて使うことができるので，本番さながらの演習ができます。

■ 収録内容

・解答集（この冊子です）

書籍ＩＤ番号，この問題集の使い方，最新年度実物データ，リアル過去問の活用，
解答例と解説，ご使用にあたってのお願い・ご注意，お問い合わせ

・2024（令和６）年度 ～ 2020（令和２）年度　学力検査問題

JN131756

○は収録あり	年度	'24	'23	'22	'21	'20
■ 問題(学力検査)		○	○	○	○	○
■ 解答用紙		○	○	○	○	○
■ 配点						※

全教科に解説があります

※2020年度の配点は国語のみ公表
注)問題文等非掲載:2024年度社会の2，2023年度理科の6

資料の非掲載につきまして

著作権上の都合により，本書に収録している過去入試問題の資料の一部を掲載しておりません。ご不便をおかけし，誠に申し訳ございません。

教英出版

■　書籍ＩＤ番号

入試に役立つダウンロード付録や学校情報などを随時更新して掲載しています。
教英出版ウェブサイトの「ご購入者様のページ」画面で，書籍ＩＤ番号を入力してご利用ください。

書籍ＩＤ番号　102426

（有効期限：2025年9月30日まで）

【入試に役立つダウンロード付録】
「要点のまとめ(国語／算数)」
「課題作文演習」ほか

■　この問題集の使い方

年度ごとにプリント形式で収録しています。針を外して教科ごとに分けて使用します。①片側，②中央のどちらかでとじてありますので，下図を参考に，問題用紙と解答用紙に分けて準備をしましょう（解答用紙がない場合もあります）。

針を外すときは，けがをしないように十分注意してください。また，針を外すと紛失しやすくなりますので気をつけましょう。

① 片側でとじてあるもの

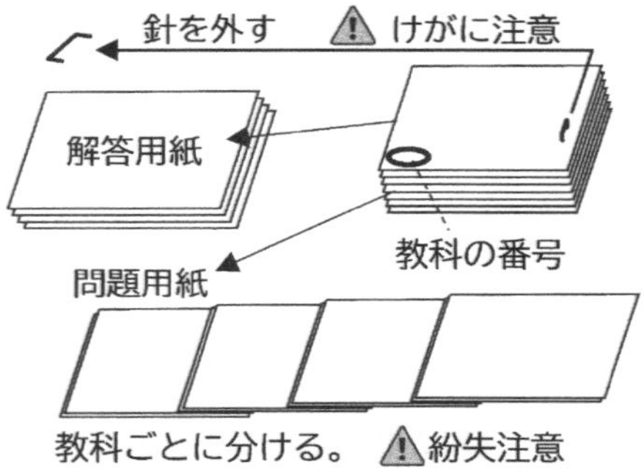

② 中央でとじてあるもの

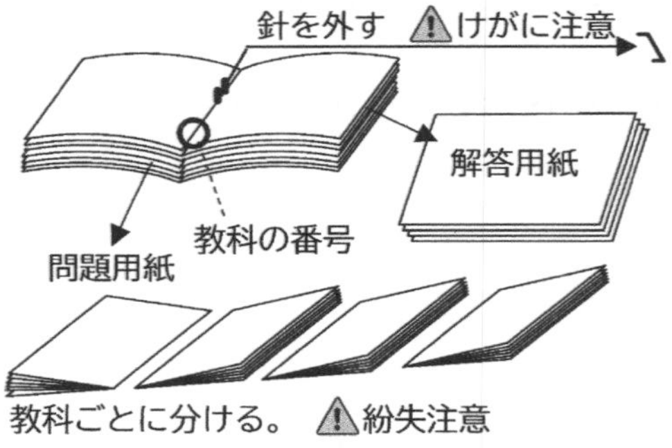

※教科数が上図と異なる場合があります。
解答用紙がない場合や，問題と一体になっている場合があります。
教科の番号は，教科ごとに分けるときの参考にしてください。

■　最新年度 実物データ

実物をなるべくそのままに編集していますが，収録の都合上，実際の試験問題とは異なる場合があります。実物のサイズ，様式は右表で確認してください。

問題用紙	Ｂ４片面プリント
解答用紙	Ｂ４片面プリント

リアル過去問の活用

~リアル過去問なら入試本番で力を発揮することができる~

本番を体験しよう！

問題用紙の形式（縦向き / 横向き），問題の配置や余白など，実物に近い紙面構成なので本番の臨場感が味わえます。まずはパラパラとめくって眺めてみてください。「これが志望校の入試問題なんだ！」と思えば入試に向けて気持ちが高まることでしょう。

入試を知ろう！

同じ教科の過去数年分の問題紙面を並べて，見比べてみましょう。

① 問題の量

毎年同じ大問数か，年によって違うのか，また全体の問題量はどのくらいか知っておきましょう。どのくらいのスピードで解けば時間内に終わるのか，大問ひとつにかけられる時間を計算してみましょう。

② 出題分野

よく出題されている分野とそうでない分野を見つけましょう。同じような問題が過去にも出題されていることに気がつくはずです。

③ 出題順序

得意な分野が毎年同じ大問番号で出題されていると分かれば，本番で取りこぼさないように先回りして解答することができるでしょう。

④ 解答方法

記述式か選択式か（マークシートか），見ておきましょう。記述式なら，単位まで書く必要があるかどうか，文字数はどのくらいかなど，細かいところまでチェックしておきましょう。計算過程を書く必要があるかどうかも重要です。

⑤ 問題の難易度

必ず正解したい基本問題，条件や指示の読み間違いといったケアレスミスに気をつけたい問題，後回しにしたほうがいい問題などをチェックしておきましょう。

問題を解こう！

志望校の入試傾向をつかんだら，問題を何度も解いていきましょう。ほかにも問題文の独特な言いまわしや，その学校独自の答え方を発見できることもあるでしょう。オリンピックや環境問題など，話題になった出来事を毎年出題する学校だと分かれば，日頃のニュースの見かたも変わってきます。

こうして志望校の入試傾向を知り対策を立てることこそが，過去問を解く最大の理由なのです。

実力を知ろう！

過去問を解くにあたって，得点はそれほど重要ではありません。大切なのは，志望校の過去問演習を通して，苦手な教科，苦手な分野を知ることです。苦手な教科，分野が分かったら，教科書や参考書に戻って重点的に学習する時間をつくりましょう。今の自分の実力を知れば，入試本番までの勉強の道すじが見えてきます。

試験に慣れよう！

入試では時間配分も重要です。本番で時間が足りなくなってあわてないように，リアル過去問で実戦演習をして，時間配分や出題パターンに慣れておきましょう。教科ごとに気持ちを切り替える練習もしておきましょう。

心を整えよう！

入試は誰でも緊張するものです。入試前日になったら，演習をやり尽くしたリアル過去問の表紙を眺めてみましょう。問題の内容を見る必要はもうありません。どんな形式だったかな？受験番号や氏名はどこに書くのかな？…ほんの少し見ておくだけでも，志望校の入試に向けて心の準備が整うことでしょう。

そして入試本番では，見慣れた問題紙面が緊張した心を落ち着かせてくれるはずです。

※まれに入試形式を変更する学校もありますが，条件はほかの受験生も同じです。心を整えてあせらずに問題に取りかかりましょう。

2024 解答例 令和６年度　奈良教育大学附属中学校

《国　語》

〔一〕 ⑴①省　②衛星　⑵①じょうび　②おぎな　⑶①ア　②ウ　③イ　⑷①ねずみ　②たぬき　③ねこ

〔二〕 ⑴15　⑵自分のことを考　⑶A．ア　B．イ　C．エ　⑷いさぎよい　⑸イ

⑹ア．目的〔別解〕結果　イ．単純〔別解〕簡単／一直線　ウ．面倒な〔別解〕ややこしい／からまりあっている　エ．楽しみ〔別解〕満足感　⑺ウ，エ

〔三〕＜作文のポイント＞

・最初に自分の主張、立場を明確に決め、その内容に沿って書いていく。

・わかりやすい表現を心がける。自信のない表現や漢字は使わない。

さらにくわしい作文の書き方・作文例はこちら！→https://kyoei-syuppan.net/mobile/files/sakupo.html

《算　数》

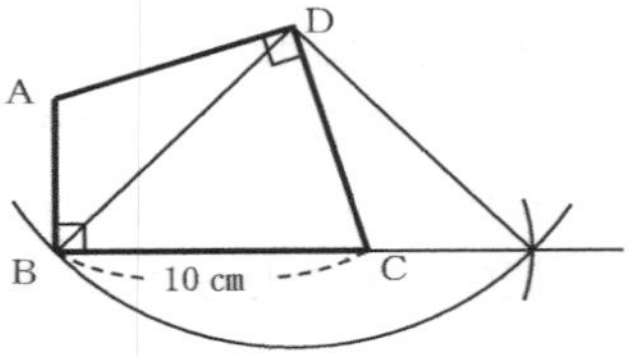

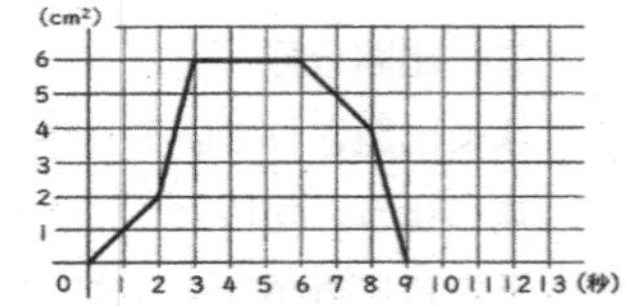

1 ⑴196　⑵15　⑶$\frac{5}{6}$　⑷18　⑸1

2 ⑴4と24／6と8　⑵300　⑶25　⑷ア．48　イ．72

3 ⑴$\frac{5}{2}$　⑵45　⑶50

4 ⑴右図／6　⑵①63.7　②126.5

5 ⑴面…14　辺…24　頂点…12　⑵$\frac{5}{6}$

6 ⑴6　⑵右グラフ　⑶2.25秒後，8.25秒後

《理　科》

1 ⑴エ　⑵ア，ウ，カ

2 Aさん…③　Bさん…②　Cさん…①　Dさん…④

3 ⑴イ，エ　⑵ウ　⑶ウ　⑷ア，エ，キ，コ

4 ⑴ア　⑵ウ　⑶ア，エ

5 ⑴イ　⑵ウ　⑶4

6 下線を引く部分…池にもどしました。　意見…法律上放してはいけないので，家で飼い続ける。

《社　会》

1 ⑴ウ　⑵ア　⑶イ，オ　⑷エ→ウ→イ→ア　⑸もたない　⑹イ　⑺A．200海里　B．養しょく業

2 ⑴1960年から1975年にかけて，家庭電化製品のふきゅう率が急速に上昇し，人々のくらしは便利になりました。いっぽう，騒音や振動，大気汚染などの公害も起こり，人々の健康がおびやかされるようになりました。

⑵14／マイクロプラスチックなどの海洋ゴミの問題があるからです。附属中学校では鳥羽へ臨海学習に行くそうなので，海の生きものや環境，そこでくらす人々のお話を聞いたり，実際に海岸でゴミひろいをしたいです。

《2024　国語　解説》

〔一〕

(3)①　①とアは、断定の助動詞。イは、伝聞の助動詞「そうだ」の一部。ウは、過去の助動詞。断定の助動詞の「だ」は体言(「一つ」「うどん」)に、過去の助動詞の「だ」は用言(「転ん」)に接続していることから見分けられる。　②　助動詞の「られる」には、受け身、可能、自発、尊敬の４つの意味がある。②とウは、可能の意味。アは受け身、イは尊敬の意味。　③　格助詞の「の」の識別の問題。③とイは、主語であることを表す。「父が～」「私が～」のように、「の」を「が」に置きかえることができる。アは、体言を修飾《しゅうしょく》する文節をつくる。ウは、体言と同じはたらきをする。「彼女のものだ」と言いかえることができる。

(4)①「大山《たいざん》鳴動してねずみ一匹」は、大げさに騒《さわ》いだわりに、たいしたことのない結果に終わることのたとえ。「袋《ふくろ》のねずみ」は、逃《のが》れることのできないたとえ。　②「たぬき寝《ね》入り」は、眠《ねむ》っているふりをすること。「とらぬたぬきの皮算用」は、まだ手に入れていないうちから当てにして儲《もう》けを計算したり、あれこれ計画を立てたりすること。　③「ねこの額《ひたい》ほどの庭」の「ねこの額」は、場所が非常にせまいことのたとえ。「借りてきたねこ」は、普段と違《ちが》って非常におとなしくしている態度のたとえ。

〔二〕

(1)　14段落の「このごろの遠足では、目的地へ向かって、ひたすら急ぐ～もっぱら目的地へ向かう。コースはきまっていて、迷う楽しみは奪《うば》われている」ことの結果が、ぬけている文の「そして、大急ぎで目的地についてしまえば～満足感はあっても、それもむなしく～時間をもてあましたりする」である。よって、15段落の前に入る。

(2)　2段落の「自分のことを考えるというのは、本当はくたびれるものだ」から書きぬく。――線部①の「気の(が)はる」は、緊張《きんちょう》しているという意味で、「くたびれる」ことにつながる。

(4)　いまは「人間たちがそれぞれ、自分をなにより大事にしながら暮らしていく」、「やさしさ」の世界、時代なので、「りりしさ」を求めてはいけないと筆者は述べている。しかし、「いろいろとややこしく、からまりあっている」複雑な状態よりも、「一つの方向に向かってびしっと、きまりがついた」「りりしさ」を、「少年期を終わろうとする不安定な時期」に「いさぎよい」と思う気持ちに理解を示している。

(5)　――線部③をふくむ、「このごろの世の中がギスギスしたせいか、目的に向かって単純に直結するほうが、好まれる風潮がました。いや、そうした風潮が世の中をギスギスさせている」を参照。「目的に向かって単純に直結するほうが、好まれる風潮」、つまり世の中が、イの「シンプルさを求めるように」なったことで、「世の中がギスギス」するという結果を生んだと述べている。よって、イが適する。

(6)　11段落に「このごろの世の中」は、「目的に向かって単純に直結するほうが、好まれる風潮」になったとある。この例として、遠足でひたすら目的地に向かうため道草がなくなったことを挙げ、勉強も「目的が単純になりすぎ」るときらいになると述べている。そして、20、21段落で、「目的に向かって一直線というよりは～適当にわき道に入り～結果的には目的に達してしまうほうが、結局は楽しくて得ではないかと考えている」「それは～いろいろと、面倒《めんどう》な気をつかうこともある。しかし、それ自体が楽しみになりうる」と述べている。

(7)　ア．8段落の内容と一致《いっち》する。　イ．4、5段落の内容と一致する。　ウ．9段落に「しかし、人間が生きていくというのは、本来がややこしいものだ～『世なれたおとな』なんてものは、人間のややこしさをやりすごす術《すべ》を身につけているだけのことであって～単純ともいえる」とある。ここでは、「ややこしさ」をやりすごす術を身につけているおとなが単純だと述べているだけで、「ややこしく複雑なものごと」が「単純な仕組みを持っている」わけではない。　エ．「誰《だれ》しもが～身につけることができる」とは述べていない。　オ．16段落や、20段落の内容と一致する。

《2024　算数　解説》

1 (2)　与式＝23－(24－4×4)＝23－(24－16)＝23－8＝**15**

(3)　与式＝$\frac{15}{4}\times\frac{2}{3}-\frac{5}{3}=\frac{5}{2}-\frac{5}{3}=\frac{15}{6}-\frac{10}{6}=\frac{5}{6}$

(4)　与式＝1.2×(23－8)＝1.2×15＝**18**

(5)　与式＝$(\frac{6}{25}-\frac{3}{5}\times\frac{1}{5})\times\frac{25}{3}=(\frac{6}{25}-\frac{3}{25})\times\frac{25}{3}=\frac{3}{25}\times\frac{25}{3}=1$

2 (1)　**【解き方】ア，イは1から24までの整数だから，24の約数の1，2，3，4，6，8，12，24のいずれかである。$\frac{1}{3}=\frac{8}{24}$であり，$\frac{7}{24}$より大きいから，ア，イは4以上なので，4，6，8，12，24にしぼることができる。**

$\frac{1}{4}=\frac{6}{24}$，$\frac{1}{6}=\frac{4}{24}$，$\frac{1}{8}=\frac{3}{24}$，$\frac{1}{12}=\frac{2}{24}$，$\frac{1}{24}$のうち，分子の和が7になる組み合わせは$\frac{1}{4}$と$\frac{1}{24}$，$\frac{1}{6}$と$\frac{1}{8}$の2組である。よって，**4と24，6と8**である。

(2)　**【解き方】水を加えても食塩水にふくまれる食塩の量は変わらない。**

10％の食塩水200ｇにふくまれる食塩の量は200×0.1＝20(ｇ)である。よって，4％の食塩水は20÷0.04＝500(ｇ)だから，加えた水の量は500－200＝**300**(ｇ)である。

(3)　**【解き方】空き缶《かん》数個を1本の缶ジュースと交換してもらう問題では，右のような図をかくとよい。**

1段目　○　○　○
2段目　●　○　○
3段目　●　○　○
4段目　●　○　…
※○は空き缶を，●は空き缶と交換することでもらえたジュースを表す。

まず空き缶を表す○を1段目に3個並べ，それらからもらえるジュースを2段目の左はしに●で表す。すると，2段目以降は○を2個加えるごとに次の段に行けることになる。51個の空き缶がある場合，2段目以降の段は，(51－3)÷2＝24より，25段目まで全部うまり，26段目は●となる。1段目には●がないから，もらえるジュースは26－1＝**25**(本)である。

(4)　**【解き方】正五角形の1つの内角の大きさは，$\frac{180°\times(5-2)}{5}$＝108°である。**

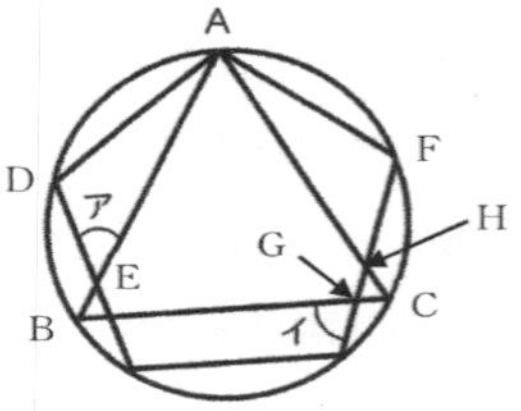

右図で，角ADE＝108°，図の対称性より，三角形ADEと三角形AFHは合同だから，角EAD＝角HAF＝(108°－60°)÷2＝24°

三角形ADEの内角の和より，角ア＝180°－(108°＋24°)＝**48°**

向かい合う角の大きさは等しいから，角CHG＝角AHF＝48°

三角形HGCの内角の和より，角イ＝角HGC＝180°－(48°＋60°)＝**72°**

3　**【解き方】$\frac{1}{3}=\frac{2}{6}$，$\frac{1}{2}=\frac{3}{6}$，$\frac{2}{3}=\frac{4}{6}$，…となるから，n番目の分数は$\frac{n}{6}$を約分した数である。**

(1)　15番目の数は，$\frac{15}{6}=\frac{5}{2}$である。

(2)　$\frac{15}{2}=\frac{45}{6}$だから，**45**番目の数である。

(3)　**【解き方】1からmまでの連続する整数の和は，$\frac{(1+m)\times m}{2}$で求められることを利用する。**

1番目から24番目の数までの和は，$\frac{1}{6}+\frac{2}{6}+\cdots+\frac{24}{6}=\frac{1}{6}\times(1+2+\cdots+24)$であり，1から24までの連続する整数の列を2つ使って右のような筆算が書けるから，1から24までの連続する整数の和は，$\frac{25\times24}{2}$＝300である。よって，求める和は，$\frac{1}{6}$×300＝**50**

　　1＋2＋3＋……＋24
＋)　24＋23＋22＋……＋1
　　25＋25＋25＋……＋25

4 (1) **【解き方】ＡＤ＝ＣＤだから，ＢＤに補助線を引き，右図のように三角形ＡＢＤをＡＤとＣＤが重なるように移動させた三角形ＣＥＤを考える。**

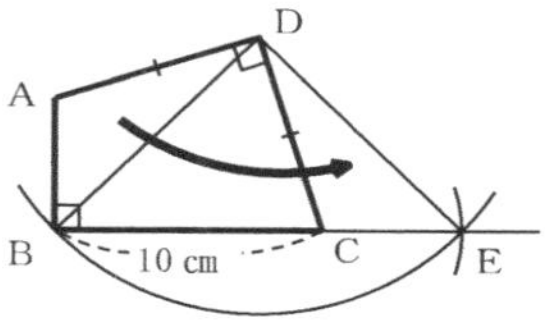

ＢＡ＝ＣＥ，ＢＤ＝ＥＤとなるように，ＢＣの延長線上にＥをとる。
このとき，角ＢＤＥ＝角ＢＤＣ＋角ＣＤＥ＝角ＢＤＣ＋角ＡＤＢ＝90° だから，
三角形ＤＢＥは直角二等辺三角形であり，面積が 64 cm²となる。
ＢＤ，ＤＥをそれぞれ１辺に持つ正方形について，対角線ＢＥの長さをａ cmとすると，（ａ×ａ÷２）÷２＝64
ａ×ａ＝256 より，ａ＝16 となる。よって，ＡＢ＝ＣＥ＝ＢＥ－ＢＣ＝16－10＝**6**（cm）

(2)① **【解き方】右図のように補助線を引き，角ＥＯＦの大きさを求める。**

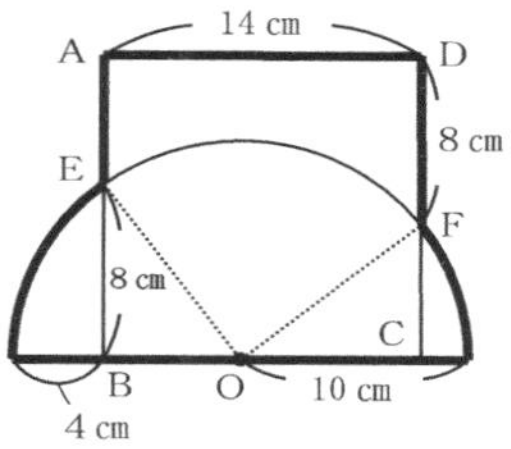

三角形ＥＢＯについて，ＯＥ＝10 cm，ＥＢ＝８（cm），角ＥＢＯ＝90° であり，
ＯＥ：ＥＢ＝10：８＝５：４だから，三角形ＥＢＯは３辺の長さの比が
３：４：５の直角三角形である。
三角形ＯＣＦについて，ＯＦ＝10 cm，ＣＦ＝14－８＝６（cm），角ＯＣＦ＝90°
であり，ＯＦ：ＣＦ＝10：６＝５：３だから，三角形ＯＣＦは３辺の長さの比
が３：４：５の直角三角形である。
よって，三角形ＥＢＯと三角形ＯＣＦは形が同じであり，ＯＥ＝ＯＦだから，合同である。
したがって，角ＥＯＦ＝180°－（角ＢＯＥ＋角ＦＯＣ）＝180°－（角ＢＯＥ＋角ＯＥＢ）＝180°－（180°－90°）＝90°
半円の曲線部分のうち，太線になっている部分の長さは $10\times2\times3.14\times\frac{180^\circ-90^\circ}{360^\circ}=15.7$（cm）なので，求める太線部分の長さは，（14－８）＋14＋８＋10×２＋15.7＝**63.7**（cm）

② **【解き方】三角形ＥＢＯ，三角形ＯＣＦ，おうぎ形ＯＦＥの面積の和を求める。**
三角形ＥＢＯと三角形ＯＣＦは面積が等しく，６×８÷２＝24（cm²）であり，おうぎ形ＯＦＥの面積は
$10\times10\times3.14\times\frac{90^\circ}{360^\circ}=78.5$（cm²）だから，求める面積は 24×２＋78.5＝**126.5**（cm²）である。

5 (1) この立体の面の数は，もとの立方体の面の数と頂点の数の和に対応するから，６＋８＝**14**（個），辺の数はもとの立方体の面１つにつき４本できるから，４×６＝**24**（本）ある。頂点の数はもとの立方体の面１つにつき４個でき，１つの頂点を２つの立方体の面が共有しているから，６×４÷２＝**12**（個）ある。

(2) **【解き方】この立体の体積は，立方体の体積から８個の合同な三角すいの体積を引いて求められる。**
立方体の１辺の長さに関わらず，この立体と立方体の体積比は一定だから，立方体の１辺の長さを２とする。
このとき，立方体の体積は２×２×２＝８，切り取った三角すいの体積は $1\times1\div2\times1\div3=\frac{1}{6}$ だから，この立体の体積は $8-\frac{1}{6}\times8=\frac{20}{3}$ となるので，もとの立方体の体積の $\frac{20}{3}\div8=\mathbf{\frac{5}{6}}$（倍）である。

6 (1) **【解き方】Ｌ字型の図形の速さは毎秒１cmだから，重なり始めてから３秒後，右図のように，重なった部分は，ちょうどＬ字型の図形の面積と等しくなる。**

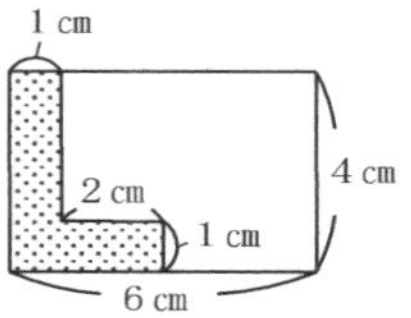

求める面積は，４×１＋１×２＝**6**（cm²）

(2) Ｌ字型の図形と長方形の重なった部分は右図のように変化する。よって，重なった部分の面積は２秒後に２cm²，３秒後に６cm²，６秒後に６cm²，８秒後に６－２＝４（cm²），９秒後に０cm²となるようにグラフを順に直線で結ぶ。

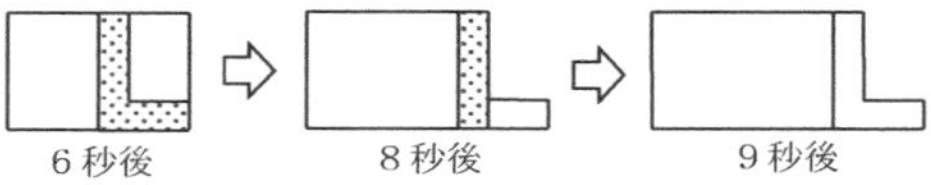

(3) **【解き方】(2)のグラフより，重なった部分の面積が３cm²になるのは，２つの図形が重なり始めてから，①<u>２秒後から３秒後までの間に１回</u>，②<u>８秒後から９秒後までに１回</u>の合計２回ある。**

①のとき，右の①の図のようになり，２秒後から３秒後までに重なった部分の面積が３－２＝１(㎠)だけ増えるから，２秒後からさらに１÷４＝0.25(秒後)なので，２＋0.25＝**2.25**(秒後)である。

①の図

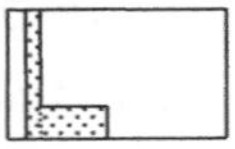

②のとき，右の②の図のようになり，２つの図形の重なる部分がなくなる９秒後の３÷４＝0.75(秒前)なので，９－0.75＝**8.25**(秒後)である。

②の図

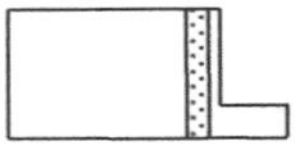

《2024　理科　解説》

1 (2)　空気中の水蒸気(気体)が，冷やされて水のつぶ(液体)に変わる現象を選べばよい。なお，イとオは水が水蒸気に変わる現象，エは熱い湯の熱が水に移動して全体の温度が下がる現象である。

2 太陽は，東の地平線からのぼり，南の空の高い位置を通って，西の地平線にしずむ。調べた場所から見て，太陽のある方向に建物があると，建物がかげになる。日が当たる時間が最も長いのは④，日が当たる時間が最も短いのは②である。また，③は午前によく日が当たり，①は午後によく日が当たる。

3 (1)　ア×…80℃の水 100mL に溶《と》ける粉末は，約 24ｇである。　イ○…60℃の水 100mL に溶ける粉末は約 15ｇだから，２倍の水(200mL)には２倍の約 30ｇの粉末が溶ける。　ウ×…40℃の水 100mL に溶ける粉末は約９ｇだから，1.5 倍の水(150mL)には 1.5 倍の約 13.5ｇの粉末が溶ける。　エ○…20℃の水 100mL に溶ける粉末は，約５ｇである。　オ×…０℃の水 100mL に約３ｇ溶けるから，半分の水(50mL)には約 1.5ｇの粉末が溶ける。０℃より温度が高い 10℃の水 50mL には 1.5ｇより多い量の粉末が溶けると考えられる。

(2)　17ｇの粉末をすべて溶かす最も低い温度は，60℃と 80℃の間と考えられる。

(3)　20℃の水 100mL に溶ける粉末は約５ｇだから，出てくる結しょうは約 17－５＝12(ｇ)である。

(4)　三脚《さんきゃく》(キ)の上に金あみ(コ)を置き，その上にビーカーから少量の水溶液《すいようえき》を取って入れた蒸発皿(エ)を置く。アルコールランプ(ア)に火をつけたら，三脚の下に入れる。なお，ビーカーから少量の水溶液を取るときには，ピペット(オ)を使うとよい。

4 (2)　２月１日から３月９日までの最高気温の合計(442℃)に３月 10 日以降の最高気温を足していくと，３月 17 日に 442＋22＋25＋23＋16＋17＋22＋22＋17＝606(℃)になり，600℃をはじめてこえる。

(3)　(2)の問題文からもわかるように，気温の高い地域より気温の低い地域の方がソメイヨシノの開花は遅《おそ》くなる。緯度《いど》が同じ地点で比べると，標高が高いほど気温が低くなり，標高が同じ地点で比べると，緯度が高いほど(北にいくほど)気温が低くなる。

5 (1)　おしぼうを押すと，つつの中の空気と風船の中の空気の体積が小さくなる。

(2)　おしぼうを押すと，つつの中の空気の体積は小さくなるが，風船の中の水の体積はほとんど変わらない。

(3)　導線をエとイ，または，エとオにつなげばよい。Ａをエにつないだとき，Ｂをイまたはオにつなぐ場合の２通りあり，Ｂをエにつないだとき，Ａをイまたはオにつなぐ場合の２通りあるから，全部で４通りある。

《2024　社会　解説》

1 (1)　ウ　　1600 年代中ごろから，江戸幕府による「鎖国」政策のもと，朝鮮(窓口：対馬)，オランダ・中国(窓口：長崎)，琉球王国(窓口：薩摩)，アイヌ(窓口：松前)とは貿易が行われていた。また，1853 年のペリー来航をきっかけに「鎖国」は終わり，欧米諸国と通商条約を結ぶこととなった。

(2)　ア　　日本は多くの鉱産資源を輸入しているが，原油は特に西アジアのアラブ諸国からの輸入が多い。

(3)　イ，オ　　ア・エは韓国など，ウはアメリカなどでみられる文化。

(4)　エ→ウ→イ→ア　　エ(古墳時代)→ウ(室町時代)→イ(安土桃山時代)→ア(江戸時代)

(5)　もたない　　日本国憲法の三大原理は，平和主義・国民主権・基本的人権の尊重である。平和主義は，戦争の放棄・戦力不保持・交戦権の否認の内容を日本国憲法第９条で定めている。

(6)　イ　　米の生産量と消費量の変化は，グラフからは読み取れない。

(7)Ａ　200 海里　　Ｂ　養しょく業　　200 海里水域は排他的経済水域ともよばれ，沿岸から 200 海里(約 370 km)までの水域のうち，領海を除いた範囲である。その海域の鉱産資源と水産資源を優先的に開発・保全する権利が沿岸国にある。遠洋漁業は，各国が排他的経済水域を設定したこと，２度にわたる石油危機によって燃料費などが高騰したこと，資源保護の視点から漁獲量の制限が設けられたことなどから，1970 年代をピークに生産量が減少し続けている。養しょく業は成長が期待されているが，国民の食生活の変化もあって，生産量は伸び悩んでいる。

2　(1)　【資料Ｆ】から，1960 年以降，家庭電化製品や自動車が各家庭に急速に普及したことがわかる。これらは三種の神器(電気せんたく機・電気冷蔵庫・白黒テレビ）や，新三種の神器(３Ｃ)(カラーテレビ・クーラー・自動車)とよばれ，人々の生活を豊かにした。【資料Ｇ】から，騒音・振動，大気汚染，悪臭，水質汚濁などの公害による苦情の割合が高いことがわかる。高度経済成長期，環境より産業の発展を優先させたために，全国で公害が発生した。

(2)　【資料Ｈ】にあるように，ＳＤＧｓ(持続可能な開発目標)は17の目標が定められている。すべて覚えておく必要はないが，新聞やニュースなどから情報を得ておくとよい。〈条件〉では，「自分が達成したい目標を選ぶこと」「それを選んだ理由」「目標に関連して自分自身ができること」を盛りこむことが求められている。日ごろから自身の生活と結び付けて考えを深めておきたい。また，ゴミ拾いや正しい分別など，環境保全に関する取り組みは小さなことからでも実行しやすいので，自分が取り組めることもまとめておきたい。

奈良教育大学附属中学校

《国　語》

〔一〕 (1)①形勢　②織　(2)①こころざ　②こうぎょう　(3)①ア　②イ　③イ　(4)①ウ　②イ　③オ

〔二〕 (1)ア　(2)相手の存在をほぼ無視して　(3)ウ　(4)20　(5)イ　(6)ア，イ　(7)ア．伝えるため　イ．想定　ウ．進展

〔三〕〈作文のポイント〉

・最初に自分の主張、立場を明確に決め、その内容に沿って書いていく。

・わかりやすい表現を心がける。自信のない表現や漢字は使わない。

さらにくわしい作文の書き方・作文例はこちら！→https://kyoei-syuppan.net/mobile/files/sakupo.html

《算　数》

1 (1)56　(2)20　(3)$\frac{4}{9}$　(4)３　(5)125

2 (1)$\frac{11}{13}$　(2)50　(3)115　(4)3.2　(5)５

3 (1)240　(2)288

4 (1)28　(2)９，１　(3)６，13　(4)2080

5 (1)20　(2)55

6 (1)B／500　(2)右グラフ　(3)700　(4)851，999

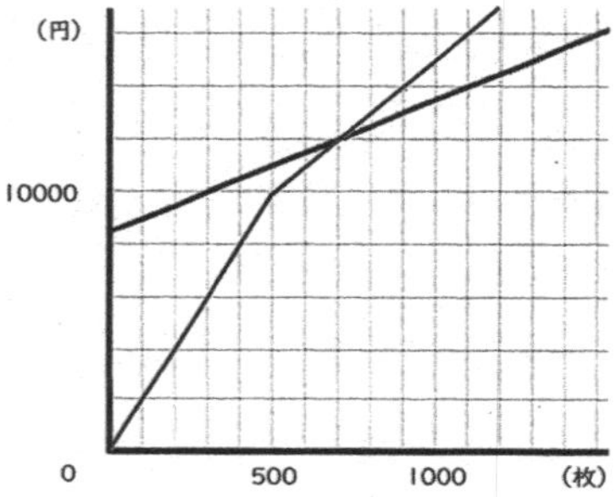

《理　科》

1 位置…④　月の形…オ

2 (1)エ　(2)エ　(3)(ア)日光　(イ)でんぷん

3 (1)ウ　(2)イ　(3)ア

4 ①ウ　②オ　③イ　④エ

5 右表

	左うで						右うで					
(1)	6	5	4	3	2	1	1	2	3	4	5	6
	10		20				20		20			10
(2)	6	5	4	3	2	1	1	2	3	4	5	6
	10		20		10			20				20

6 １つ目…同じ種類の木を植えるのではなく，様々な種類や背たけの木を植える。　２つ目…地面まで日光がとどくように，適度に木をきる。　３つ目…おれた木やかれた木を残しておく。

《社　会》

1 (1)木簡　(2)ウ　(3)イ　(4)エ　(5)エ　(6)ア　(7)エ　(8)イ，エ

2 (1)良い影響…悪化する市内交通状況の改善が期待できる。(下線部は慢性的な渋滞でもよい)／京奈和自動車道が全線供給されると，国道 24 号利用時より 170 分も短縮され，和歌山市から奈良市，京都市へ行きやすくなり，観光の活発化が期待できる。　悪い影響…高架構造とすると，歴史的，自然的景観に及ぼす影響が大きい。／自動車交通需要を高め，観光シーズンの奈良市内の道路混雑がより激しくなる可能性がある。　(2)(例文)渋滞を緩和するために，大和北道路と鉄道が交わる点で，パークアンドライドができるようにする。そうすることで，観光客の車による生活道路への流入をおさえ，住民の生活環境が守られることにつながる。

《2023　国語　解説》

〔一〕

(3)① 召《め》し上がるは、食べるの尊敬語。　② 参るは、行く、来るの謙譲語《けんじょうご》。　③ 「お～する」の形で謙譲の意味を表すことばになる。

〔二〕

(2) おしゃべりについて説明した[7]段落に、「ほとんどのおしゃべりは～独りよがりに話しているだけ～そこでは、相手の存在をほぼ無視してしゃべっているわけです」とある。

(3) [10]段落に、「相手の存在を考え、話題の中身のやりとりを進めるためには、対話と呼ばれるダイアローグへと展開させる必要があります」とある。つまり、「対話」とは、「話題の中身のやりとり」をともなうものである。ウは、「先生の話」が「どのような意味を持っていたか」という「話題」について、友達と「中身のやりとり」をしているので、適する。ア、イ、エは、「話題の中身のやりとり」がないので、「対話」とは言えない。

(4) ぬけている文にある「この表現という行為《こうい》と生活や仕事という活動との関係」が指しているのは、[18]、[19]段落の内容である。また、[20]段落の「その原因」が指しているのは、ぬけている文に書かれている「この表現という行為と生活や仕事という活動との関係について」、「今まで正面から問題にされること」がほとんどなかった原因である。よって、ぬけている文は、[20]段落の前に入る。

(5) 内省とは、自分の考えや行動などをかえりみること。よって、「自分の考えを見直す」とあるイが適する。

(6) [14]段落に、対話は「日常の生活や仕事での必要な相互《そうご》関係構築のためのことばの活動」であると述べられているので、アは適する。また、[8]、[9]段落の内容から、イも適する。

(7) 「ダイアローグ」については、[11]～[13]段落でくわしく説明されている。この部分に、「相手に伝えるための最大限の努力をする」、「どのような他者を想定するかということがとても重要になります」、「その話題が、他者にとってどのような意味を持つかということが対話の進展には重要だ」などとある。

《2023　算数　解説》

[1] (2) 与式$=4\times(8-3)=4\times5=$**20**

(3) 与式$=(\frac{4}{6}-\frac{3}{6})\times\frac{8}{3}=\frac{1}{6}\times\frac{8}{3}=$**$\frac{4}{9}$**

(4) 与式$=\frac{21}{5}\div\frac{3}{4}\div\frac{28}{15}=\frac{21}{5}\times\frac{4}{3}\times\frac{15}{28}=$**3**

(5) 与式$=(27-17)\times12.5=10\times12.5=$**125**

[2] (1) **【解き方】$\frac{7}{8}=\frac{7\times13}{8\times13}=\frac{91}{104}$であり，分子が８の倍数になれば，約分して分母を13にできる。**

91に近い８の倍数は88か96である。このうち91により近い方は88だから，求める分数は，$\frac{88}{104}=$**$\frac{11}{13}$**

(2) **【解き方】30％値上がりした値段は，元の値段の$1+\frac{30}{100}=\frac{13}{10}$(倍)である。**

最初の値段は，$4160\div\frac{13}{10}=3200$(円)だから，２月までに$4800-3200=1600$(円)値上がりした。

よって，元の値段から，$\frac{1600}{3200}\times100=$**50**(％)値上がりした。

⑶　**【解き方】右の「へこみのある四角形(ブーメラン型)の角度」を利用する。**

ア＝60°＋20°＋35°＝**115°**

⑷　実際の長さは，12.8 cm×25000＝320000 cm＝$\frac{320000}{100}$m＝3200m＝$\frac{3200}{1000}$km＝**3.2 km**

> **へこみのある四角形(ブーメラン型)の角度**
>
> 右図の太線のようなブーメラン型の図形において，
> 三角形の外角の性質から，角ｄ＝角ａ＋角ｂ，
> 角x＝角ｃ＋角ｄ＝角ｃ＋(角ａ＋角ｂ)だから，
>
> **角x＝角ａ＋角ｂ＋角ｃ**

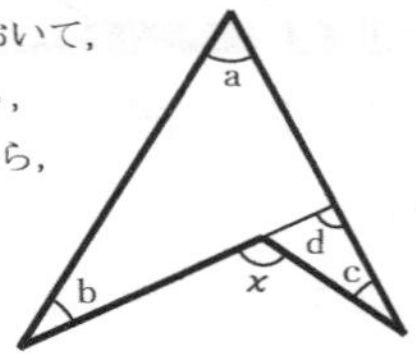

⑸　**【解き方】使う10円玉の枚数で場合を分けて考える。**

10円玉を３枚使う場合，残りは45－10×３＝15(円)である。５円玉を少なくとも１枚使わなければならないから，５円玉の枚数は１～３枚の３通りで，足りないぶんは１円玉で補う。この場合の出し方は，３通りである。

10円玉を２枚使う場合，残りは45－10×２＝25(円)である。５円玉を少なくとも３枚使わなければならないから，５円玉の枚数は３～４枚の２通りで，足りないぶんは１円玉で補う。この場合の出し方は，２通りである。

10円玉が１枚以下の場合，45円を支払うことができない。

よって，求める出し方の数は，３＋２＝**５(通り)**

３　⑴　１個の体積が，２×２×２＝８(cm³)で，積み上げた個数の合計が，16＋９＋４＋１＝30(個)だから，立体Ａの体積は，８×30＝**240(cm³)**

⑵　**【解き方】立体Ａを上下左右前後それぞれから見たときに見える面の面積を考える。**

立方体の１面の面積は，２×２＝４(cm²)である。

立体Ａを左右前後から見ると，４＋３＋２＋１＝10(面)ずつ見えるから，４×10＝40(cm²)ずつ見える。

下から見ると，４×16＝64(cm²)見える。上から見ると，下から見たときに見える面積と同じ面積が見える。

よって，立体Ａの表面積は，40×４＋64×２＝**288(cm²)**であり，これが求める面積である。

４　**【解き方】２から４までは２から下に１マス，左に１マス進み，５から９までは５から下に２マス，左に２マス進み，10から16までは10から下に３マス，左に３マス進み，……という規則で整数が並んでいる。１列目に縦に並ぶ数は，１＝１×１，４＝２×２，９＝３×３，……と，行の数を２回かけてできる数になっている。**

⑴　(５行目，１列目)の数は５×５＝25だから，(１行目，６列目)の数は26である。

よって，(３行目，６列目)の数は，26＋(３－１)＝**28**

⑵　81＝９×９だから，81は(**９行目，１列目**)にある。

⑶　**【解き方】150に近い平方数《へいほうすう》(同じ整数を２回かけてできる数)を考える。**

12×12＝144だから，(12行目，１列目)の数は144，(１行目，13列目)の数は145である。

150はこの150－145＝５(つ)下にあるから，(**６行目，13列目**)にある。

⑷　**【解き方】(１行目，１列目)から(３行目，３列目)までとは，合計が45になることから１から９までのことだとわかる。**

(１行目，１列目)から(８行目，８列目)までの合計は，１から(８行目，１列目)の８×８＝64までの合計である。

１から64までの連続する整数の列を２つ使って右のような筆算が書けるから，

１から64までの連続する整数の和は，$\frac{65\times64}{2}$＝**2080**

```
    1＋2＋3＋……＋64
＋) 64＋63＋62＋……＋1
    65＋65＋65＋……＋65
```

５　⑴　**【解き方】三角形ＡＤＦと三角形ＤＣＥにおいて，ＡＤ＝ＤＣ，ＤＦ＝ＣＥ，角ＡＤＦ＝角ＤＣＥだから，この２つの三角形は合同なので，面積が等しい。**

三角形ＡＨＤと四角形ＨＥＣＦにそれぞれ三角形ＤＨＦを加えると，三角形ＡＤＦと三角形ＤＣＥという合同な

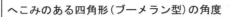

三角形になる。よって，四角形ＨＥＣＦの面積は三角形ＡＨＤの面積と等しく，**20 ㎠**である。

(2)　**【解き方】三角形ＡＤＦと三角形ＧＣＦにおいて，ＡＤ＝ＢＣ＝ＧＣ，ＤＦ＝ＣＦ，角ＡＤＦ＝角ＧＣＦだから，この２つの三角形は合同なので，面積が等しい。**

三角形ＨＥＧの面積は，20×2.25＝45(㎠)だから，(1)より三角形ＧＣＦの面積は，45－20＝25(㎠)

したがって，三角形ＡＤＦの面積も 25 ㎠で，これは正方形ＡＢＣＤの面積の$\frac{1}{4}$なので，正方形ＡＢＣＤの面積は，25×４＝100(㎠)　　四角形ＡＢＥＨの面積は，正方形ＡＢＣＤの面積から，三角形ＡＤＦと四角形ＨＥＣＦの面積を引くと求められるから，100－25－20＝**55**(㎠)

6　(1)　Ａ社は 500 枚まで 20×500＝10000(円)で，残り 800－500＝300(枚)に 10×300＝3000(円)かかるから，合計で 10000＋3000＝13000(円)かかる。Ｂ社は，8500＋５×800＝12500(円)かかる。

よって，Ｂ社の方が 13000－12500＝**500**(円)安い。

(2)　**【解き方】グラフは 500 枚までの直線と 500 枚をこえたあとの直線の２本をつないだ折れ線になる。**

500 枚のときの料金は(1)より 10000 円である。500 枚をこえると，200 枚で 10×200＝2000(円)になるから，500＋200＝700(枚)だと 10000＋2000＝12000(円)になる。したがって，点(０枚，０円)と点(500 枚，10000 円)を直線で結び，点(500 枚，10000 円)から点(700 枚，12000 円)を通るように直線をのばせばよい。

(3)　(2)でかいたＡ社のグラフとＢ社のグラフが交わる点は，点(700 枚，12000 円)だから，**700** 枚のときに料金が等しくなる。

(4)　**【解き方】問題用紙の(2)のグラフにＡ社とＣ社のグラフをかいて考える。1200 枚をこえたあとのＣ社の１枚あたりの料金はＢ社よりも安いから，グラフのかたむきかたはＢ社よりもゆるやかになるので，Ｃ社のグラフは右図のようになる。**

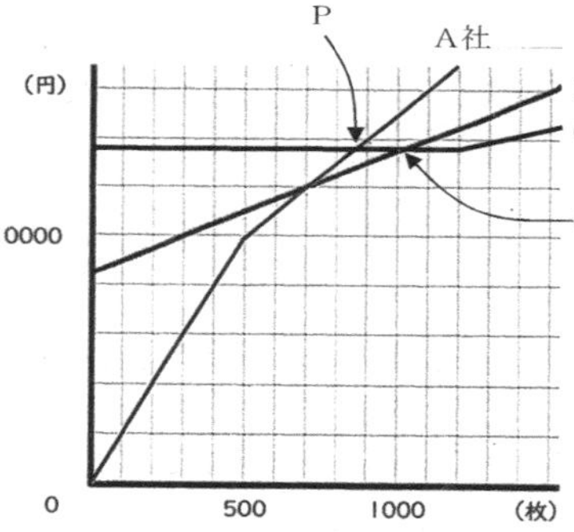

Ａ社が１番高く，２番目にＣ社，３番目にＢ社の順になるのは，点Ｐよりも右側で点Ｑよりも左側の枚数のときである。

ＰはＡ社の料金が 13500 円になるところである。(1)のときより 500 円高いので，このときの枚数は，800＋500÷10＝850(枚)

ＱはＢ社の料金が 13500 円になるところである。(1)のときより 1000 円高いので，このときの枚数は，800＋1000÷５＝1000(枚)

「何枚以上，何枚以下」という表現に注意して考えると，求める枚数は **851** 枚以上 **999** 枚以下である。

《2023　理科　解説》

1　図の月は三日月である。月はカ．新月→エ．三日月(３日後)→オ．上弦《じょうげん》の月(７日後)→ア．満月(15 日後)→イ．下弦の月(22 日後)→ウ．(26 日後)の順に満ち欠けし，約 29.5 日後に新月にもどるので，三日月の４日後は上弦の月になる。また，月の出は１日ごとに約 50 分おそくなるので，４日後の同じ時刻に観察した月の位置は南側の高い位置(④の方向)にずれる。

2　(2)　空をおおっている雲の広さが０から８までのときが晴れ(０と１のときが快晴)，９と 10 のときがくもりである。

(3)　植物の葉では，日光を受けて，水と二酸化炭素を材料にでんぷんと酸素を作り出す。このはたらきを光合成という。

3　(1)　気体を加熱すると体積が大きくなる。

(2)　試験管の底側の気体の体積が大きくなると，ガラス製の注射器に流れこんでピストンを押すため，試験管の口側が上にあがって，ビー玉が底側に移動する。

(3)　試験管の口側の気体は冷やされて体積が小さくなっていくので，ガラス製の注射器内の気体は試験管の方へ流れこんでいき，注射器内の体積が小さくなっていく。

4　①③　石灰水と水酸化ナトリウム水溶液《すいようえき》はアルカリ性，塩酸は酸性，食塩水と水は中性である。アルカリ性の水溶液を赤色リトマス紙につけると青色に変化し，酸性の水溶液を青色リトマス紙につけると赤色に変化する。中性の水溶液ではどちらのリトマス紙の色も変化しない。よって，①はウ，③はイが正答である。　②　石灰水は二酸化炭素と反応して白くにごるので，オが正答である。　④　食塩水は水を蒸発させると固体の食塩が残るが，水は何も残らないので，エが正答である。

5　(1)　てこを左右にかたむけるはたらき〔おもりの重さ(g)×支点からの距離〕が等しくなるときにつり合う。てこを左にかたむけるはたらきは 10×６＋20×４＝140 だから，てこを右にかたむけるはたらきも 140 になるような組み合わせを考える。解答例以外に，[10ｇ，20ｇ，20ｇ]＝[２，１，５]，[２，２，４]，[４，２，３]のときにてこはつり合う。

(2)　解答例以外に，[10ｇ，20ｇ，20ｇ]＝[左２，右３，右５]，[右４，左１，右６]，[右６，左１，右５]のときにてこはつり合う。

6　天然林は人工林よりも多種多様な生物が生きられる森林である。図と表から，天然林にはあるが人工林にはないものを見つける。天然林の方がより多くの種類の植物が生育していること，天然林は木の背たけがさまざまであること，天然林の地面にはたおれた木が見られることなどから，人工林を天然林に近づけるためにできることを考える。

《2023　社会　解説》

1　(1)　木簡　　木簡は，調や庸を都に運ぶときの荷札や，役所の書類，書の練習などに使われた。墨を使って書いても，表面を削り取ることで，何度も利用することができた。

(2)　ウ　　勘合貿易は室町時代のできごとである。

(3)　イ　　生糸は，蚕のつくるまゆの糸を何本も集めて１本の糸にしたものである。

(4)　エ　　1997 年に開かれたＣＯＰ３で，京都議定書が採択された。

(5)　エ　　促成栽培の説明として正しい。アは群馬県や長野県の高原で行われている高冷地農業，イは濃尾平野で行われている農業，ウは北陸から東北にかけての日本海側で行われている農業である。

(6)　ア　　最も工業生産額が多いイが中京工業地帯，次いで工業生産額が高いのが関東内陸工業地域である。中京工業地帯や関東内陸工業地域は機械の割合が高い。ウは北九州工業地帯，エは京葉工業地域。

(7)　エ　　古い自動車のエンジンはガソリン専用のものが多く，現在より燃費が悪かったり，排気ガス対策が施されていなかったりして，環境にやさしいとはいえないものも多く，実際にそのような取り組みは行われていない。

(8)　イ，エ　　アは裁判所，ウは内閣の権限である。

2　(1)　良い影響の１つ目の解答例は，【資料Ｃ】の＜県や市＞の３つ目に「県内の道路整備状況や慢性的な渋滞の改善という観点」とあることから導くことができる。２つ目の解答例は，【資料Ｂ】から，国道 24 号利用時と京奈和自動車道全線供用時の所要時間の差を読み取れば導くことができる。悪い影響の１つ目の解答例は，【資料Ｃ】の＜県や市＞の２つ目に，「高架構造とすると，歴史的，自然的景観に及ぼす影響が大きくなる」とあることから導くことができる。２つ目の解答例は，【資料Ｃ】の＜観光業＞の２つ目に「大和北道路をつくることで，自動車交通需要を高め，観光シーズンの奈良市内の道路混雑をより激しくする可能性があります」とあることから導くことができる。

(2)　渋滞を緩和する方法の１つとしてパークアンドライドが挙げられる。郊外の駅まで自動車で行き，駅周辺に駐車して，電車に乗り換えて都市部に移動する方法をパークアンドライドという。自動車での都市部への進入を，曜日や時間帯で禁止する取り組みなども考えられる。

2022 解答例
令和４年度

奈良教育大学附属中学校

《国　語》

〔一〕 (1)①設営　②積　(2)①ひき　②はいしゃく　(3)①耕　②体

〔二〕 (1)ア．この鳥を丈夫にしてやろう　イ．危害を加えようとしている　(2)思いくっした心　(3)エ　(4)サワンが私から逃げ出さないように愛着を示すため。　(5)エ　(6)ア，オ　(7)サワンが自分から逃げ出したことの受け入れがたさを感じている。

〔三〕 (1)エ　(2)ア　(3)コントロール　(4)味方をしなければならない義務感にしばられ、いろんな可能性を広げられなくなるから。　(5)ア　(6)８，17　(7)イ，エ

《算　数》

1　(1)165　(2)７　(3)$1\frac{3}{16}$　(4)8.67　(5)62.3

2　(1)９　(2)35　(3)75　(4)1350　(5)4.8　(6)12

3　(1)360　(2)右グラフ

4　(1)４　(2)40　(3)30　(4)2.25 秒後と 12.25 秒後

5　(1)右グラフ　(2)４　(3)時刻…９，24　場所…3200

6　(1)37.68　(2)452.16

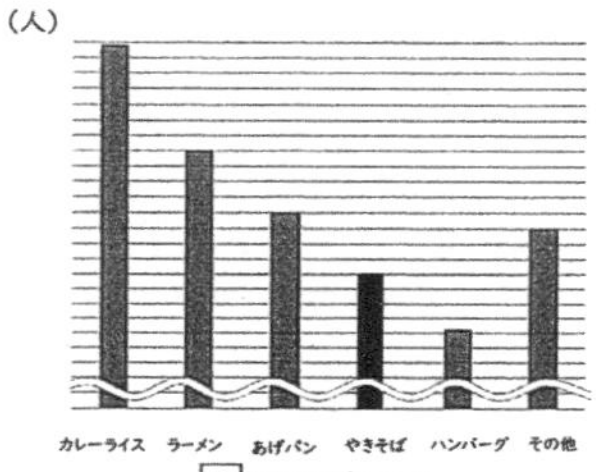

3(2)のグラフ

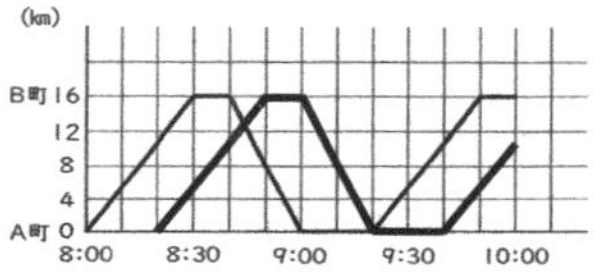

5(1)のグラフ

《理　科》

1　(1)ア　(2)ウ　(3)イ　(4)夕焼けが見られるのは，太陽がしずむ西の空に厚い雲が無い場合である。その場合，天気は西から東に変化するため，次の日も天気の良い状態が続くと考えられるため。

2　岩の割れ目に落ちた水が，気温が下がることで氷に変化した。それにより水の体積が大きくなり，岩の割れ目を広げたから。

3　ビンのふたを湯で温めたことで，ふたの温度が上がった。その結果，ふたの体積が大きくなり，ガラスとふたの間にすき間ができたので，ふたを開けることができた。

4　(1)二酸化炭素　(2)エ　(3)ウ

⑴調　⑵ウ　⑶ア　⑷ＩＣＴ　⑸浮世絵　⑹イ　⑺ア→エ→イ→ウ　⑻地方自治

⑼私は，線路を今よりも南側に移設すべきであると考えた。その理由は，今の位置では世界遺産の平城宮跡を分断し，歴史的な景観をそこねていると考えるからである。平城宮跡の景観は未来のまちづくりに欠かせないと考える。今より線路を南側に移せば，世界遺産である平城宮跡の景観をより確実に保護することができる。さらに，文化財の発掘に注意しながら，線路を地下化し新駅を設置できれば生活空間に配りょしつつも観光客の集客も期待できる。

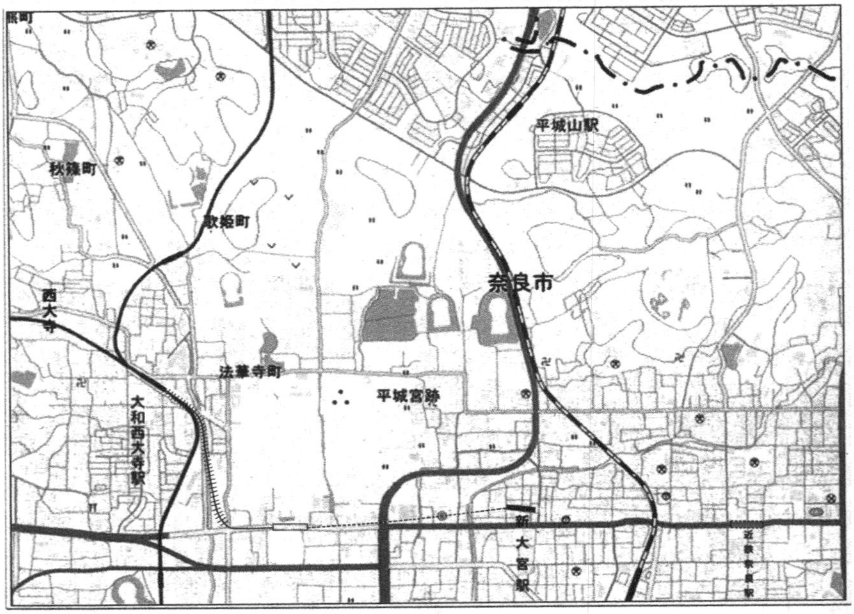

⑽右図

奈良教育大学附属中学校

←解答例は前のページにありますので，そちらをご覧ください。

《2022　国語　解説》

〔二〕

(1)ア　「私」は、「どうしてもこの鳥を丈夫《じょうぶ》にしてやろうと決心して」家に持ち帰り、傷の治療《ちりょう》にとりかかった。
イ　傷を治療してもらっているということを理解できないサワンが、「私」に押《お》さえつけられたり散弾《さんだん》をほじくり出されたりすることをどう感じるか考える。

(2)　くったくとは、気になることがあって他のことが手につかないこと。

(3)　５～６行前に「私はサワンが逃《に》げ出すのを心配して、彼の鳴き声に言葉をさしはさみました」とある。「私」が――線部③のような行動をとったのも同じ理由であり、サワンと三羽の雁《がん》の話をさえぎろうとしたのである。よって、エが適する。

(4)　直前の「私」の言葉から、サワンが逃げ出すことを心配していることがわかる。また、――線部③の６行前に「私はサワンが逃げ出すのを心配して」とある。「私」は、サワンが逃げ出すことをおそれ、たくさんの餌《えさ》を与《あた》えることで、サワンへの愛情を示そうとしたのである。

(5)　５～７行前に「早く彼の鳴き声が止んでくれればいいと願ったり、明日からは彼の羽根を切らないことにして出発の自由を与えてやらなくてはなるまいなどと考えたりしていた」とあり、サワンといっしょにいるべきか、出発の自由を与えるべきか迷う気持ちが読み取れる。よって、エが適する。

(6)　ア．サワンに屋根から降りるようにくり返し呼びかける場面では、サワンが逃げ出すことを心配する「私」の思いが表現されている。また、サワンの姿が消えたあと、「出て来い」とくり返し呼びかける場面では、サワンの姿がみえないことにあわてる「私」の気持ちが表現されている。よって、適する。　オ．サワンが、屋根の上で三羽の雁と鳴きかわす場面では、サワンの様子を「老人の哲学者《てつがくしゃ》」にたとえている。また、サワンが姿を消した夜、サワンの鳴き声が聞こえないように、蒲団《ふとん》を額のところまでかぶった「私」の様子を「幼児《おさなご》」にたとえている。どちらも、たとえが持つイメージをうまく使って気持ちを表している。よって、適する。

(7)　サワンが姿を消した日の夜、「私」はサワンに出発の自由を与えることに決めた。しかし、サワンと別れるのは、羽根が伸び、自由に空を飛べるようになってからだと思っていた。サワンの姿が消えたあと、「私」は、サワンの姿がみえないことにあわてている。「いるならば、出て来てくれ！　どうか頼《たの》む」とさけぶ姿からは、サワンが突然いなくなったことを受け入れられずにいる様子が読み取れる。

〔三〕

(1)　「人間は、自分で自分を見ることができません」「自分が行うことの評価は他人が行うものなのです」などから、エが適する。

(3)　10段落に、「相手によって自分を変えられる。そしてそれをコントロールできる『自分』がいる。どの相手に対しても～ちゃんと対することができる」とある。これは、相手によって自分を変えて、いろんな相手との関係をうまくコントロールできるということである。

(4)　12段落で、「すごく仲のいい相手ができる」つまり親友ができると、「相手に対する義務感にしばられてしまう」と述べられている。また、12段落の後半に、そうなるといつも「二者択一《にしゃたくいつ》の決断を迫《せま》られるようになる」とある。これは、親友ができると選択しが少なくなるということである。19段落にも、親友をつくらないことで、「いろんな可能性を自分で広げ」る方が楽しいはずだと書かれている。

(5)　直前の「重く」とは反対の意味の言葉が入るので、アが適する。「絆《きずな》を重く」するとは、親友を作り、自分を狭《せば》めて、ある特定の人だけの期待にしかこたえられないような自分をつくること。「かろやかに人と付き合」うとは、いろんな可能性を自分で広げて、いろんな人と付き合うこと。

(6)　8段落から 17段落までは、2段落にある「もう一つ」の能力、つまり「いろんなグループの中で自分を演じられる自分がいる」という能力について書かれている。

(7)　イは、9段落と 10段落の内容と一致《いっち》する。エは 12段落と 13段落の内容と一致する。

《2022　算数　解説》

1　(2)　与式＝(10＋18)÷4＝28÷4＝7

(3)　与式＝$1\frac{3}{4}-\frac{3}{8}\times\frac{3}{2}=1\frac{3}{4}-\frac{9}{16}=1\frac{12}{16}-\frac{9}{16}=1\frac{3}{16}$

(4)　与式＝10－1.33＝8.67

(5)　与式＝18×6.23－8×6.23＝(18－8)×6.23＝10×6.23＝62.3

2　(1)　ある数を5倍して13足した数は，11×5＋3＝55＋3＝58

よって，ある数の5倍は，58－13＝45だから，ある数は，45÷5＝9

(2)　学級全体の80％＝$\frac{80}{100}=\frac{4}{5}$が28人だから，学級の人数は，$28\div\frac{4}{5}=28\times\frac{5}{4}=35$(人)

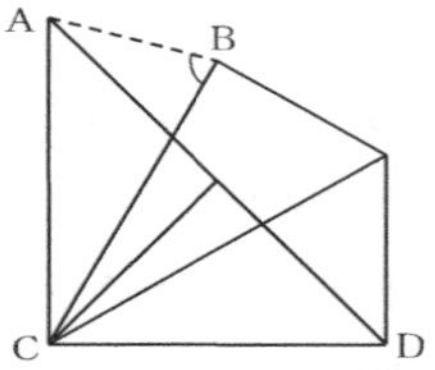

(3)　右図のように記号をおく。AC＝CD，BC＝CDだから，AC＝BCで，三角形ACBは二等辺三角形である。角ACB＝角ACD－角BCD＝90－30×2＝30(度)だから，角ア＝(180－30)÷2＝75(度)

(4)　Bさんの貯金額の$1\frac{2}{3}$倍が3000円だから，Bさんの貯金額は，$3000\div1\frac{2}{3}=3000\times\frac{3}{5}=1800$(円)

AさんとBさんの貯金額は3：4だから，Aさんの貯金額はBさんの$\frac{3}{4}$倍で，$1800\times\frac{3}{4}=1350$(円)

(5)　**【解き方】(平均の速さ)＝(往復の道のり)÷(往復にかかった時間)である。**

往復の道のりは，8×2＝16(km)　　行きにかかった時間は$8\div6=\frac{4}{3}$(時間)，帰りにかかった時間は8÷4＝2(時間)だから，往復にかかった時間は，$\frac{4}{3}+2=\frac{10}{3}$(時間)　　よって，平均の速さは，時速$(16\div\frac{10}{3})$km＝時速4.8km

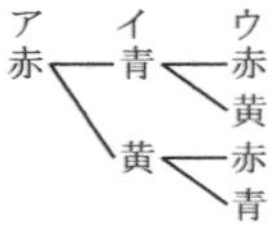

(6)　アに赤をぬると，ぬり分け方は右図のように4通りある。アに青，黄をぬるときも同じように4通りずつあるから，ぬり分け方は全部で，4×3＝12(通り)

3　(1)　①のグラフと②の表より，C小学校は児童数が500人で，カレーライスを選んだ人数は全体の24％だから，$500\times\frac{24}{100}=120$(人)

B小学校でカレーライスを選んだ人数はC小学校でカレーライスを選んだ人数より12人少ない120－12＝108(人)で，これはB小学校の児童数の30％だから，B小学校の児童数は，$108\div\frac{30}{100}=360$(人)

(2)　**【解き方】③のグラフの1目盛りが何人になるかを考える。**

ラーメンとあげパンの人数の比は11：9だから，あげパンを選んだ人数は，$220\times\frac{9}{11}=180$(人)

③のグラフでラーメンとあげパンの目盛りの差は4目盛りだから，グラフの1目盛りは(220－180)÷4＝10(人)

①のグラフと②の表より，各学校でやきそばを選んだ人数を求めると，A小学校は$240\times\frac{10}{100}=24$(人)，B小学校は$360\times\frac{10}{100}=36$(人)，C小学校は$500\times\frac{16}{100}=80$(人)だから，やきそばを選んだ人数の合計は，24＋36＋80＝140(人)

やきそばの人数はあげパンより180－140＝40(人)少ないから，やきそばのグラフは，あげパンより40÷4＝4(目盛り)少ないグラフになる。

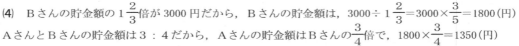

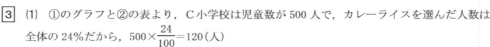

4 (1)　グラフの水平な部分は三角形ＰＢＣの面積が変わらないことを表すから，点ＰがＡＤ間にあるときである。グラフより，点Ｐは4.5秒でＢからＡまで移動したことがわかるので，点Ｐの速さは，秒速(18÷4.5)cm＝秒速４cm

(2)　点ＰがＡ上にあるとき，三角形ＰＢＣの面積は360㎠だから，ＢＣ×ＡＢ÷２＝360になる。
ＡＢ＝18cmだから，ＢＣ×18÷２＝360より，ＢＣの長さは，360×２÷18＝40(cm)

(3)　グラフで面積が０になる16秒後は点ＰがＣまで移動したときを表す。点Ｐは16秒で４×16＝64(cm)進むから，ＢＡ＋ＡＤ＋ＤＣ＝64となる。よって，ＤＣ＝64－18－16＝30(cm)

(4)　**【解き方】三角形ＰＢＣの底辺をＢＣとみると，底辺は変わらないから，面積が$\frac{1}{2}$になると高さも$\frac{1}{2}$になる。**
三角形ＰＢＣの面積が180㎠になるとき，点Ｐが辺ＡＤ上にあるときの面積の$\frac{1}{2}$だから，高さも$\frac{1}{2}$になり，点Ｐは辺ＡＢの真ん中，または，辺ＣＤの真ん中にある。ＰＢ＝ＡＢ×$\frac{1}{2}$＝９(cm)になるのは，出発してから９÷４＝2.25(秒後)，ＤＰ＝ＣＤ×$\frac{1}{2}$＝15(cm)になるのは，出発してから(18＋16＋15)÷４＝12.25(秒後)である。

5 (1)　グラフの形は１台目と同じであり，20分だけ右に平行移動したグラフをかけばよい。

(2)　４台分のグラフをかくと，右のようになる。４台目はＡ町を９時に出発して10時にもどってきて10時20分にふたたび出発する。停止中をのぞいて他のバスとすれ違うのは，グラフが交わるときだから，４回である。

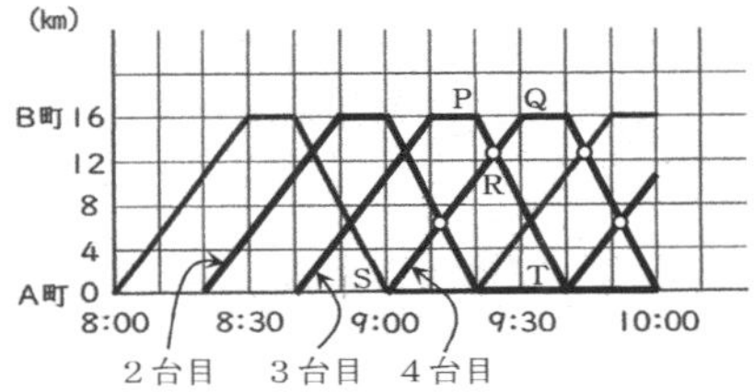

(3)　**【解き方】グラフの中の同じ形の三角形に注目する。**
(2)の解説図のように記号をおくと，４台目と３台目がはじめてすれ違う地点はＲである。三角形ＰＱＲと三角形ＴＳＲに注目する。三角形ＰＱＲと三角形ＴＳＲは同じ形の三角形で，ＰＱ間は10分，ＴＳ間は40分だから，
ＰＲ：ＴＲ＝ＰＱ：ＴＳ＝10：40＝１：４　　ＰからＴまでは20分だから，ＰからＲまでは20×$\frac{1}{1+4}$＝４(分)
求める時刻は，９時20分＋４分＝９時24分となる。
また，Ｂ町からＡ町までは16000ｍだから，Ｂ町からすれ違う場所までは，16000×$\frac{1}{1+4}$＝3200(ｍ)である。

6 (1)　**【解き方】右図のように太線と太い点線で表した２種類の曲線にわけて考える。**

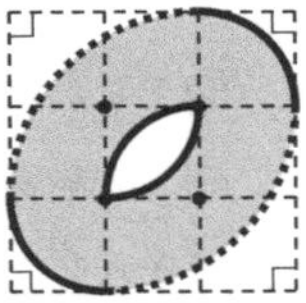

求める長さは，太線で表した半径が３cmで中心角が90度のおうぎ形の曲線部分４つ分と，
太い点線で表した半径が３×２＝６(cm)で中心角が90度のおうぎ形の曲線部分２つ分を合わせた長さだから，$3\times2\times3.14\times\frac{90°}{360°}\times4+6\times2\times3.14\times\frac{90°}{360°}\times2=6\times3.14\times2=37.68$(cm)

(2)　**【解き方】図イの色のついた部分の面積を，図形を移動させることで求める。**

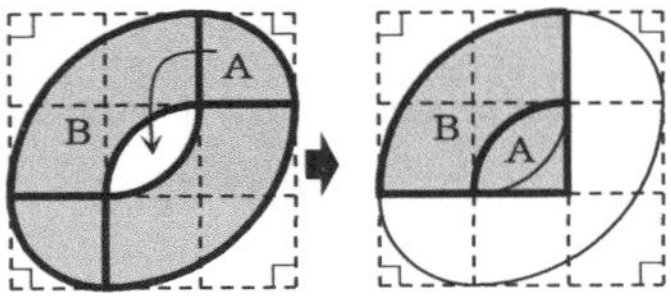

図イについて，右図のように色のついた部分を４つに分け，Ａを矢印の向きに移動させると，Ａの部分とＢの部分の面積の和は半径が６cmで中心角が90度のおうぎ形の面積に等しくなる。同じように考えると，残りの部分も半径が６cmで中心角が90度のおうぎ形の面積に等しくなるから，図イの色のついた部分の面積は，半径が６cmの半円の面積と等しい。立体の高さは図ウより８cmとわかるから，求める立体の体積は，底面の半径が６cmで高さが８cmの円柱の半分で，６×６×3.14×８÷２＝452.16(㎤)

《2022　理科　解説》

1 (1)　図１で，白くなっているところには雲があり，雨が降っている可能性がある。よって，雲がない那覇と札幌は晴れていると考えられ，雲がある奈良と東京はくもりか雨だと考えられる。

(2)　図２で，予報円は台風の中心がくると予想される範囲《はんい》を表したものである。台風の中心がもっとも東京に近づ

くのは，予報円がｂにある10日正午からｃにある11日午前９時の間だと考えられる。

⑶　図２で，台風の中心が×にあるとき，奈良市は×の北にあるから，図５の×の北で吹《ふ》く風と同じように東よりの風が吹く（図４）。その後，台風の中心がｃの中心へ移動すると，奈良市は台風の中心の西にあるから，図５の×の西で吹く風と同じように北よりの風が吹くから，図４では吹き流しの向きがイに変化する。

⑷　日本の上空では，西から東に向かって偏西風《へんせいふう》が吹いている。低気圧や雲は偏西風によって西から東へ移動するので，西に雲がなければ，その後，移動してくる雲はなく，よい天気が続くと考えられる。

2　ものはふつう，液体から固体に変化すると体積が小さくなるが，水は例外で，液体から固体に変化すると体積が大きくなる。同じ理由により，ペットボトルが破損するおそれがあるため，ペットボトル飲料に「凍《こお》らせないでください」という注意が書かれていることがある。

3　ものはふつう，温められると体積が大きくなる（膨張《ぼうちょう》する）。図のようにしてふたを温めると，ガラスビンの口の部分も温められて体積が大きくなるが，金属はガラスよりも温めたことによる体積の増加が大きいため，ガラスとふたの間にはすき間ができる。

4　⑴　体の各部分で，酸素が使われて，二酸化炭素ができる。不要な二酸化炭素は血液中にとりこまれ，肺やエラで排出《はいしゅつ》される。

⑵　ヒトがはき出した空気に含《ふく》まれる気体でもっとも多いのはちっ素であり，酸素の割合は約17%，二酸化炭素の割合は約４%である。（A）が二酸化炭素であることに注意して，エを選べばよい。

⑶　魚はエラで水中にとけた酸素をとりこむので，エラを通った後の血液には酸素が多く含まれる。血液が流れる向きから考えて，ウが正答となる。

《2022　社会　解説》

⑴　税は，稲の収穫高の３%を地方の国府に納める「租」・絹，麻や地方の特産物などを都に納める「調」・都での10日間の労役に代えて，都に布を納める「庸」からなり，地方からもたらされる調を役人が木簡に記録していた。

⑵　ウが誤り（右表参照）。

⑶　アが誤り。2010年の奈良市の観光入込客数は1841.5万人。

⑷　ＩＣＴは情報通信技術（Information and Communication Technology）の略称である。

⑸　江戸時代には，上方（京都・大阪）や江戸で町人による文化が生まれ，東洲斎写楽《とうしゅうさいしゃらく》の『三代目大谷鬼次《おおたにおにじ》の奴江戸兵衛《やっこえどべえ》』や菱川師宣《ひしかわもろのぶ》の『見返り美人図』など，役者絵や美人画など町人の姿をえがいた「浮世絵」も版画で大量に刷られて売り出された。

世界自然遺産	世界文化遺産（略称）
知床（北海道） 白神山地（青森・秋田）	平泉（岩手） 橋野鉄鉱山―明治日本の産業革命遺産（岩手） 北海道・北東北の縄文遺跡群（北海道・青森・岩手・秋田）
小笠原諸島（東京）	日光の社寺（栃木） 富岡製糸場（群馬） 国立西洋美術館（東京）
	白川郷（岐阜）・五箇山（富山）の合掌造り集落 富士山（山梨・静岡） 韮山反射炉―明治日本の産業革命遺産（静岡）
	法隆寺地域の仏教建造物（奈良） 姫路城（兵庫） 古都京都の文化財（京都） 古都奈良の文化財（奈良） 紀伊山地の霊場と参詣道（和歌山・奈良・三重） 百舌鳥・古市古墳群（大阪）
	原爆ドーム（広島） 厳島神社（広島） 石見銀山（島根） 萩―明治日本の産業革命遺産（山口）
屋久島（鹿児島） 奄美大島，徳之島，沖縄島北部及び西表島（鹿児島・沖縄）	琉球王国のグスク（沖縄） 明治日本の産業革命遺産（福岡・佐賀・長崎・熊本・鹿児島） 沖ノ島（福岡） 長崎と天草地方の潜伏キリシタン関連遺産（長崎・熊本）

2022年２月時点

(6)　イ．生物由来の資源をバイオマスと言う。再生可能エネルギーであるバイオマス発電には，地球温暖化の原因となる二酸化炭素などの温室効果ガスを増やさないといった長所がある。

(7)　ア．富岡製糸場の建設(1872 年)→エ．大日本帝国憲法の発布(1889 年)→イ．日清戦争後の下関条約の締結(1895 年)→ウ．関税自主権の完全回復(1911 年)

(8)　市長は，その地域の住民によって直接選挙で選ばれる。また，住民には市長の解職を請求する権利が認められている。以上のような，地域の住民が住んでいる地域の政治を自らの手で行うことを「地方自治」と呼ぶ。地方自治を通して民主政治のあり方を学ぶことができることから，「地方自治は，民主主義の学校である」と言われる。

(9)　線路の移設が歴史的景観の保護をきっかけにしていること，地域住民・観光客・鉄道会社の要求をそれぞれ読み取って取り入れることがポイントである。地域住民は，歴史的な景観を保護することや，平城宮跡周辺の踏切で発生する渋滞をなくすことを求めている。観光客は，平城宮跡の近くに新駅を設置することを求めている。鉄道会社は，線路の移設にかかる費用を抑えることを求めている。

(10)　線路を高架化することで踏切での渋滞や事故をなくすことができる。また，平城宮跡を避けるように南にカーブさせて線路を移設することで歴史的な景観の保護につながる。

奈良教育大学附属中学校

《国　語》

〔一〕 (1)①招待　②構　(2)①こ　②るすばん　(3)①顔　②鼻

〔二〕 (1)A．仕事　B．生計　(2)統理とお茶を飲みながら、その日のことを話す　(3)A．笑顔で見下し　B．心配顔でおもしろがる　C．この先もこういうことはあるんだ　(4)百音　(5)イ　(6)イ，エ

〔三〕 (1)楽しそうな輪のなかに自分がいないこと　(2)ひとりで過ごす時間を充実させること。／単独つながりの「心の友」を探すこと。　(3)ウ　(4)エ　(5)ウ

(6)〈作文のポイント〉

・最初に自分の主張、立場を明確に決め、その内容に沿って書いていく。

・わかりやすい表現を心がける。自信のない表現や漢字は使わない。

さらにくわしい作文の書き方・作文例はこちら！→

https://kyoei-syuppan.net/mobile/files/sakupo.html

《算　数》

1 (1)38　(2)33　(3) $\frac{5}{6}$　(4)3.5　(5)22

2 (1)29，31，37　(2)ウ　(3)750　(4)10　(5)324

3 (1)正三角形　(2)①15　②30　③75　(3)右図

4 (1)42　(2)120　(3)右グラフ

5 (1)110　(2)108　(3)8

6 (1)5　(2)2.5　(3)62

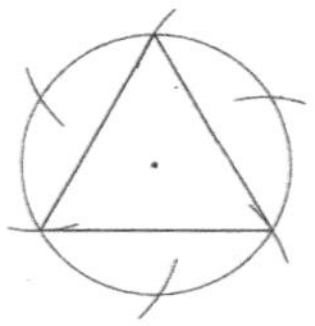

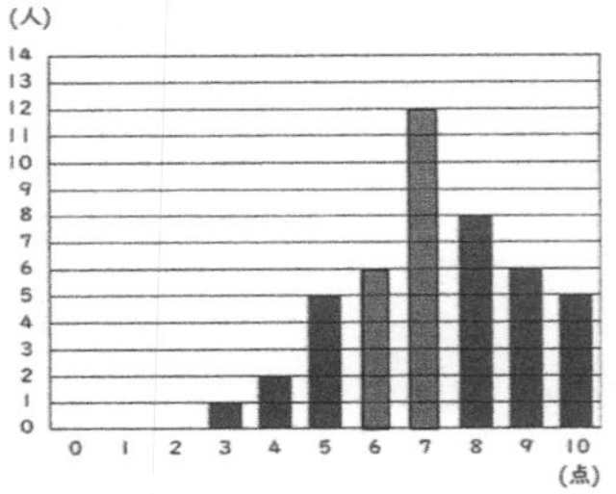

《理　科》

1 (1)①イ，ウ　②ク　③ア．熱　イ．雪を溶かす　(2)①夏の大三角　②さそり座　③ウ　(3)①イ，ケ　②結露　③ア，エ，カ　④－7

2 (1)オ　(2)ウ，オ　(3)C　(4)イ　(5)ア．S　イ．S　(6)①イ　②ア　③ウ　(7)ア，エ，オ　(8)イ，エ　(9)イ→ア→ウ　(10)ウ

《社　会》

1 (1)輪中　(2)イ　(3)ア　(4)エ　(5)エ　(6)〔資料2〕からわかること…林業で働く人が減っているから。〔資料3〕と〔資料4〕からわかること…外国から木材が多く輸入され，国産の木材が安くて売れなくなったから。　(7)文…ウ　グラフ…C

2 (1)基本的人権の尊重　(2)エ　(3)国会…イ　内閣…ウ　裁判所…ア

3 (1)ウ　(2)米づくりに適した土地や水，たくわえた米，用水など　(3)②聖武　③仏　(4)エ→ア→イ→ウ　(5)イ　(6)ウ　(7)エ　(8)ア　(9)田中正造

《2021　国語　解説》

〔二〕 (1) 「全国のマイナー神社の多くは祈願料《きがんりょう》やお賽銭《さいせん》だけで生計を立てていくことはできず、宮司《ぐうじ》さんは他に仕事を持っていたり、退職後は年金で生活を支えている人が多いそうだ」より、Aは「仕事」、Bは「生計」が適する。

(2) 「ふたり(統理《とうり》と百音《もね》)でお茶を飲みながら、わたし(百音)は今日あったことを統理に話す」からまとめる。

(3) 百音は、八歳《さい》のとき、近所のおばさんたちの噂話《うわさばなし》をたまたま聞いた。それは、統理と百音のことだった。「おばさんたちの言葉からは(ただ、統理と百音が『なさぬ仲』であるということだけでなく、)もっと違《ちが》うなにかを感じた」とあり、百音は「正体不明の不安で胸がざわざわして、統理の仕事部屋に駆《か》け込《こ》んだ」。「おばさんたち、すごく心配そうに話してたよ」という百音に対して統理は、「それは心配とはまた違うんだ」「世の中には、いろんな人がいるんだよ～中には笑顔《えがお》で見下したり、心配顔でおもしろがる人もいる」と言った。百音は、おばさんたちの言葉から、そのようなものを感じとり、悔《くや》しいと感じた。また、統理の話を聞いて、「難しくてよくわからなかったけれど、この先もこういうことはあるんだ」ということはわかった。そして、こんな思いをさせられることがあると思うと、とても不安になった。

(4) 直後に「形があっても自由にしていいんだよと返される」とある。「返される」という受け身の表現から、「形があっても自由にしていいんだよ」と言ったのが統理であることがわかる。この言葉を受けて、百音は「統理の言葉は～難しくて、意味がわからないときもある」と感じている。よって、――線部④の言葉は、百音が言ったものである。

(5) ア．統理は、百音とふたりで過ごす時間を大切にしている。幼い百音の話をていねいに聞くし、質問にも正直に答えている。　イ．統理は、離婚《りこん》した前妻の子供を引き取ったことなどの事情があり、当然悩《なや》みがあったと思われる。しかし、「悩みを多く持っている」かどうかはわからず、「人前でそれを表現することのできない」というのも、本文からは読み取れない。よって、これが正解。　ウ．自分の考えを百音に話して聞かせているが、その考えを百音に「押し付けることはない」。　エ．近所のおばさんたちの噂話について百音から聞いたときも、「眉《まゆ》をひそめ」て不快感を表したものの、「感情的になることはなく冷静にとらえ」て対応している。

(6) ア．「おばさんたちの言葉からはもっと違うなにかを感じた」「難しくてよくわからなかったけれど」「よくわからない灰色のモヤモヤしたもの」など、「心情を言葉に表現仕切れない様子が描《えが》かれている」。　イ．心情を表すような風景(情景)はとくに描かれていない。　ウ．「大丈夫《だいじょうぶ》だ。百音は間違ってない」「それでいいんだよ」など、ふたりの会話はかみ合っていて、なんでも話し合えるような関係であることが分かる。　エ．この文章は、百音の視点から描かれていて、「第三者からの視点によって表現されている」部分はない。　オ．「縁切り神社で、いろいろな人がくる」「世の中には、いろんな人がいるんだよ」「わかりやすくひどいことをしてくるなら戦うこともできるけれど」などから、「生きていく上での困難さが表現されている」と言える。　カ．百音の会話文には、統理への質問が多い。百音は、疑問を感じると統理に質問をし、その答えを手がかりにして、自分で問題を乗り越《こ》えようとしている。　よって、イとエが正解。

〔三〕 (1) 「疎外感《そがいかん》」とは、のけものにされているように感じること。疎外感を感じると、「さびしさに心が痛む」「さびしさや不安がわく」などと説明されている。「無性《むしょう》にさびしく感じるのではないか」と思われる状況を、具体的に「楽しそうな輪のなかに自分がいないこと」と表現している。

(2)　筆者は、「自分の意思で『ひとりになる』」ことを、「能動的ひとりぼっち」と表現している。本文中に「能動的ひとりぼっちへの道、ひとりが平気になるレッスンの最初のステップとして、まずはひとりで過ごす時間を充実《じゅうじつ》させることから始めてみましょう」と述べている。さらに、「能動的ひとりぼっち(単独者)への第２ステップとしてやってほしいのは、単独つながりの『心の友』を探すこと」と述べている。

(3)　「自分が共感できる～単独のヒーロー、単独のヒロインを見つける」ことは、「孤独《こどく》と思われる状況《じょうきょう》」を「充実した『単独』にする」ための一つの方法であると説明されている。しかし、「自分が共感できる人物がいるかどうか」で、「単独」と「孤立」の違いが説明できるとは述べられていない。よってウが正解。

(4)　「一人でいる自分をどう思っているか気がかり」ということは、自分の意思で、主体的に一人で本を読み続けているとはいえない。よってエが適する。

《2021　数学　解説》

1　(2)　与式＝(７＋４)×３＝11×３＝33

(3)　与式＝$\frac{7}{4}\div\frac{7}{5}\times\frac{2}{5}+\frac{1}{3}=\frac{7}{4}\times\frac{5}{7}\times\frac{2}{5}+\frac{1}{3}=\frac{1}{2}+\frac{1}{3}=\frac{3}{6}+\frac{2}{6}=\frac{5}{6}$

(4)　与式＝0.65×６－0.4＝3.9－0.4＝3.5

(5)　与式＝$10\div\frac{1}{4}-24\times\frac{3}{4}$＝10×４－18＝40－18＝22

2　(1)　**【解き方】素数は，１とその数自身でしか割り切れない数である。連続する３つの素数の平均が97÷３＝32.3…だから，30の少し前あたりから素数を小さい順に並べて，和が97になる３つの素数を探す。**

…，23，29，31，37，41，…で，このうち，連続する３つの数の和が97になるのは，29＋31＋37＝97

(2)　**【解き方】すべて，分速ｍに直してみる。**

時速４km＝分速(４×1000÷60)ｍ＝分速$\frac{200}{3}$ｍ＝分速$66\frac{2}{3}$ｍ，秒速150cm＝分速(150÷100×60)ｍ＝分速90ｍ

よって，一番速いのはウの秒速150cmである。

(3)　**【解き方】まず，500円の120％の値段を求め，それが２割引きの値段になるもとの値段を求める。**

500円の120％の値段は，500×1.20＝600(円)である。１－0.2＝0.8が600円になるもとの値段は，600÷0.8＝750(円)

(4)　**【解き方】右のように表にまとめて考えると，算数が得意であるが，理科は得意でない人は，アの部分にあたる。**

		算数		計
		得意である	得意でない	
理科	得意である			25
	得意でない	ア	5	イ
計		27		40

右表で，イ＝40－25＝15(人)だから，

求める人数は，ア＝イ－５＝15－５＝10(人)

(5)　**【解き方】できる正方形の１辺の長さは，２と３の公倍数の長さになる。**

２と３の最小公倍数は６だから，できる正方形の１辺の長さは６の倍数，６cm，12cm，18cm，24cm，…などが考えられる。１辺を18cmにすると，たてに18÷２＝９(枚)，横に18÷３＝６(枚)だから，全部で９×６＝54(枚)となり，条件に合う。１辺を24cmにすると，たてに24÷２＝12(枚)，横に24÷３＝８(枚)だから，全部で12×８＝96(枚)となり，タイルが足りない。よって，もっとも面積が大きい正方形をつくったときの面積は，18×18＝324(cm²)

3　(1)　**【解き方】図形を折り返すとき，折り返す前の図形と折り返した後の図形は合同である。**

折り返す前の三角形と折り返した後の三角形は合同だから，辺オイ＝辺アイ，辺オウ＝辺エウである。

辺アイ＝辺イウ＝辺エウだから，辺オイ＝辺イウ＝辺ウオになるので，三角形オイウは正三角形である。

(2)　【解き方】右図のように記号をおき，三角形の内角や外角の性質を使う。

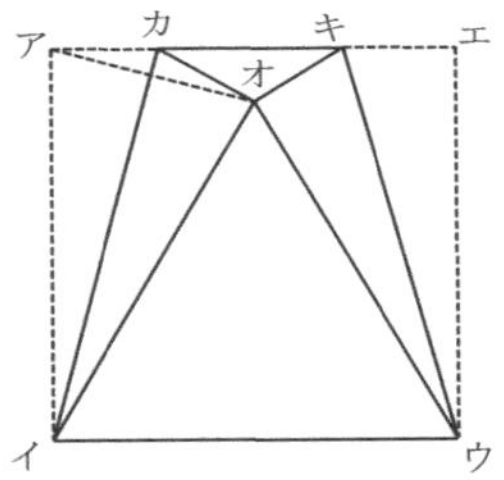

三角形オイウは正三角形だから，角オイウ＝60°である。

辺アイ＝辺オイより，三角形アイオは，角アイオ＝90°－60°＝30°の二等辺三角形だから，角イアオ＝(180°－30°)÷２＝75°である。

よって，角①＝角カアイ－角イアオ＝90°－75°＝15°

三角形カアオは，辺アカ＝辺オカの二等辺三角形だから，角カオア＝角カアオ＝15°

三角形の外角の性質より，角②＝角カオア＋角カアオ＝15°＋15°＝30°

三角形アイカと三角形オイカは合同だから，角アカイ＝角オカイなので，角③＝(180°－30°)÷２＝75°

(3)　【解き方】右図のように円周上で，半径で区切ると正三角形ができることから，これを６回続けると円周を六等分することができる。６つの点のうち，１つおきに３つの点を選べば，円周を３等分することができる。

4　**(1)　【解き方】８点は８人，９点は６人，10点は５人だから８点以上は８＋６＋５＝19(人)である。**

19÷45×100＝42.2…より，小数第１位を四捨五入して42%である。

(2)　【解き方】全員の合計点は，7.2×45＝324(点)である。

３点は１人，４点は２人，５点は５人，８点は８人，９点は６人，10点は５人だから，６点の人と７点の人以外の点数の和は，３×１＋４×２＋５×５＋８×８＋９×６＋10×５＝204(点)である。よって，６点の人と７点の人の点数の合計は，324－204＝120(点)

(3)　【解き方】６点の人と７点の人以外の人数は，１＋２＋５＋19＝27(人)だから，６点の人と７点の人の人数の和は，45－27＝18(人)である。つるかめ算で人数を求める。

７点が18人だと，点数の合計は７×18＝126(点)になり，実際より126－120＝６(点)多くなる。１人を７点から６点にかえると点数の合計は７－６＝１(点)少なくなるから，６点の人の人数は，６÷１＝６(人)，７点の人の人数は，18－６＝12(人)

5　**(1)　【解き方】３段までを表にして考えてみる。このとき，１段増えたときの増えた５cmのぼうの本数も調べてみる。**

	1	2	3
５cmのぼう	2	6	12
増えた本数		4	6

右表より，１段増やすごとに，増やす５cmのぼうの本数が２本ずつ増えていることがわかる。よって，４段つくるときは12＋８＝20(本)，５段つくるときは20＋10＝30(本)，６段は30＋12＝42(本)，７段は42＋14＝56(本)，８段は56＋16＝72(本)，９段は72＋18＝90(本)，10段は90＋20＝110(本)

(2)　【解き方】一番下の段に並ぶ直角三角形の個数を調べる。

２段のときは６個，３段のときは10個だから，１段増やすごとに４個増えている。したがって，４段のときは10＋４＝14(個)，５段のときは14＋４＝18(個)の直角三角形が並ぶ。１個の直角三角形の面積は，３×４÷２＝６(cm²)だから，５段の一番下の面積は，６×18＝108(cm²)

(3)　【解き方】左右対称な図形なので，半分で考えてみる。それぞれの段をつくるときの直角三角形の個数は，１段が１個，２段が４個，３段が９個，…となるから，ｎ段ならｎ×ｎ(個)になる。

大きな三角形の面積が768cm²になるのは，直角三角形を768÷６＝128(個)並べたときだから，半分にすると，128÷２＝64(個)になる。８×８＝64より，求める段数は８段である。

6 ⑴　**【解き方】グラフより，容器Ｂでは 20 分間で 50 cmの高さまで水がたまっていることがわかる。**

20 分間で 50 cmの高さまで水がたまったから，２分間なら，$50\times\frac{2}{20}=5$（cm）

⑵　**【解き方】容器Ａでは，10 分から 20 分までの 10 分間で，50－40＝10(cm)の水がたまっている。**

容器Ａでは，２分間で $10\times\frac{2}{10}=2$（cm）の水がたまることになる。同じ時間に入る水の量が同じとき，たまる水の深さと底面積は反比例するから，同じ時間にたまる水の深さの比がＡ：Ｂ＝２：５なら，底面積の比は５：２である。よって，容器Ａの底面積は，容器Ｂの底面積の，５÷２＝2.5(倍)

⑶　**【解き方】容器Ｂが深さ 50 cmから 80 cmになるまでにかかる時間を求める。**

容器Ｂが，80－50＝30(cm)分の水がたまるまでに，$20\times\frac{30}{50}=12$(分)かかる。容器Ａと容器Ｂの水の深さの差は，２分間で５－２＝３(cm)になるから，12 分間で $3\times\frac{12}{2}=18$(cm)になる。よって，容器Ｂが満水になったときの容器Ａの水の深さは，80－18＝62(cm)

―《2021　理科　解説》―

1 ⑴①　イ，ウ○…月は新月→上弦の月（７日後）→満月（15 日後）→下弦の月（22 日後）の順に満ち欠けし，約 29.5 日後に新月にもどるので，右側から満ちていって満月になり，その後右側から欠けていって新月に戻る。したがって，有明の月に当てはまるのはイとウである。　②　ク○…バケツの中で雪が氷(固体)から水(液体)に変化すると，体積が小さくなるので，水面の高さはバケツに引いた線よりも低くなる。また，氷から水に変化しても，氷や水が外に出たり外から入ったりしなければ，重さは変わらない。　③　電球の方が発光ダイオードよりも，より多くの熱を発生させる。この性質を利用して，雪を溶かすことに役立てている。なお，より多くの熱を発生させる電球の方が，発光ダイオードよりも，同じ明るさで点灯させるために必要な電力が大きくなる。

⑵①　夏の大三角をつくる星は，はくちょう座のデネブ，こと座のベガ，わし座のアルタイルである。なお，冬の大三角を作る星は，オリオン座のベテルギウス，おおいぬ座のシリウス，こいぬ座のプロキオンである。

②　さそり座は夏の夜に南の空に見える星座で，赤色の一等星のアンタレスをもつ。　③　ウ○…別紙の全天星座早見より，さそり座の一部は２月 20 日の午前５時ごろの暗い空で観察することができる。

⑶①　イ，ケ○…月が見えていないときの方が，月の光によって星が見えにくくならない。上弦の月は日の入りころに南の空に見え，真夜中に西の地平線にしずむので，星の観測に適しているのは日の出の２時間前である。また，満月は日の入りころに東の地平線からのぼり，日の出ころに西の地平線にしずむので，星の観測に適している時間帯はない。下弦の月は真夜中に東の地平線からのぼり，日の出ころに南の空に見えるので，星の観測に適しているのは日の入りの２時間後である。　②　空気が冷やされると，空気中にふくむことができる水蒸気の量が少なくなるので，空気中の水蒸気が水や氷になって出てくる。水になって出てきたものを結露，氷になって出てきたものを霜という。　③　ア○，イ×…百葉箱が風通しのよいつくりになっているように，気温は風通しのよいところで測る。　ウ×，エ○…百葉箱に限らず，気温をはかるときは地面から 1.2～1.5ｍの高さではかる。

オ×，カ○…百葉箱では，とびらは北を向いており，南の空を通る太陽からの直射日光をさけることができる。

④　温度計が０℃より下の部分を示しているので，気温は氷点下である。－７℃が正答となる。

2 ⑴　オ○…アは石油(化学エネルギーという)を熱に，イは物の動きを電気(光)に，ウは物の動きを電気に，エは電気を熱に変えている。

(2)　ウ，オ○…金属は電気を通しやすいが，プラスチックやビニル，紙，木などは電気を通しにくい。

(3)　C○…１㎤あたりの質量を密度という。密度はAが 18.9÷７＝2.7(ｇ/㎤)，Bが 15.8÷２＝7.9(ｇ/㎤)，Cが 54.0÷６＝9.0(ｇ/㎤)，Dが 31.5÷３＝10.5(ｇ/㎤)，Eが 77.2÷４＝19.3(ｇ/㎤)だから，同じ体積での質量が大きい順に，E，D，C，B，Aとなる。

(4)　イ○…てこをかたむけるはたらき〔おもりの重さ(ｇ)×支点からの距離(㎝)〕が左右で等しくなるときにつり合う。てこを左にかたむけるはたらきは 18.9×10.0＝189 だから，右にかたむけるはたらきも 189 にするために，189÷31.5＝6.0(㎝)のところにつるすと良い。

(5)　車両がアから離れ，イに寄るようにするには，アから反発する力，イから引き合う力を得られればよい。したがって，アはＳ極，イもＳ極となる。

(6)①　イ×…卵，よう虫，さなぎ，成虫の順に成長する完全変態と，卵，よう虫，成虫の順に成長する不完全変態の昆虫を区別できるようにしておこう。カブトムシとナナホシテントウは完全変態，アブラゼミは不完全変態の昆虫である。　②　ア×…コアオハナムグリは完全変態，アキアカネ，オオカマキリは不完全変態の昆虫である。

③　ウ×…クモとダンゴムシは昆虫ではなく，クロオオアリは昆虫である。

(7)　ア○，イ×…昆虫のからだは，頭，胸，腹の３つの部分からできている。　ウ×，エ○…昆虫のあしは胸についている。　オ○，カ×，キ×…昆虫のあしは６本である。

(8)　イ，エ×…セイタカアワダチソウは秋，ヒルガオは夏に花が見られる。

(9)　大きい順にミジンコ，ゾウリムシ，イカダモとなる。

(10)　ウ○…植物の葉では，日光を受けて，水と二酸化炭素を材料にデンプンと酸素を作り出している。このはたらきを光合成という。また，動物と植物はいずれも，酸素を使って栄養分を分解し，生きるためのエネルギーを得て，二酸化炭素を出す。このはたらきを呼吸という。

《2021　社会　解説》

1　(1)　濃尾平野の木曽川・長良川・揖斐川に囲まれた下流域では，河川の氾らんによる洪水が多かったため，輪中と呼ばれる堤防で周囲をめぐらせ，土を盛るなどして周囲より高いところにひなん場所としての水屋を建てた。

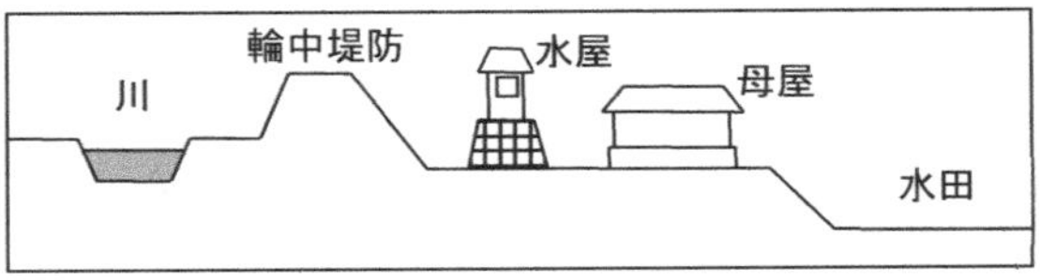

(2)　イが正しい。　B．北陸から東北までの日本海側は稲作が盛んな地域である。　C．日本三大美林は「秋田県の天然秋田スギ」「青森県の青森ヒバ」「長野県の木曽ヒノキ」である。　D．「２重の玄関や窓…２階にも玄関があり(豪雪地帯)」「ポテトチップスの原料(ジャガイモ)」「先住民族(アイヌ民族)」から北海道と判断する。

E．エコタウン事業は，ある産業から出る廃棄物を他の産業の原料とすることで，廃棄物をゼロにすることを目指す事業である。

(3)　山形県鶴岡市は日本海側の気候だから，北西季節風の影響で冬の降水量が多いアを選ぶ。冬の北西季節風は，暖流の対馬海流の上空で大量の水蒸気をふくんだ後山地にぶつかって，日本海側に大量の雪を降らせる。

(4)　エが誤り。2017 年，二酸化炭素排出量の世界合計の４分の１は $32840\times\frac{1}{4}=8210$(百万ｔ)だから，ＯＥＣＤ加盟国の二酸化炭素排出量(11579 百万ｔ)の方が多い。

(5)　エが誤り。農業機械の導入によって，効率よく米づくりができるようになるので，人手不足の解消につながる。

(6)〔資料２〕からわかること　1965 年から 2005 年にかけて，林業で働く人が減り続けており，2005 年は 1965 年の

５分の１以下であることがわかる。　**〔資料３〕と〔資料４〕からわかること**　〔資料３〕より，1970 年から2000 年にかけて，木材の輸入量が増えるにつれて，国内生産量が減っていったことがわかる。そのことを踏まえて〔資料４〕を見ると，同時期に国産材の価格が低下したことがわかる。以上のことから，外国から安い木材が大量に輸入されたことで，国産の木材価格が低下し，売れなくなっていったことを導く。

(7)　ウとＣを選ぶ。ＩＣ(集積回路)など電子部品の生産が盛んになった九州地方を「シリコンアイランド」と呼ぶ。また，北九州工業地帯は，日本の工業地帯の中で工業出荷額が最も低い。阪神工業地帯はエとD，中京工業地帯はアとB，京葉工業地域はイとA。

2　(1)　基本的人権は，侵すことのできない永久の権利として日本国憲法で保障されている。

(2)　エが誤り。平和の礎があるのは，沖縄戦最後の激戦地となった沖縄県糸満市である。

(3)　国会はイ(予算の議決権)，内閣はウ，裁判所はア(違憲審査権)を選ぶ。エの選挙権は，普通選挙の原則により，満 18 歳以上の国民すべてに与えられる。

3　(1)　ウは飛鳥時代だから誤り。アは平安時代，イは明治時代，エは江戸時代。

(2)　弥生時代に米づくりが盛んになると，土地や用水を目的とした争いが発生した。敵の侵入を防ぐため，周りを堀や柵で囲まれた環濠集落がつくられた。

(3)　聖武天皇は，奈良時代に仏教の力で世の中を安定させようとして，国分寺や国分尼寺を全国につくり，奈良の都に東大寺と大仏をつくった。

(4)　エ．平安時代末期→ア．鎌倉時代→イ．室町時代・戦国時代→ウ．江戸時代

(5)　イを選ぶ。「東海道五十三次」を描いた歌川広重は，江戸時代後半の化政文化を代表する浮世絵師である。アは室町時代，ウは明治時代，エは飛鳥時代・奈良時代。

(6)　ウが誤り。儒学を重んじたのは江戸時代で，明治時代は四民平等であった。

(7)　エが誤り。昭和時代の第二次世界大戦(太平洋戦争)後のできごとである。

(8)　エ．満州事変開始(1931 年)→ウ．国際連盟脱退(1935 年)→ア．日中戦争開始(1937 年)→イ．マレー半島上陸・真珠湾攻撃(1941 年)

(9)　栃木県の足尾銅山から出た鉱毒が渡良瀬川に流れこみ，流域で農業や漁業を営んでいた人々が大きな被害を受けた。衆議院議員であった田中正造は，帝国議会でこの事件を取り上げて政府の責任を追及し，議員を辞職した後も，鉱毒問題の解決に努めた。

奈良教育大学附属中学校

《国　語》

〔一〕 (1)①効能　②在来線　(2)①れきほう　②おぎな　(3)①オ　②イ　③ア　④ウ

〔二〕 (1)本があればそれでよかった　(2)「永井は、　(3)ウ　(4)イ　(5)だって、な　(6)物語の感動した部分を何度も読み返すこと　(7)ぼく自身の心を埋めてくれる大切なかけらとして友だちを受けとめることができたから。

〔三〕 (1)あなたを除いた全員があなたの悪口を言うはずはないから。　(2)エ　(3)習慣　(4)みんな　(5)オ

(6)イ，ウ

(7)〈作文のポイント〉

・最初に自分の主張、立場を明確に決め、その内容に沿って書いていく。

・わかりやすい表現を心がける。自信のない表現や漢字は使わない。

さらにくわしい作文の書き方・作文例はこちら！→　http://bit.ｌ《エル》y/JekfSh

《算　数》

[1] (1)24　(2)168　(3)18　(4)16　(5) $1\frac{17}{28}$

[2] (1)11　(2)2.4　(3)16　(4)53　(5)8　(6) $7\frac{1}{3}$

(7)32

[3] (1)40　(2)4　(3)右グラフ　(4)35

[4] (1)右図　(2)875

[5] (1)2.4　(2)30　(3)32.5

[6] (1)20　(2)1200　(3)右グラフ

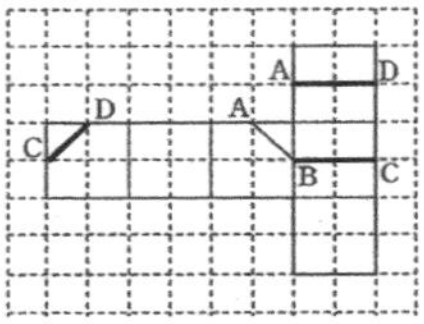

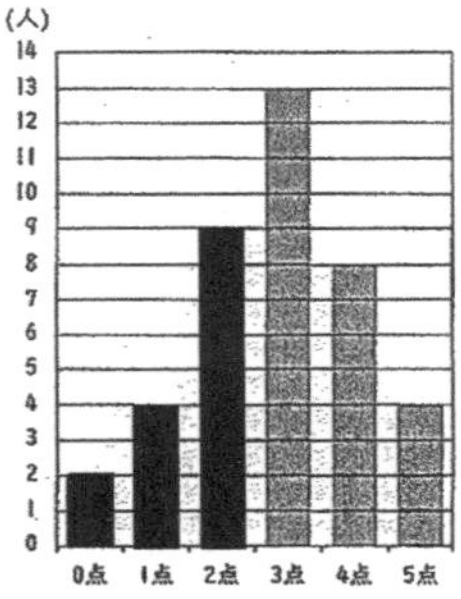

[3](3)のグラフ

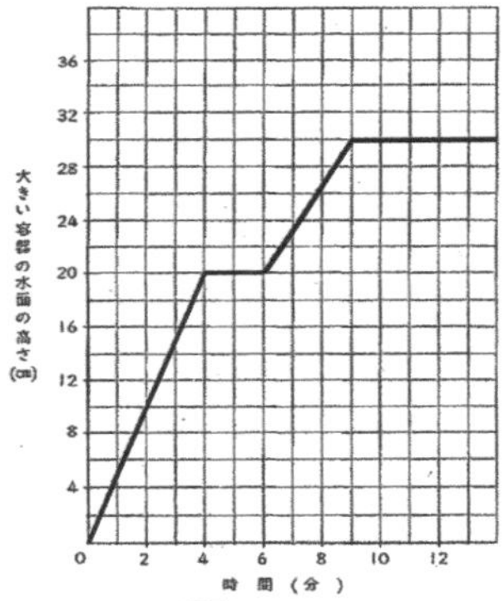

[6](3)のグラフ

《理　科》

[1] (1)ア　(2)①オ　②赤色リトマス紙…変化なし　青色リトマス紙…赤色　③イ
(3)①気こう　②気体　(4)ウ，エ　(5)①ア　②カ　③イ

[2] (1)①イ，ウ，オ，カ　②ウ，オ，カ　(2)①＋たんしと－たんしをふれ合わせる
〔別解〕電気を完全になくしておく　②＋たんし　③右グラフ　④ウ
(3)①カ　②エ　(4)①運ぱん　②ウ

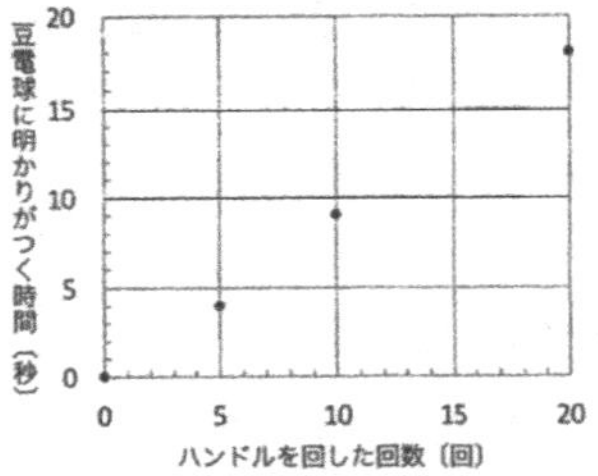

《社　会》

[1] (1)イ　(2)ウ　(3)ハザード　(4)機械を共同で買うことで，生産にかかる費用を減らすことができるから。（下線部は使うでもよい）　(5)ウ　(6)エ

[2] (1)エ　(2)ウ　(3)エ→ウ→ア→イ　(4)イ　(5)大阪は商業の中心地として栄え，全国から運び込まれた米や特産物が取り引きされたから。

[3] (1)ア　(2)ウ　(3)ア　(4)エ

[4] (1)ウ　(2)子どもの権利条約　(3)ウ

←解答例は前のページにありますので，そちらをご覧ください。

《2020　国語　解説》

〔一〕

⑶① 「骨が折れる」という意味の熟語で、上の漢字が主語で下の漢字が述語の形になっているため、オが適する。　② 「往」は「いく。前方に向かって進む」の意を表す字。「来」は「くる。きたる」の意を表す字。「往来」とは、人や乗り物の行き来。よってイが適する。　③ 「製」は「つくる。こしらえる」の意を表す字。「造」は「つくる。こしらえる」の意を表す字。よってアが適する。　④ 「銅の像」「銅でつくられた像」という意味の熟語で、上の漢字が下の漢字を修飾《しゅうしょく》しているため、ウが適する。

〔二〕

⑴ ［4］場面の２段落目の最後の文に見られる。「ぼく」にとって、本は大切な役割(＝「ぼく」のさびしさやつまらなさを埋《う》めてくれるもの)を果たしてくれていたということ。

⑵ 前半は、彩友《あゆ》の「パパ」が今度結婚《けっこん》する香寿美《かすみ》さんが、彩友にくれた本の話題。それは「ぼく」も読んだことのある『秘密の花園』で、彩友の「ママ」の好きだった本でもあることが分かる場面。後半は、本を読むのが苦手だという令央《れお》のために、「ぼく」がすすめ、貸してあげた『盗塁王《とうるいおう》』に関することで、主に令央の感想が語られている。ぼくは令央がこの本を気に入ってくれたことをとても喜び、感動している。

⑶ ［4］場面の３段落目に「少し心がざわざわして落ち着かない。それは、令央のことが引っかかっているのだと思う」とある。その直後を読むと、「ぼく」が令央にすすめた本が、令央にとってどうだったのかが気になっていたことが分かる。「かぜをひいて寝《ね》込んでいる達輝《たつき》(＝「ぼく」)のもとに」、彩友と(前述のことで)気になっていた令央が訪《おとず》れてきたことに感動し、その気持ちをつとめて冷静に、しかし率直に述べたと考えられる。よってウが適する。

⑷ 「よかった探し」とは、注にあるように「何でも前向きにとらえる考え方」。「でも、もう、本探しはいいの」という彩友の発言に対して、「ぼく」は「え？あきらめちゃうの？」と本が見つからなかったととらえたが、令央は「見つかったのか？」と本が見つかったととらえた。両者のとらえ方は「正反対」だった。前向きにとらえたのは令央の方だ。よってイが適する。

⑸ ――線部②の８行後からの１文。「新しくお母さんになる人」(＝香寿美さん)からもらった本が、彩友の探している本(＝なくなったお母さんの思い出の本)だったかどうかを彩友に聞けなかった理由として書かれている。「ぼく」は、「なくなったお母さん」のことを大切に思い続けている彩友と「新しい母」との関係を気にして、彩友を傷つけるかもしれないことは聞かないでおこうとした。

⑹ 令央が『盗塁王』について語った「最後、よかった～最後のとこ、二度読み返した」に、彩友が反応して「あたしも～コリンが庭に行くときのシーンとか、読み返したよ」と言っている。令央が「そういうの」といったのは、２人の発言、体験の共通することを指している。

⑺ ――線部⑤に続く２段落を参照。彩友と令央を、心を埋めてくれる「かけら」となる友だちとして意識し、そのことに喜びを感じている。⑴の解説と［4］場面の２～３段落を参照。「でもぼくは、本があればそれでよかったから、さびしいとかつまらないとか、あんまり思ったことがない気がする。それなのに、今、少し心がざわざわ

して落ち着かない。それは、令央のことが引っかかっているのだと思う」とある。心を埋めてくれる大切な何かとして、本と並んで令央や彩友の存在が大きなものになりつつあるのがわかる。

〔三〕

(1) 直後の４段落で――線部①の理由を、具体例をあげて述べている。

(2) 最後から３～７段落を参照する。「見分け方は、前述した『もし、このグループのみんながあなたの悪口を言っていると言われたら、どれぐらいドキッとするか』です。思い入れのないグループ、好きでもない集団、関心のない人たちだと、『あなたの悪口を言っている』と言われても、あんまりチクッとしません。その場合は、その集団は、あなたにとって『世間』ではありません」。よってエが正解。

(3) 筆者は、――線部②の考えを読者にわかりやすく説明するために、日本人と畳《たたみ》の生活の例をあげ、読者に「あなたは、長時間、ソファーに座《すわ》っているうちに、いつの間にか床《ゆか》に直接座って、ソファーにもたれかかるということはありませんか？」と問いかけている。そして、その理由について「日本人が畳の生活で、床にじかに座っていた習慣が体に残っているからじゃないかと僕《ぼく》は思っています」と述べている。そして、「人間の体は、そんなに簡単には変わらないのです。考え方も、同じです。しみついた考え方は、なかなか変わりません」と結論づけている。

(4) ――線部③を、「思わず起きてしまう人もいるはずです。でも、『世間』は、この放送をやめないのです」と言いかえたあと、その理由について、「みんな、朝の６時に起きると思っていて、放送がみんなのためになっていると思っているからです」と述べている。

(6) ア．――線部①と②の間に述べられているのは、「社会」ではなく「世間」。　イ．――線部④のあと、特に「働き出したら、そうはいきません」と一致《いっち》する。　ウ．最後から２段落目にほぼ同じ内容が述べられている。　エ．――線部③の 14～15 行前の「知らない人が多く住むので、地域から『世間』がなくなったのです」と、原因と結果が逆になっている。　オ．そのグループのみんなから悪口を言われていると聞いてドキッとする(＝気になる)のが「世間」(の見分け方）と述べられている。　カ．１～４段落で、「都市より田舎《いなか》の人が、より高齢《こうれい》な人が」カのように言うと述べられているが、それが筆者の考えだとは述べられていない。　よってイ・ウが適する。

《2020　算数　解説》

1 (2) 与式＝194－26＝168

(3) 与式＝39＋７－28＝46－28＝18

(4) 与式＝26－10＝16

(5) 与式$=\frac{13}{7}-\frac{1}{6}\times\frac{3}{2}=\frac{13}{7}-\frac{1}{4}=\frac{52}{28}-\frac{7}{28}=\frac{45}{28}=1\frac{17}{28}$

2 (1) $\frac{3}{5}$は約分した分数であり，約分する前は，分子と分母の差が$\frac{23}{31}$の分子と分母の差と同じになる(それぞれ同じ整数を引いても差は変わらないため)。分子と分母の差は，約分する前が 31－23＝８，約分した後が５－３＝２だから，約分する前の分数は，$\frac{3}{5}$の分子と分母をそれぞれ８÷２＝４(倍)した，$\frac{3\times4}{5\times4}=\frac{12}{20}$である。よって，引いた整数は，23－12＝11 である。

(2) ロープの長さは，一番長いロープから順に，70 cm，70－12＝58(cm)，58－12＝46(cm)，46－12＝34(cm)，34－12＝22(cm)，22－12＝10(cm)なので，元のロープの長さは，70＋58＋46＋34＋22＋10＝240(cm)，つまり，2.4ｍである。

(3)　10，50，100 円玉をそれぞれ１枚ずつ使ったときの合計金額は 10＋50＋100＝160(円)なので，残りの 500－160＝340(円)を，10，50，100 円玉を使って表せるのが何通りあるのかを考えればよい。340 円のうち，40 円は 10 円玉４枚を使って表すしかないので，残りの 340－40＝300(円)の表し方を考える。

１種類の硬貨《こうか》を使った表し方は，10 円玉 300÷10＝30(枚)，50 円玉 300÷50＝６(枚)，100 円玉 300÷100＝３(枚)の３通りある。このうち，50 円玉１枚は 10 円玉５枚，100 円玉１枚は 10 円玉 10 枚，100 円玉１枚は 50 円玉２枚に両替《りょうがえ》できる。よって，10 円玉と 50 円玉を使った表し方は，６枚の 50 円玉のうち，１～５枚を 10 円玉に両替すればよいので，５通りある。同様にして，10 円玉と 100 円玉を使った表し方は３－１＝２(通り)，50 円玉と 100 円玉を使った表し方は３－１＝２(通り)ある。また，10，50，100 円玉をそれぞれ１枚以上使った表し方は，先ほどと同様，300－160＝140 より，100 円の表し方と同じなので，10 円玉 10 枚，50 円玉２枚，100 円玉１枚，10 円玉５枚と 50 円玉１枚の，４通りある。したがって，全部で３＋５＋２＋２＋４＝16(通り)ある。

(4)　令和２年はうるう年なので，１年は 366 日ある。よって，令和２年 12 月 31 日は，令和２年１月１日の 366－１＝365(日後)，つまり，365÷７＝52 余り１より，52 週間と１日後である。よって，令和２年 12 月 31 日は水曜日の１日後の木曜日である。したがって，令和２年は木曜日が１＋52＝53(回)あるので，マンガ雑誌は 53 回発行される。

(5)　下から２けたの数だけを考えればよい。25 になるのは一の位が５である整数どうしをかけたときである。また，５に奇数をかけると一の位は５，５に偶数《ぐうすう》をかけると一の位は０になる。

1→１×３＝3→３×５＝15→…となり，それ以降もかける整数が奇数だから，７，９，11，13 をかけても一の位は５のままである。下から２けたが初めて 25 になるのは，15 をかけたとき，つまり，奇数を８回かけあわせたときである。

(6)　最初の速さは分速 150m，次の速さは分速$(150\times\frac{2}{3})$m＝分速 100m，最後の速さは分速(100÷２)m＝分速 50m なので，求める時間は，$\frac{200}{150}+\frac{200}{100}+\frac{200}{50}=1\frac{1}{3}+2+4=7\frac{1}{3}$(分)である。

(7)　三角形ＡＢＣはＡＢ＝ＡＣの二等辺三角形なので，角イ＝角ＡＢＣである。

また，折り返して重なる角なので，角ＥＦＤ＝角ＡＢＣである。三角形ＥＤＦは，ＥＤ＝ＥＦの二等辺三角形なので，角ＥＤＦ＝角ＥＦＤである。

よって，角イと同じ大きさの角に●印をつけると，右図のようになる。

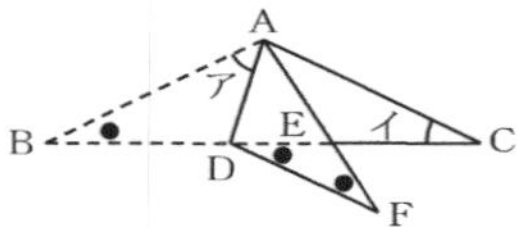

三角形ＥＤＦについて，外角の性質より，角ＡＥＤは角イの大きさの２倍になる。折って重なる角なので，角ＤＡＥ＝角ア＝42 度である。したがって，角ＢＡＥ＝42＋42＝84(度)なので，三角形ＡＢＥについて，内角の和は 180 度だから，角ＡＢＥ＋角ＡＥＤ，つまり，角イの大きさの３倍は，180－84＝96(度)となる。

したがって，角イ＝96÷３＝32(度)である。

3　(1)　円グラフから，２回目が１点だった人が 10%，表からその 10%にあたる人数が１＋２＋１＝４(人)とわかる。よって，クラスの人数は，$4\div\frac{10}{100}=40$(人)

(2)　１回目に３点を取った人は 13 人いるので，表より，１＋３＋４＋(ア)＋１＝13 となる。

したがって，(ア)＝13－(１＋３＋４＋１)＝13－９＝４(人)である。

(3)　(1)の解説より，１回目に０点，１点，２点を取った人がわかるので，解答例のようになる。

(4)　表から，２回目に３点を取った人は，２＋１＋３＋４＋２＋２＝14(人)いるので，全体の$\frac{14}{40}\times100=35$(%)である。

4 (1)　図１について右図Ⅰのように記号をおく。
図Ⅰを図２のように広げると，㋓とつながっている面が㋒と㋔であることから，右図Ⅱのようになることがわかるので，解答例のようになる。

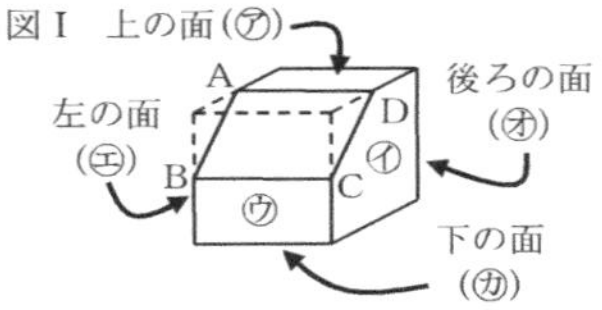

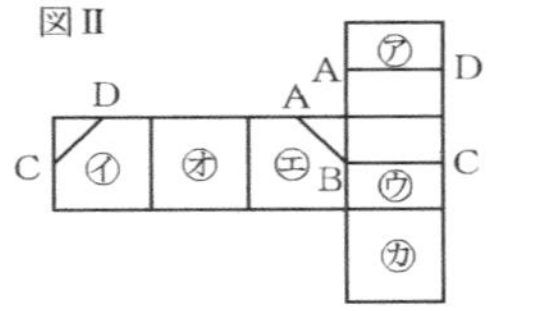

(2)　(1)の㋓(または㋑)の面を底面とすると，高さが10 cmとなる。面㋓の面積は，１辺が10 cmの正方形の面積から，直角をはさむ２つの辺の長さが10÷２＝５(cm)の直角二等辺三角形の面積を引けばよいので，
10×10－５×５÷２＝100－12.5＝87.5(㎠)である。よって，求める体積は，87.5×10＝875(㎤)である。

5 (1)　三角形ＡＢＣの面積は，ＡＢ×ＡＣ÷２＝３×４÷２＝６(㎠)である。また，三角形ＡＢＣは，底辺をＢＣ＝５cmとすると，高さがＡＤとなるので，ＡＤ＝６×２÷５＝2.4(cm)である。

(2)　右図のように線を引き記号をおく。ＢＤ＋ＳＲ＝ＢＤ＋ＤＣ＝ＢＣ＝５cmなので，ＡＰ＝ＤＳ＝ＢＲ－(ＢＤ＋ＳＲ)＝15－５＝10(cm)である。したがって，台形ＡＢＲＰは，上底ＡＰ＝10 cm，下底ＢＲ＝15 cm，高さＡＤ＝2.4 cmなので，面積は，(10＋15)×2.4÷２＝30(㎠)である。

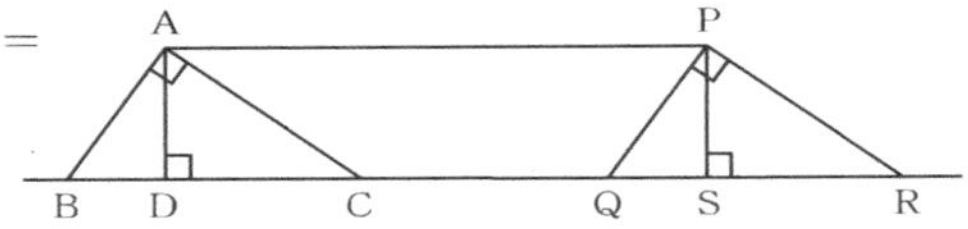

(3)　高さは2.4 cmなので，上底と下底の和は，84×２÷2.4＝70(cm)となる。
よって，ＡＰ＋ＢＲ＝ＡＰ＋(ＡＰ＋５)が70 cmとなるので，ＡＰの長さの２倍は，70－５＝65(cm)となる。
したがって，ＡＰ＝65÷２＝32.5(cm)である。

6 (1)　グラフから，右図のことがわかる。
よって，小さい容器の高さは20 cmである。

(2)　(1)の図から，大きい容器の高さは30 cmだとわかる。
また，水を12分間入れると大きい容器はいっぱいになるので，大きい容器の体積は，３×12＝36(Ｌ)，１Ｌ＝1000(㎤)なので，36000 ㎤である。したがって，大きい容器の底面積は，
36000÷30＝1200(㎠)である。

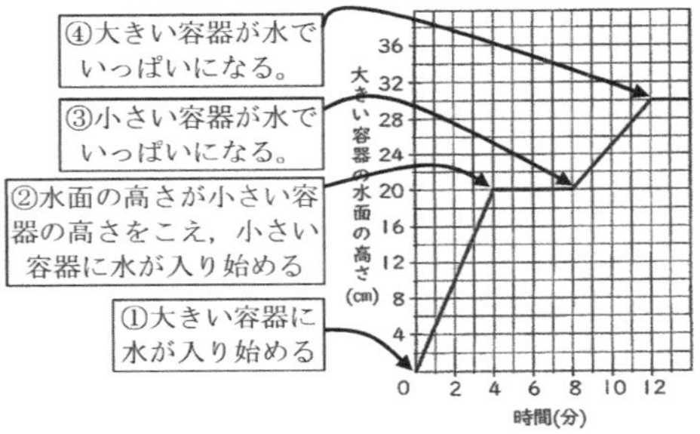

(3)　毎分３Ｌで水を入れると，８－４＝４(分)で小さい容器はいっぱいになるから，小さい容器の体積は，
３×４＝12(Ｌ)である。(1)の図の①から②の間に，小さい容器に水が１×４＝４(Ｌ)入るので，②のとき，小さい容器の残りの体積は12－４＝８(Ｌ)である。②から③の間，小さい容器には水が１分間で１＋３＝４(Ｌ)入るので，②から③までの時間は８÷４＝２(分)，③の状態になるのは水を入れ始めてから４＋２＝６(分後)である。
③のとき，２つの容器を正面から見ると，右図のようになり，水はⓐ，ⓑ，ⓒの部分に入っている。
ＡＢ＝20 cm，ＡＣ＝30 cmなので，ＢＣ＝30－20＝10(cm)である。よって，残りの水が入る部分の体積は，大きい容器の体積の$\frac{10}{30}=\frac{1}{3}$だから，$36\times\frac{1}{3}$＝12(Ｌ)である。１分で４Ｌ水が入るから，
③から④までの時間は12÷４＝３(分)，④の状態になるのは，水を入れ始めてから６＋３＝９(分後)である。
以上より，点(０分，０cm)，点(４分，20 cm)，点(６分，20 cm)，点(９分，30 cm)，点(14分，30 cm)を直線で結べばよい。

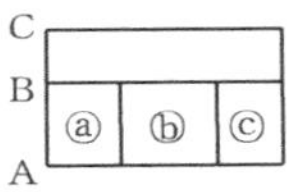

《2020　理科　解説》

1 (1)　植物が育つには日光が必要である。太陽は，東の地平線からのぼり，南の空を通って西の地平線にしずむので，太郎さんの家に対して北にあるアでは，日光があまり当たらず，育てる場所としては適さない。

(2)①　オ○…ろうとに液体を注ぐときには，ガラス棒の先をろうと(ろ紙)につけて，ガラス棒を伝わらせながら，少しずつ注ぐ。また，ろうとのあしの長い方をビーカーの内壁《ないへき》につけて，液体が飛び散らないようにする。

②　酸性の水よう液をつけると，青色のリトマス紙は赤色に変化し，赤色のリトマス紙は変化しない。　③　鉄があわを出してとけたアがうすい塩酸である。ア以外でアルミニウムがあわを出してとけたエがうすい水酸化ナトリウム水よう液である。残ったイとウについて，水よう液を自然に蒸発させたとき，何も残らなかったイが気体の二酸化炭素がとけている炭酸水，固体が残ったウが食塩水である。

(3)　根から吸い上げられた水は，葉の裏に多くある気こうから気体の水蒸気となって出ていく。この現象を蒸散といい，蒸散が起こることで，根からの水の吸い上げがさかんになったり，植物の体の温度が上がりすぎるのを防いだりする。

(4)　アとイは酸素，ウとエは二酸化炭素について書かれている。なお，ろうそくが燃えるときには水蒸気(水)も発生する。

(5)①　ア○…同じ体積での重さ(密度)が重いものは下に移動し，軽いものは上に移動する。表２で，自分で育てたジャガイモだけが浮《う》いたのは，このジャガイモの密度が【方法】でつくった食塩水の密度より小さかったためである。産地Ａのジャガイモと産地Ｂのジャガイモに密度の差があれば，食塩水を濃《こ》くして食塩水の密度を大きくしていけば，密度が小さいジャガイモが先に浮き，分けることができる。なお，ウのように食塩水の体積を２倍にしても，密度は変化しない。

2 (1)①　アとエは，２つの電池の同じ極がつながっているので，豆電球は点灯しない。　②　ウ，オ，カのように，２つの電池を並列つなぎにすると，豆電球に流れる電流の大きさは，電池が１つのときと同じになる。なお，イのように，２つの電池を直列つなぎにすると，豆電球に流れる電流の大きさは，電池が１つのときより大きくなる。

(2)④　ハンドルを回した回数が５回増えるごとに，豆電球に明かりがつく時間が４秒から５秒長くなると考えられるので，ハンドルを回した回数が15回のときには，豆電球に明かりがつく時間が13秒から14秒になる。したがって，ハンドルを回す回数を17回にすると，豆電球に明かりがつく時間は15回のときよりは長く，20回のときよりは短くなるはずだから，ウが正答となる。

(3)①　棒のかげは太陽がある方向と反対にできる。午前９時の太陽は東よりにあるから，図４で，最も西よりにあるアが午前９時の棒のかげの先たんがあった位置であり，そこから１時間ごとに，イ《午前10時》 → ウ《午前11時》 →エ《正午》→ オ《午後１時》 → カ《午後２時》 → キ《午後３時》 → ク《午後４時》 と動く。　②　光電池に太陽の光が垂直に当たるように置くと，図５で，太陽の光と地面の間にできる角が大きくなるほど，地面に対する角度が小さくなることがわかる。太陽の光と地面の間にできる角(太陽の高度)が最も大きくなるのは正午ごろだから，エが正答となる。

(4)①　流れる水には，土砂をけずるしん食，土砂を運ぶ運ぱん，土砂を積もらせるたい積という３つのはたらきがある。　②　ウ○…つぶが大きい(重い)順にれき＞砂＞どろであり，大きいものほどはやく沈《しず》むので，下から順にれき，砂，どろがたい積する。

《2020　社会　解説》

1 (1)　「石油化学工場から空気中に出されたガス」「ぜんそく」から四日市ぜんそくと判断し，イを選ぶ。四大公害病については右表参照。

公害名	原因	発生地域
水俣病	水質汚濁 (メチル水銀)	八代海沿岸 (熊本県・鹿児島県)
新潟水俣病	水質汚濁 (メチル水銀)	阿賀野川流域 (新潟県)
イタイイタイ病	水質汚濁 (カドミウム)	神通川流域 (富山県)
四日市ぜんそく	大気汚染 (硫黄酸化物など)	四日市市 (三重県)

(2)　ウが誤り。自動車工場では，作業する人の安全性を確保するために，溶接などの作業はロボットを積極的に導入している。

(3)　ハザードマップには，火山噴火や洪水，津波，土砂災害などの自然災害について，災害が起きたときに被害が発生しやすい地域や緊急避難経路，避難場所などが示される。

(4)　農業用機械が高価であること，問題文の「農家の収入が増えること」「生産にかかる費用」から解答例のような機械の共同購入を導く。

(5)　ウが誤り。外国から安く輸入される魚貝類が増えたことで，日本の魚貝類の自給率は年々下降している。また，米の自給率は100%近い。

(6)　エが誤り。日本の農家では水稲を刈った跡に生えてくる雑草を除草するときなどに農薬を使用している。

2 (1)　エが誤り。５世紀ごろにつくられた大仙古墳や誉田御廟山古墳などについての記述である。

(2)　「日本風の文化」は平安時代の国風文化だから，ウが誤り。平安時代の貴族の住宅に見られる建築様式は寝殿造である。書院造は室町時代の建築様式である。

(3)　エは平安時代，ア・イ・ウは鎌倉時代であり，ウ．守護・地頭の設置(1185年)→ア．御成敗式目の制定(1232年)→イ．元寇(1274年文永の役・1281年弘安の役)だから，エ→ウ→ア→イの順となる。

(4)　イの検地帳を選ぶ。安土桃山時代に豊臣秀吉が行った太閤検地では，耕作者が検地帳に記されたため，百姓が勝手に土地を離れられなくなった。また，刀狩りで百姓が武器を使って戦うことができなくなったため，武士との身分がはっきりと区別されるようになった(兵農分離)。アの古事記伝(本居宣長著)とエの朱印状は江戸時代，ウの墨ぬり教科書は昭和時代。

(5)　年貢米や特産物は蔵屋敷に運ばれ，そこで保存・販売された。諸藩の蔵屋敷が集まっていた大阪は，経済の中心地として「天下の台所」とよばれていた。

3 (1)　アが誤り。小村寿太郎が関税自主権を回復したのは1911年で，日露戦争(1904～1905年)後の出来事である。

(2)　ウが正しい。政府の呼びかけにより，昭和恐慌で仕事を失った農家の人たちが新たな生活場所を求めて満州に渡った。彼らは「満蒙開拓移民」と呼ばれ，移民数は27万人におよんだ。　ア．リットン調査団の報告を受けた国際連盟が満州国の建国を認めなかったため，1935年に日本は国際連盟を脱退した。　イ．「ソビエト連邦」が「中華民国」であれば正しい。　エ．満州国の独立は1932年で，普通選挙法の成立(1925年)後の出来事である。

(3)　ア．1941年12月8日，日本がハワイの真珠湾にある海軍基地を攻撃したことをきっかけに太平洋戦争が始まった。

(4)　エが誤り。1938年の国家総動員法をきっかけに国民生活が制限された。昭和天皇の玉音放送では敗戦が伝えられた。

4 (1)　ウ．ユニセフ(国連児童基金)は，世界の子どもたちが平和で健康な生活を送れるように，食料や医薬品を届けたり，予防接種を受けられるようにするための募金活動を行ったりしている。

(3)　ウが誤り。基本的人権は日本国憲法において「侵すことのできない永久の権利」と定められているから，「個人よりも国と地方の政治を尊重する」が不適切である。アは社会権(生存権)，イは平等権，エは新しい人権である。

■ ご使用にあたってのお願い・ご注意

（１）問題文等の非掲載

著作権上の都合により，問題文や図表などの一部を掲載できない場合があります。

誠に申し訳ございませんが，ご了承くださいますようお願いいたします。

（２）過去問における時事性

過去問題集は，学習指導要領の改訂や社会状況の変化，新たな発見などにより，現在とは異なる表記や解説になっている場合があります。過去問の特性上，出題当時のままで出版していますので，あらかじめご了承ください。

（３）配点

学校等から配点が公表されている場合は，記載しています。公表されていない場合は，記載していません。

独自の予想配点は，出題者の意図と異なる場合があり，お客様が学習するうえで誤った判断をしてしまう恐れがあるため記載していません。

（４）無断複製等の禁止

購入された個人のお客様が，ご家庭でご自身またはご家族の学習のためにコピーをすることは可能ですが，それ以外の目的でコピー，スキャン，転載（ブログ，ＳＮＳなどでの公開を含みます）などをすることは法律により禁止されています。学校や学習塾などで，児童生徒のためにコピーをして使用することも法律により禁止されています。

ご不明な点や，違法な疑いのある行為を確認された場合は，弊社までご連絡ください。

（５）けがに注意

この問題集は針を外して使用します。針を外すときは，けがをしないように注意してください。また，表紙カバーや問題用紙の端で手指を傷つけないように十分注意してください。

（６）正誤

制作には万全を期しておりますが，万が一誤りなどがございましたら，弊社までご連絡ください。

なお，誤りが判明した場合は，弊社ウェブサイトの「ご購入者様のページ」に掲載しておりますので，そちらもご確認ください。

■ お問い合わせ

解答例，解説，印刷，製本など，問題集発行におけるすべての責任は弊社にあります。

ご不明な点がございましたら，弊社ウェブサイトの「お問い合わせ」フォームよりご連絡ください。迅速に対応いたしますが，営業日の都合で回答に数日を要する場合があります。

ご入力いただいたメールアドレス宛に自動返信メールをお送りしています。自動返信メールが届かない場合は，「よくある質問」の「メールの問い合わせに対し返信がありません。」の項目をご確認ください。

また弊社営業日（平日）は，午前９時から午後５時まで，電話でのお問い合わせも受け付けています。

2025 春

株式会社教英出版

〒422-8054　静岡県静岡市駿河区南安倍３丁目 12-28

TEL　054-288-2131　　FAX　054-288-2133

URL　https://kyoei-syuppan.net/

MAIL siteform@kyoei-syuppan.net

教英出版

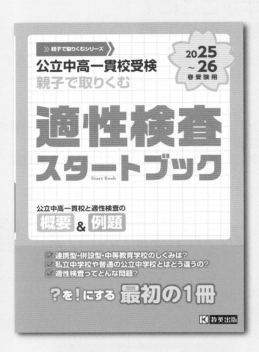

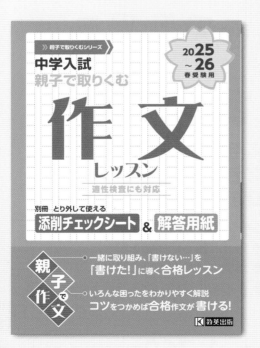

神奈川県

① [県立] 相模原中等教育学校
　　　　 平塚中等教育学校
② [市立] 南高等学校附属中学校
③ [市立] 横浜サイエンスフロンティア高等学校附属中学校
④ [市立] 川崎高等学校附属中学校
✿⑤ 聖光学院中学校
✿⑥ 浅野中学校
⑦ 洗足学園中学校
⑧ 法政大学第二中学校
⑨ 逗子開成中学校（1次）
⑩ 逗子開成中学校（2·3次）
⑪ 神奈川大学附属中学校（第1回）
⑫ 神奈川大学附属中学校（第2·3回）
⑬ 栄光学園中学校
⑭ フェリス女学院中学校

新潟県

① [県立] 村上中等教育学校
　　　　 柏崎翔洋中等教育学校
　　　　 燕中等教育学校
　　　　 津南中等教育学校
　　　　 直江津中等教育学校
　　　　 佐渡中等教育学校
② [市立] 高志中等教育学校
③ 新潟第一中学校
④ 新潟明訓中学校

石川県

① [県立] 金沢錦丘中学校
② 星稜中学校

福井県

① [県立] 高志中学校

山梨県

① 山梨英和中学校
② 山梨学院中学校
③ 駿台甲府中学校

長野県

① [県立] 屋代高等学校附属中学校
　　　　 諏訪清陵高等学校附属中学校
② [市立] 長野中学校

岐阜県

① 岐阜東中学校
② 鶯谷中学校
③ 岐阜聖徳学園大学附属中学校

静岡県

① [国立] 静岡大学教育学部附属中学校（静岡·島田·浜松）
② [県立] 清水南高等学校中等部
　 [県立] 浜松西高等学校中等部
　 [市立] 沼津高等学校中等部
③ 不二聖心女子学院中学校
④ 日本大学三島中学校
⑤ 加藤学園暁秀中学校
⑥ 星陵中学校
⑦ 東海大学付属静岡翔洋高等学校中等部
⑧ 静岡サレジオ中学校
⑨ 静岡英和女学院中学校
⑩ 静岡雙葉中学校
⑪ 静岡聖光学院中学校
⑫ 静岡学園中学校
⑬ 静岡大成中学校
⑭ 城南静岡中学校
⑮ 静岡北中学校
⑯ 常葉大学附属常葉中学校
　 常葉大学附属橘中学校
　 常葉大学附属菊川中学校
⑰ 藤枝明誠中学校
⑱ 浜松開誠館中学校
⑲ 静岡県西遠女子学園中学校
⑳ 浜松日体中学校
㉑ 浜松学芸中学校

愛知県

① [国立] 愛知教育大学附属名古屋中学校
② 愛知淑徳中学校
③ 名古屋経済大学市邨中学校
　 名古屋経済大学高蔵中学校
④ 金城学院中学校
⑤ 椙山女学園中学校
⑥ 東海中学校
⑦ 南山中学校男子部
⑧ 南山中学校女子部
⑨ 聖霊中学校
⑩ 滝中学校
⑪ 名古屋中学校
⑫ 大成中学校
⑬ 愛知中学校
⑭ 星城中学校
⑮ 名古屋葵大学中学校
　 （名古屋女子大学中学校）
⑯ 愛知工業大学名電中学校
⑰ 海陽中等教育学校（特別給費生）
⑱ 海陽中等教育学校（I·II）
⑲ 中部大学春日丘中学校
新刊⑳ 名古屋国際中学校

三重県

① [国立] 三重大学教育学部附属中学校
② 暁中学校
③ 海星中学校
④ 四日市メリノール学院中学校
⑤ 高田中学校
⑥ セントヨゼフ女子学園中学校
⑦ 三重中学校
⑧ 皇學館中学校
⑨ 鈴鹿中等教育学校
⑩ 津田学園中学校

滋賀県

① [国立] 滋賀大学教育学部附属中学校
② [県立] 河瀬中学校
　　　　 守山中学校
　　　　 水口東中学校

京都府

① [国立] 京都教育大学附属桃山中学校
② [府立] 洛北高等学校附属中学校
③ [府立] 園部高等学校附属中学校
④ [府立] 福知山高等学校附属中学校
⑤ [府立] 南陽高等学校附属中学校
⑥ [市立] 西京高等学校附属中学校
⑦ 同志社中学校
⑧ 洛星中学校
⑨ 洛南高等学校附属中学校
⑩ 立命館中学校
⑪ 同志社国際中学校
⑫ 同志社女子中学校（前期日程）
⑬ 同志社女子中学校（後期日程）

大阪府

① [国立] 大阪教育大学附属天王寺中学校
② [国立] 大阪教育大学附属平野中学校
③ [国立] 大阪教育大学附属池田中学校

④［府立］富田林中学校
⑤［府立］咲くやこの花中学校
⑥［府立］水都国際中学校
⑦清風中学校
⑧高槻中学校（A日程）
⑨高槻中学校（B日程）
⑩明星中学校
⑪大阪女学院中学校
⑫大谷中学校
⑬四天王寺中学校
⑭帝塚山学院中学校
⑮大阪国際中学校
⑯大阪桐蔭中学校
⑰開明中学校
⑱関西大学第一中学校
⑲近畿大学附属中学校
⑳金蘭千里中学校
㉑金光八尾中学校
㉒清風南海中学校
㉓帝塚山学院泉ヶ丘中学校
㉔同志社香里中学校
㉕初芝立命館中学校
㉖関西大学中等部
㉗大阪星光学院中学校

兵庫県

①［国立］神戸大学附属中等教育学校
②［県立］兵庫県立大学附属中学校
③雲雀丘学園中学校
④関西学院中学部
⑤神戸女学院中学部
⑥甲陽学院中学校
⑦甲南中学校
⑧甲南女子中学校
⑨灘中学校
⑩親和中学校
⑪神戸海星女子学院中学校
⑫滝川中学校
⑬啓明学院中学校
⑭三田学園中学校
⑮淳心学院中学校
⑯仁川学院中学校
⑰六甲学院中学校
⑱須磨学園中学校（第1回入試）
⑲須磨学園中学校（第2回入試）
⑳須磨学園中学校（第3回入試）
㉑白陵中学校
㉒夙川中学校

奈良県

①［国立］奈良女子大学附属中等教育学校
②［国立］奈良教育大学附属中学校
③［県立］｛国際中学校
　　　　　青翔中学校
④［市立］一条高等学校附属中学校
⑤帝塚山中学校
⑥東大寺学園中学校
⑦奈良学園中学校
⑧西大和学園中学校

和歌山県

①［県立］｛古佐田丘中学校
　　　　　向陽中学校
　　　　　桐蔭中学校
　　　　　日高高等学校附属中学校
　　　　　田辺中学校
②智辯学園和歌山中学校
③近畿大学附属和歌山中学校
④開智中学校

岡山県

①［県立］岡山操山中学校
②［県立］倉敷天城中学校
③［県立］岡山大安寺中等教育学校
④［県立］津山中学校
⑤岡山中学校
⑥清心中学校
⑦岡山白陵中学校
⑧金光学園中学校
⑨就実中学校
⑩岡山理科大学附属中学校
⑪山陽学園中学校

広島県

①［国立］広島大学附属中学校
②［国立］広島大学附属福山中学校
③［県立］広島中学校
④［県立］三次中学校
⑤［県立］広島叡智学園中学校
⑥［市立］広島中等教育学校
⑦［市立］福山中学校
⑧広島学院中学校
⑨広島女学院中学校
⑩修道中学校
⑪崇徳中学校
⑫比治山女子中学校
⑬福山暁の星女子中学校
⑭安田女子中学校
⑮広島なぎさ中学校
⑯広島城北中学校
⑰近畿大学附属広島中学校福山校
⑱盈進中学校
⑲如水館中学校
⑳ノートルダム清心中学校
㉑銀河学院中学校
㉒近畿大学附属広島中学校東広島校
㉓AICJ中学校
㉔広島国際学院中学校
㉕広島修道大学ひろしま協創中学校

山口県

①［県立］｛下関中等教育学校
　　　　　高森みどり中学校
②野田学園中学校

徳島県

①［県立］｛富岡東中学校
　　　　　川島中学校
　　　　　城ノ内中等教育学校
②徳島文理中学校

香川県

①大手前丸亀中学校
②香川誠陵中学校

愛媛県

①［県立］｛今治東中等教育学校
　　　　　松山西中等教育学校
②愛光中学校
③済美平成中等教育学校
④新田青雲中等教育学校

高知県

①［県立］｛安芸中学校
　　　　　高知国際中学校
　　　　　中村中学校

福岡県

① [国立] 福岡教育大学附属中学校（福岡·小倉·久留米）
② [県立] 育徳館中学校
　門司学園中学校
　宗像中学校
　嘉穂高等学校附属中学校
　輝翔館中等教育学校
③西南学院中学校
④上智福岡中学校
⑤福岡女学院中学校
⑥福岡雙葉中学校
⑦照曜館中学校
⑧筑紫女学園中学校
⑨敬愛中学校
⑩久留米大学附設中学校
⑪飯塚日新館中学校
⑫明治学園中学校
⑬小倉日新館中学校
⑭久留米信愛中学校
⑮中村学園女子中学校
⑯福岡大学附属大濠中学校
⑰筑陽学園中学校
⑱九州国際大学付属中学校
⑲博多女子中学校
⑳東福岡自彊館中学校
㉑八女学院中学校

佐賀県

① [県立] 香楠中学校
　致遠館中学校
　唐津東中学校
　武雄青陵中学校
②弘学館中学校
③東明館中学校
④佐賀清和中学校
⑤成穎中学校
⑥早稲田佐賀中学校

長崎県

① [県立] 長崎東中学校
　佐世保北中学校
　諫早高等学校附属中学校
②青雲中学校
③長崎南山中学校
④長崎日本大学中学校
⑤海星中学校

熊本県

① [県立] 玉名高等学校附属中学校
　宇土中学校
　八代中学校
②真和中学校
③九州学院中学校
④ルーテル学院中学校
⑤熊本信愛女学院中学校
⑥熊本マリスト学園中学校
⑦熊本学園大学付属中学校

大分県

① [県立] 大分豊府中学校
②岩田中学校

宮崎県

① [県立] 五ヶ瀬中等教育学校
② [県立] 宮崎西高等学校附属中学校
　都城泉ヶ丘高等学校附属中学校
③宮崎日本大学中学校
④日向学院中学校
⑤宮崎第一中学校

鹿児島県

① [県立] 楠隼中学校
② [市立] 鹿児島玉龍中学校
③鹿児島修学館中学校
④ラ・サール中学校
⑤志學館中等部

沖縄県

① [県立] 与勝緑が丘中学校
　開邦中学校
　球陽中学校
　名護高等学校附属桜中学校

もっと過去問シリーズ

北海道

北嶺中学校
7年分（算数・理科・社会）

静岡県

静岡大学教育学部附属中学校
（静岡·島田·浜松）
10年分（算数）

愛知県

愛知淑徳中学校
7年分（算数・理科・社会）
東海中学校
7年分（算数・理科・社会）
南山中学校男子部
7年分（算数・理科・社会）
南山中学校女子部
7年分（算数・理科・社会）
滝中学校
7年分（算数・理科・社会）
名古屋中学校
7年分（算数・理科・社会）

岡山県

岡山白陵中学校
7年分（算数・理科）

広島県

広島大学附属中学校
7年分（算数・理科・社会）
広島大学附属福山中学校
7年分（算数・理科・社会）
広島学院中学校
7年分（算数・理科・社会）
広島女学院中学校
7年分（算数・理科・社会）
修道中学校
7年分（算数・理科・社会）
ノートルダム清心中学校
7年分（算数・理科・社会）

愛媛県

愛光中学校
7年分（算数・理科・社会）

福岡県

福岡教育大学附属中学校
（福岡·小倉·久留米）
7年分（算数・理科・社会）
西南学院中学校
7年分（算数・理科・社会）
久留米大学附設中学校
7年分（算数・理科・社会）
福岡大学附属大濠中学校
7年分（算数・理科・社会）

佐賀県

早稲田佐賀中学校
7年分（算数・理科・社会）

長崎県

青雲中学校
7年分（算数・理科・社会）

鹿児島県

ラ·サール中学校
7年分（算数・理科・社会）

※もっと過去問シリーズは
国語の収録はありません。

教英出版
〒422-8054
静岡県静岡市駿河区南安倍3丁目12−28
TEL 054-288-2131
FAX 054-288-2133
詳しくは教英出版で検索
教英出版　検索
URL https://kyoei-syuppan.net/

得点（記入しないこと）	令和６年度 解答用紙 総　合（社　会）
※理科と合わせて 30点満点 （配点非公表）	氏名

年		⓪ ① ② ③ ④ ⑤ ⑥ ⑦ ⑧ ⑨
クラス		⓪ ① ② ③ ④ ⑤ ⑥ ⑦ ⑧ ⑨
		⓪ ① ② ③ ④ ⑤ ⑥ ⑦ ⑧ ⑨
番号		⓪ ① ② ③ ④ ⑤ ⑥ ⑦ ⑧ ⑨
		⓪ ① ② ③ ④ ⑤ ⑥ ⑦ ⑧ ⑨
		⓪ ① ② ③ ④ ⑤ ⑥ ⑦ ⑧ ⑨

（記入例）

良い例	●	
悪い例	✓	◉ ●

解答らんに答えを書くときは、わく内に大きくていねいに書きなさい。

用紙タテ 上 こちらを上にしてください

1				
	(1)		(2)	
	(3)		(4)	→ → →
	(5)		(6)	
	(7)	A	B	

2		
	(1)	80 120
	(2)	私が（　　）を選んだ理由は、 80 120

得点(記入しないこと)	令和6年度　解答用紙　総合（理科）
※社会と合わせて30点満点（配点非公表）	氏名

クラス	⓪ ① ② ③ ④ ⑤ ⑥ ⑦ ⑧ ⑨
	⓪ ① ② ③ ④ ⑤ ⑥ ⑦ ⑧ ⑨
番号	⓪ ① ② ③ ④ ⑤ ⑥ ⑦ ⑧ ⑨
	⓪ ① ② ③ ④ ⑤ ⑥ ⑦ ⑧ ⑨
	⓪ ① ② ③ ④ ⑤ ⑥ ⑦ ⑧ ⑨

(記入例)

良い例	●	
悪い例	✓	◎ ◓

○解答らんに答えを書くときは、わく内に大きくていねいに書きなさい。

用紙タテ 上　こちらを上にしてください

1	(1)		(2)	

2	Aさん	Bさん	Cさん	Dさん

3				
	(1)		(2)	
	(3)		(4)	

4				
	(1)		(2)	
	(3)			

5				
	(1)		(2)	
	(3)	通り		

6

アメリカザリガニだより

6月2日	アメリカザリガニを家の近くの池でつかまえました。名前をぺぺにしました。
6月3日	お父さんと相談して、家でかうことにしました。
6月10日	ぺぺをかんさつしていると、大きなハサミをふりあげていました。
6月20日	ぺぺをさわりました。ギザギザしているハサミや、まんまるな目、長いひげや大きな口を見ました。
6月30日	ぺぺがきゅうに動かなくなりました。お家の中でじっとしています。少し時間がたったら、ぺぺの前にぬけがらを見つけました。
7月1日	ぺぺの元気な姿が見られました。
7月3日	家でのかんさつがおわったので、ぺぺをつかまえた池にもどしました。

得点(記入しないこと)

※30点満点
（配点非公表）

令和６年度　解答用紙　算　　数

氏名

年	⓪①②③④⑤⑥⑦⑧⑨
クラス	⓪①②③④⑤⑥⑦⑧⑨
	⓪①②③④⑤⑥⑦⑧⑨
番号	⓪①②③④⑤⑥⑦⑧⑨
	⓪①②③④⑤⑥⑦⑧⑨
	⓪①②③④⑤⑥⑦⑧⑨

(記入例)

良い例	●	
悪い例	✓	⊙ ◐

解答らんに答えを書くときは、わく内に大きくていねいに書きなさい。

用紙タテ 上　こちらを上にしてください

1	(1)	
	(2)	
	(3)	
	(4)	
	(5)	

2	(1)		と		と
	(2)				g
	(3)				本
	(4)	ア	°	イ	°

3	(1)	
	(2)	番目
	(3)	

4 (1)

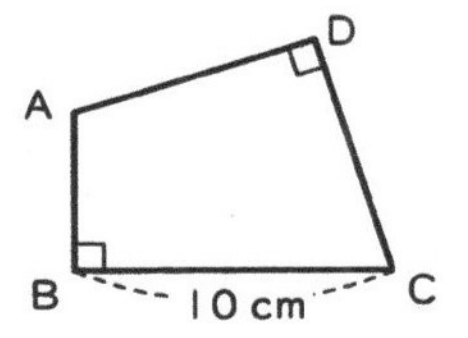

4	(1)				cm
	(2)	①	cm	②	cm^2

5	(1)	面	個	辺	本
		頂点	個		
	(2)				倍

6	(1)	cm^2
	(2)	
	(3)	

6 (2)

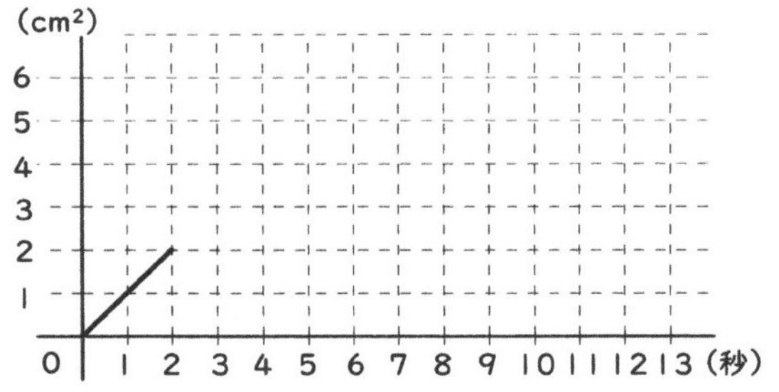

用紙ヨコ 上 こちらを上にしてください

令和六年度 解答用紙 国語

氏名

年	クラス	番号

0 1 2 3 4 5 6 7 8 9

得点（記入しないこと）

※30点満点
（配点非公表）

○解答らんに答えを書くときは、わく内に大きくていねいに書きなさい。

〔一〕

(1) ① く ②

(2) ① ② う

(3) ① ② ③

(4) ① ② ③

〔二〕

(1)

(2)

(3) A B C

(4)

(5)

(6) ア イ ウ エ

(7)

〔三〕

300 240 200 100

2　大阪《おおさか》で万博《ばんぱく》が開かれるのは 1970 年以来、2回目となります。これについて、以下の問いに答えなさい。

(1)　右の写真は 1970 年に開催《かいさい》された大阪万博のシンボル「太陽の塔《とう》」です。高さが約70mあり、左右に腕《うで》を広げて会場を訪れた人々を迎《むか》えました。この時の大阪万博のテーマは、「人類の進歩と調和」でした。太陽の塔のホームページには、テーマについて次のように書かれています。

> 技術文明の進歩を示すだけではなく、その進歩が、同時に自然や人間性を損《そこ》なうなど、様々なひずみにも目を向けて、この問題をどう解決し、「調和」のある「進歩」をどう実現していくのかを考えていく博覧会としました。　（「太陽の塔　オフィシャルサイト」より）

（万博記念公園　太陽の塔　オフィシャルサイトより）

大阪万博が開催されたころ（1960 年～1975 年）に起こっていた「様々なひずみ」に着目して、【資料 F】と【資料 G】から読み取れることを、80字以上120字以内で説明しなさい。

【資料 F】 家庭電化製品と自動車の普及《ふきゅう》

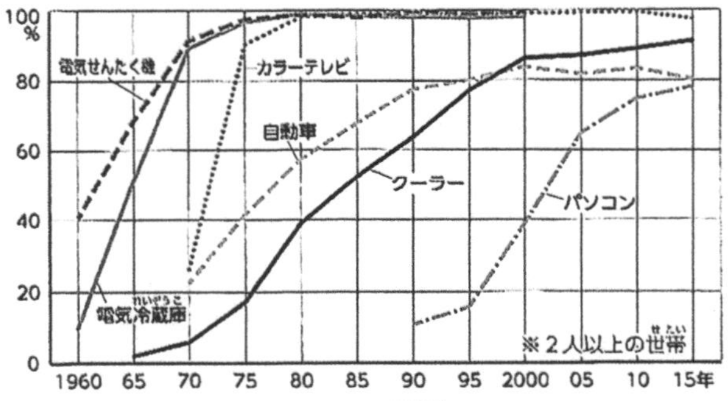

（2017 年　主要耐久《たいきゅう》消費財の普及率の推移）

【資料 G】 1966 年度　苦情・ちん情の原因

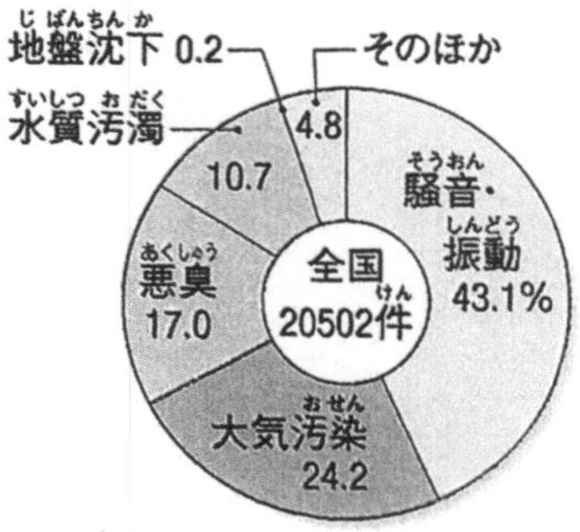

（環境省資料）

(2)　来年開催される 2025 年大阪・関西万博のテーマは、「いのち輝《かがや》く未来社会のデザイン」です。大阪府のホームページには、このテーマについて次のように書かれています。

> 「いのち輝く未来社会のデザイン」というテーマは、人間一人一人が、自らの望む生き方を考え、それぞれの可能性を最大限に発揮できるようにするとともに、こうした生き方を支える持続可能な社会を、国際社会が共創していくことを推《お》し進めるものです。
> 言い換《か》えれば、大阪・関西万博は、格差や対立の拡大といった新たな社会課題や、AI やバイオテクノロジー等の科学技術の発展、その結果としての長寿命《ちょうじゅみょう》化といった変化に直面する中で、参加者一人一人に対し、自らにとって「幸福な生き方とは何か」を正面から問う、初めての万博です。
> （「大阪府ホームページ」より）

【資料 H】 SDGs（持続可能な開発目標）

（国際連合《こくさいれんごう》広報センター　ホームページより）

〈SDGs17 の目標〉

1．貧困をなくそう	2．飢餓《きが》をゼロに	3．すべての人に健康と福祉《ふくし》を	4．質の高い教育をみんなに	5．ジェンダー平等を実現しよう	6．安全な水とトイレを世界中に
7．エネルギーをみんなにそしてクリーンに	8．働きがいも経済成長も	9．産業と技術革新の基盤《きばん》をつくろう	10．人や国の不平等をなくそう	11．住み続けられるまちづくりを	12．つくる責任つかう責任
13．気候変動に具体的な対策を	14．海の豊かさを守ろう	15．陸の豊かさも守ろう	16．平和と公正をすべての人に	17．パートナーシップで目標を達成しよう	

国際連合（国連）は、2015 年に「誰《だれ》ひとり取り残さない」という考えのもと、世界を変えるための 17 の目標（【資料 H】）を定めました。

みなさんにとって「幸福な生き方」とは、どのような生き方でしょうか。「幸福な生き方」について、あなたの考えを次の条件にしたがって 80 字以上 120 字以内で書きなさい。

〈条件〉

① 「幸福な生き方」を実現するために、あなたが達成したい目標を SDGs17の目標から1つ選び、解答らんの（　　）に番号（1～17）を書きなさい。
② 書き出しに続けて、なぜ、その目標を選んだのか、理由を説明しなさい。
③ 最後に、その目標に関連してあなた自身ができることを考え、説明しなさい。

（6）次の【資料Ｂ】【資料Ｃ】【資料Ｄ】は、日本の食料生産に関するグラフです。これら3つのグラフから読み取れることとして、まちがっているものを次のア～エから1つ選び、記号で答えなさい。

【資料Ｂ】

日本産の価格と外国産の価格

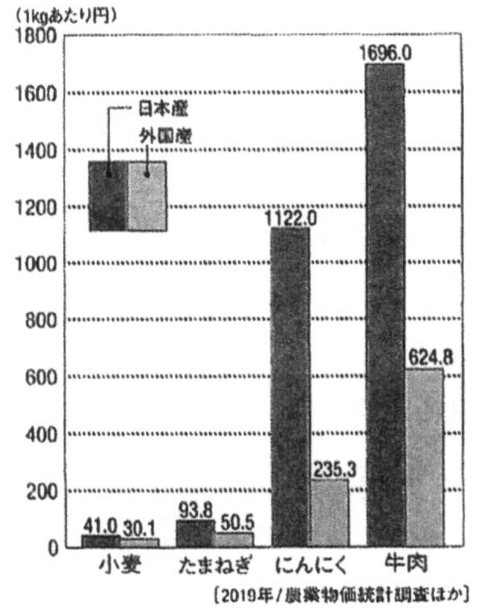

【資料Ｃ】

日本と主な国の食料自給率

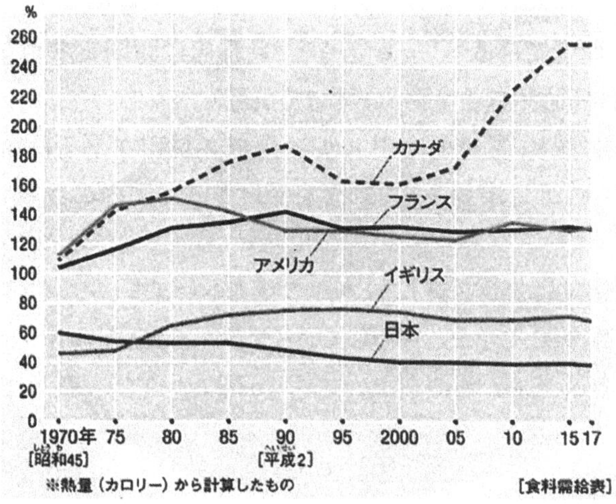

【資料Ｄ】

主な食料の自給率

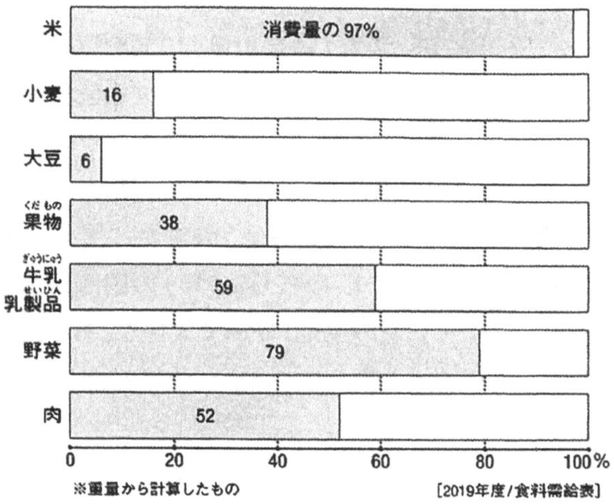

ア．日本の食料自給率が低いのは、日本産の食料の価格が外国産の食料よりも高いことと関係していると考えられる。

イ．日本人の食生活が変化して米の生産量が消費量を上回り、米が余っている。

ウ．日本は多くの食品を外国からの輸入に頼《たよ》っているが、特に小麦や大豆は外国からの輸入が多い。

エ．1970 年と比べて 2017 年の日本の食料自給率は約3分の2になっている。

（7）2025年の大阪《おおさか》・関西万博《かんさいばんぱく》には、多くの外国人が訪れることが予想されます。近年、外国人には寿司《すし》をはじめ、和食が人気になっているようです。寿司に使われている魚介《ぎょかい》類など、日本の水産業がかかえる課題について、【資料 Ｅ】を参考にして、次の会話文の空らん（A）（B）にあてはまる語句を答えなさい。

さくらさん：【資料Ｅ】を見ると、1970 年代の中ごろから遠洋漁業の漁獲《ぎょかく》量が減っています。その原因としては、（　A　）水域とよばれる、各国の魚をとる範囲《はんい》が決められたことと関係があるようです。

すみれさん：1990 年ごろからは、漁場の環境《かんきょう》の悪化やとりすぎなどの理由によって、魚などの資源そのものが少なくなってしまったことが原因で漁獲量が減っています。

さくらさん：魚がなかなかとれなくなっていることについて、その課題を解決するために、（　B　）に積極的に取り組んでいるそうですよ。

すみれさん：それは良い取り組みですね。今度、いっしょにお寿司を食べにいきましょう。

【資料Ｅ】 漁業別の生産量の変化

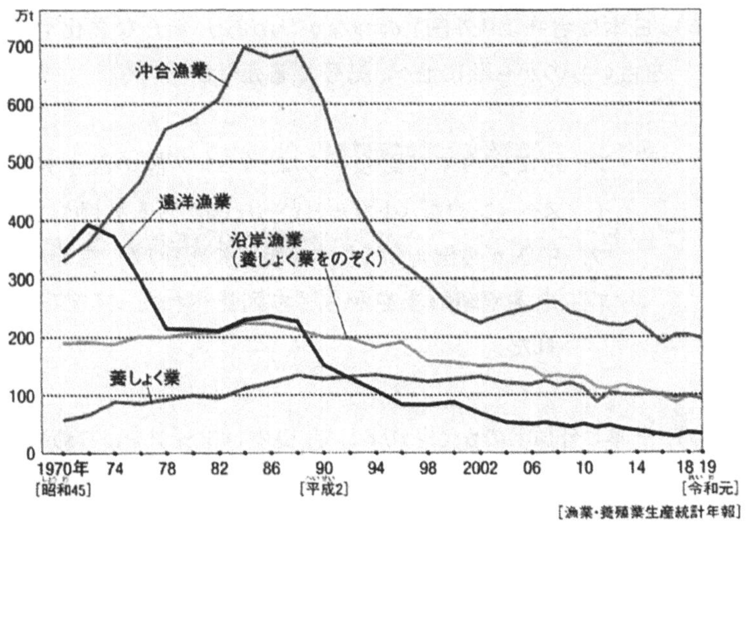

1 国際イベントとして、来年(2025 年)、大阪《おおさか》・関西万博《かんさいばんぱく》(正式名称《めいしょう》:2025 年日本国際博覧会)が開催《かいさい》されます。これについて、以下の問いに答えなさい。

(1) 国際博覧会(万国《ばんこく》博覧会、万博)の歴史をひも解くと、1851 年イギリスで第1回ロンドン万博が開催され、その後、1867 年フランスで開かれたパリ万博には、日本も初めて正式に参加しています。この頃《ころ》の日本は、江戸《えど》時代から明治《めいじ》時代へ時代がうつりかわる時期でした。
1800 年代中ごろから後半にかけての日本のできごととして、まちがっているものを次のア～エから1つ選び、記号で答えなさい。

ア. 浦賀《うらが》(神奈川《かながわ》県)にアメリカ合衆国《がっしゅうこく》の使者であるペリーがあらわれ、幕府《ばくふ》に開国を求めた。
イ. 岩倉具視《いわくらともみ》らを中心とする使節団が、アメリカやヨーロッパに向けて出発した。
ウ. 幕府は、貿易の相手をオランダと中国《ちゅうごく》に限り、貿易船の出入りを、幕府の港町である長崎《ながさき》に限って認めるようになった。
エ. 日米修好通商条約を結んだ後、外国との貿易が始まった影響《えいきょう》を受けて日本国内の物価は急に上がり、人々の生活は苦しくなった。

(2) 前回(2021 年～2022 年)の国際博覧会開催地はアラブ首長国連邦《しゅちょうこくれんぽう》の都市ドバイでした。右の【資料A】は、わたしたちの生活にとって大切な、ある鉱産資源の輸入先をあらわしているグラフで、日本はアラブ首長国連邦から多くを輸入しています。ある鉱産資源とは何か、正しいものを次のア～エから1つ選び、記号で答えなさい。

ア. 原油　　イ. 石炭　　ウ. 鉄鉱石　　エ. 金

【資料A】

ある鉱産資源の輸入先(2021年)

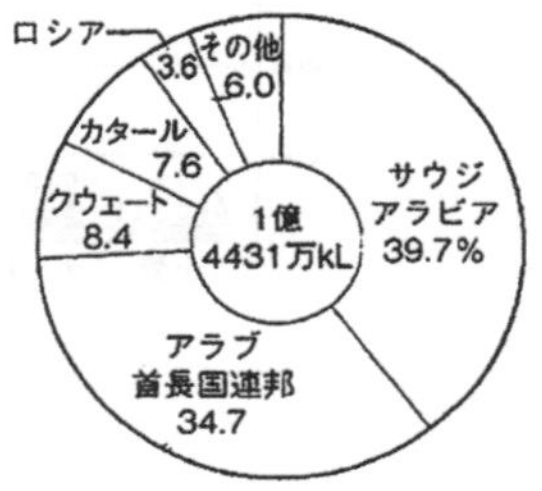

財務省「貿易統計」より作成

(出典:『日本のすがた2023』)

(3) アラブ首長国連邦では多くの人々がイスラム教を信仰《しんこう》しています。イスラム教徒のくらしとして、正しいものを次のア～オから2つ選び、記号で答えなさい。

ア. 主食は米で、はしやスプーンを使って食事をするが、器《うつわ》を手で持ったり、食器に口をつけたりすることは行儀《ぎょうぎ》が悪いことだとされている。
イ. ぶた肉を食べることが禁止されているので、肉を食べるときは羊やヤギなどの肉を料理する。
ウ. ハロウィンの日に子どもたちがお化けや魔女《まじょ》など好きな仮装をして、近所をまわってお菓子《かし》をもらう。
エ. 伝統料理であるキムチは専用の冷蔵庫がある家庭もあり、味付けも家庭や地域によってさまざまである。
オ. ラマダンとよばれる1か月間の日中は、食べ物を口にしない。

(4) 日本は古来より外国とのつながりがあり、新たな文化や技術を取り入れてきました。日本と外国との関係について書かれた次のア～エのことがらを古いものから順に並べ、記号で答えなさい。

ア. 杉田玄白《すぎたげんぱく》や前野良沢《まえのりょうたく》らは、オランダ語の医学書を苦心してほん訳し、「解体新書《かいたいしんしょ》」と名づけて出版した。
イ. スペインやポルトガルといった国から宣教師《せんきょうし》や貿易船がやってきて、ヨーロッパの進んだ文化や品物がもたらされた。
ウ. 中国から伝えられたすみ絵(水墨画《すいぼくが》)が、雪舟《せっしゅう》によって芸術として大成された。
エ. 中国や朝鮮《ちょうせん》半島から日本列島へわたってきて住みついた渡来人《とらいじん》によって、建築や土木工事、焼き物などの進んだ技術が日本にもたらされた。

(5) 日本と外国とのかかわりとして、日本はアジアをはじめとする外国との戦争で、多くの尊い命を失うとともに、大きな被害《ひがい》もあたえました。次の文は1947 年に発行された中学校の教科書『あたらしい憲法のはなし』の内容の一部です。(　　)の空らんにあてはまる言葉をひらがな4字で答えなさい。

> こんどの憲法では、日本の国が、けっして二度と戦争をしないように、二つのことをきめました。その一つは、兵隊も軍艦《ぐんかん》も飛行機も、およそ戦争をするためのものは、いっさい(　　　　)ということです。
> 〈中略〉しかしみなさんは、けっして心ぼそく思うことはありません。日本は正しいことを、ほかの国よりさきに行ったのです。世の中に、正しいことぐらい強いものはありません。
> もう一つは、よその国と争いごとがおこったとき、けっして戦争によって、相手をまかして、じぶんのいいぶんをとおそうとしないということをきめたのです。
>
> (文部省『あたらしい憲法のはなし』より)

6　下の文章を読み、あとの問いに答えなさい。

四角内の文章は、小学校2年生のＡくんが作成したアメリカザリガニだよりです。二重四角内の文章に書かれている内容で、行ってはいけないとされていることがアメリカザリガニだよりに書かれています。行ってはいけないことが書かれている部分を、解答らんの文章にていねいに下線を引きなさい。

また、日本の自然環境《かんきょう》を守るためには外来生物であるアメリカザリガニを駆除《くじょ》（有害な動物などの命をうばったりして除くこと）していく必要があります。しかし、一方でアメリカザリガニは1つの生命であるという考えもあります。家で観察した後のアメリカザリガニをどのように扱《あつか》えば、法律上問題はないと考えますか。二重四角内の文章をもとにあなたの意見を、理由を明確にしてくわしく書きなさい。

アメリカザリガニだより

６月２日	アメリカザリガニを家の近くの池でつかまえました。名前をペペにしました。
６月３日	お父さんと相談して、家でかうことにしました。
６月１０日	ペペをかんさつしていると、大きなハサミをふりあげていました。
６月２０日	ペペをさわりました。ギザギザしているハサミや、まんまるな目、長いひげや大きな口を見ました。
６月３０日	ペペがきゅうに動かなくなりました。お家の中でじっとしています。少し時間がたったら、ペペの前にぬけがらを見つけました。
７月１日	ペペの元気な姿が見られました。
７月３日	家でのかんさつがおわったので、ペペをつかまえた池にもどしました。

外来生物とは、アメリカザリガニのように、もともとその地域にいなかったのに、人間の活動によって他の地域から入ってきた生物のことです。外来生物であって、生態系、人の生命・身体、農林水産業へ被害《ひがい》を及ぼすもの、又《また》は及《およ》ぼすおそれがあるものの中から指定された生物を、特定外来生物といいます。アメリカザリガニは、2023年6月に条件付特定外来生物に指定されました。特定外来生物は飼育してはいけません（許可を取ると飼育することもできます）が、条件付特定外来生物は捕《つか》まえて、飼育して良いことになっています。しかし、どちらの生物であっても、日本の自然環境に影響《えいきょう》を与《あた》える恐《おそ》れがあるため、野外に放したり、逃《にが》したりすること等は法律で禁止されています。生態系は、長い期間をかけて食う・食われるといったことを繰《く》り返し、微妙《びみょう》なバランスのもとで成立しています。そのような生態系に外来生物が侵入《しんにゅう》すると、生態系や人の生命・身体、農林水産業へ悪影響を及ぼす場合があります。

5 あとの問いに答えなさい。

(1) 図のように、空気の入ったつつの中に、空気でふくらませた小さなふうせんを入れました。おしぼうを押《お》したとき、ふうせんはどのようになりますか。次のア〜ウから１つ選び、記号で答えなさい。

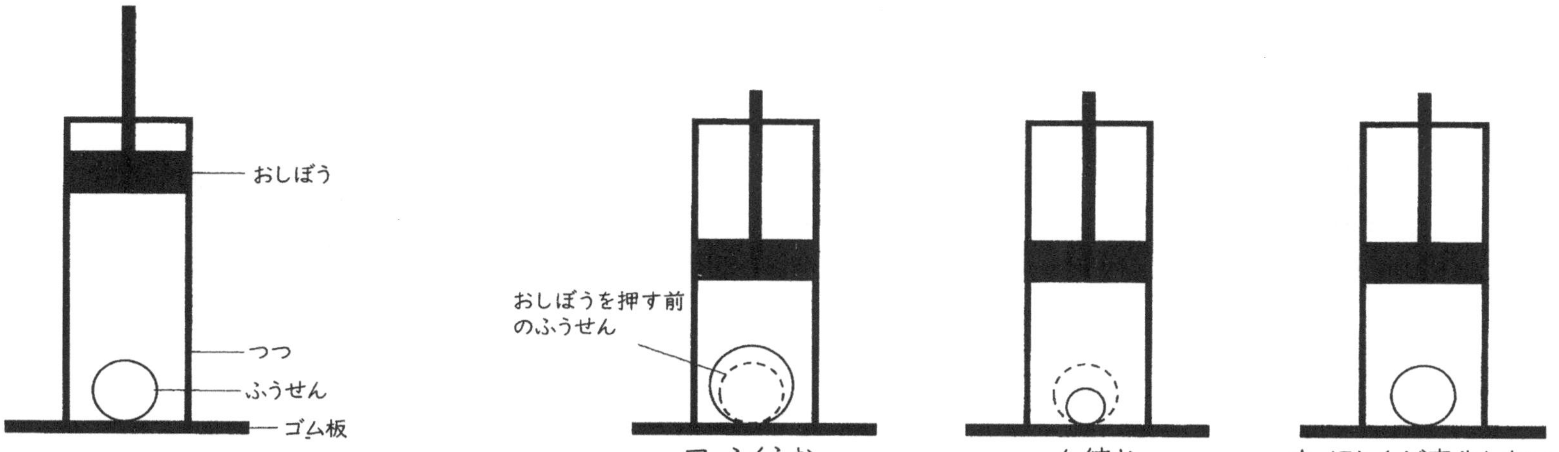

ア、ふくらむ　イ、縮む　ウ、ほとんど変化しない

(2) ふうせんに水を入れて同様の実験を行いました。そのとき、おしぼうとふうせんはどのようになりますか。次のア〜カから１つ選び、記号で答えなさい。

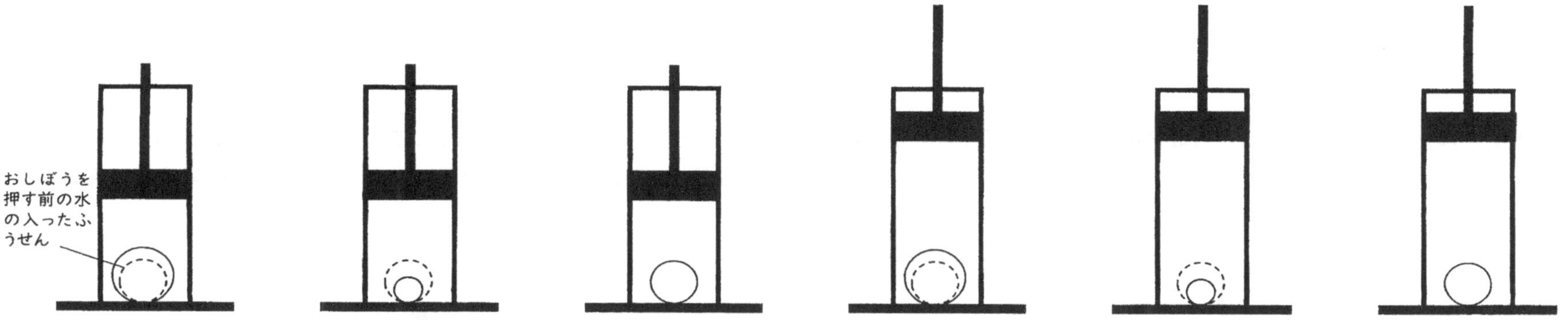

ア、おしぼうは押せ、ふうせんはふくらむ。
イ、おしぼうは押せ、ふうせんは縮む。
ウ、おしぼうは押せ、ふうせんはほとんど変化しない。
エ、おしぼうはほとんど押せず、ふうせんはふくらむ。
オ、おしぼうはほとんど押せず、ふうせんは縮む。
カ、おしぼうはほとんど押せず、ふうせんはほとんど変化しない。

(3) ソケットのない豆電球に明かりをつけます。電池とつながった導線Ａと導線Ｂを図のア〜オのそれぞれどこにつなぐと良いですか。豆電球に明かりがつくすべての組み合わせを考え、何通りあるか数字で答えなさい。例えば、導線Ａをアに、導線Ｂをイにつないで豆電球に明かりがついたとします。また、導線Ａをイに、導線Ｂをアにつないだ場合も同様に豆電球に明かりがついたとします。この場合は２通りです。

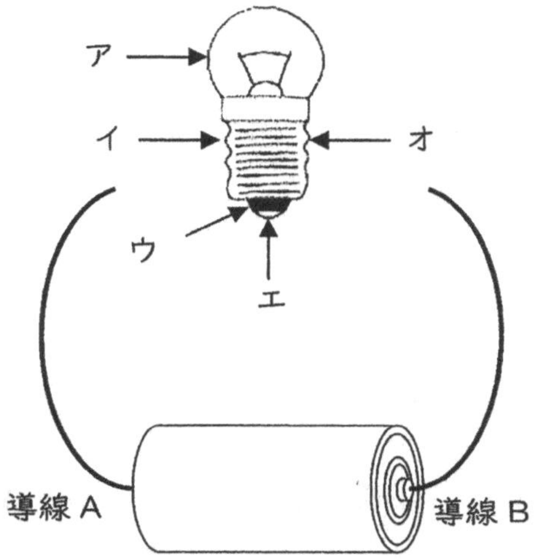

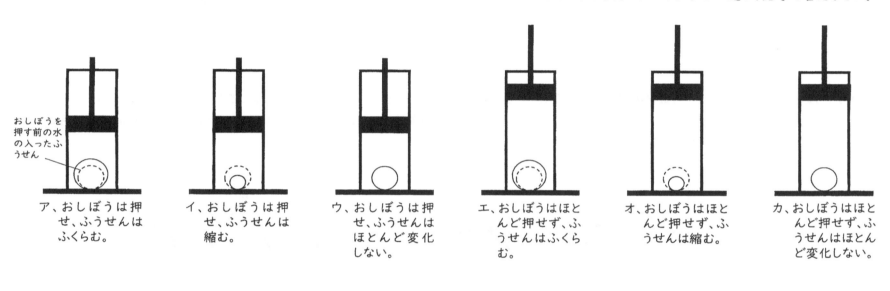

4　サクラの開花日は、標本木に5～6輪以上の花が開いた状態となった最初の日をいいます。奈良県では、奈良市にあるソメイヨシノを見て、開花日を決めます。あとの問いに答えなさい。

（1）ソメイヨシノの花の断面図として正しいものを、次のア～カから1つ選び、記号で答えなさい。

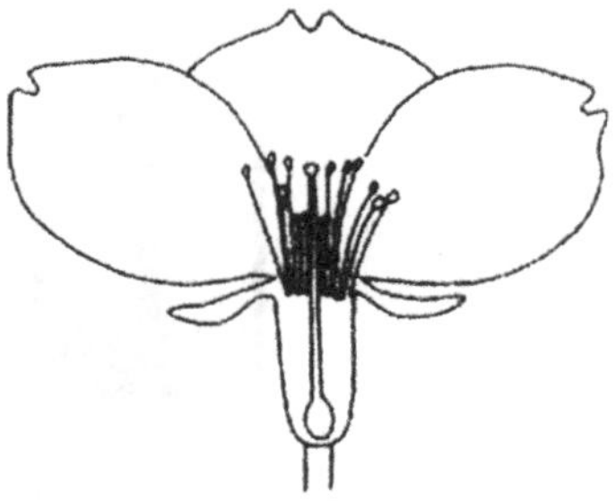
ア

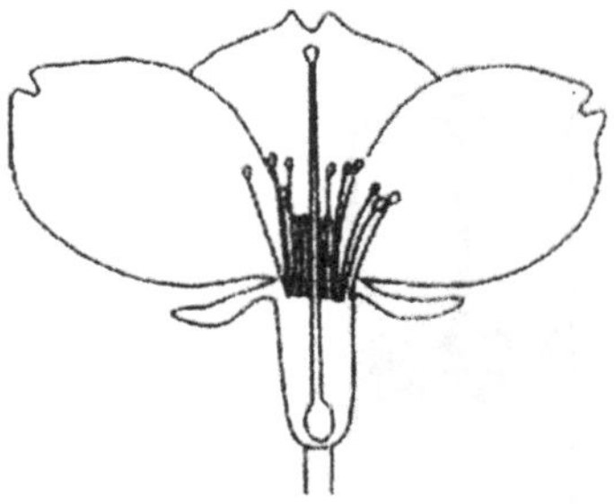
イ

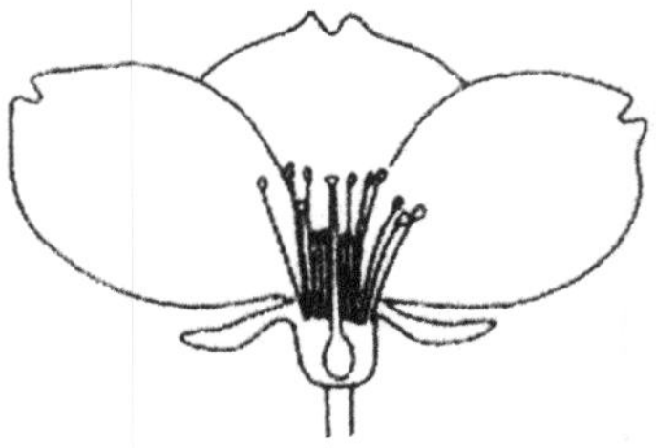
ウ

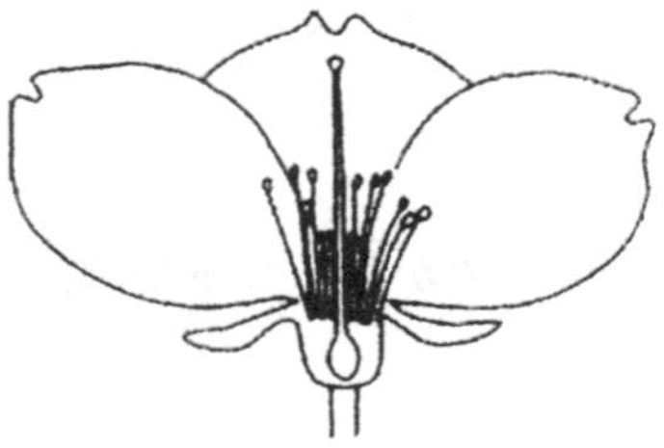
エ

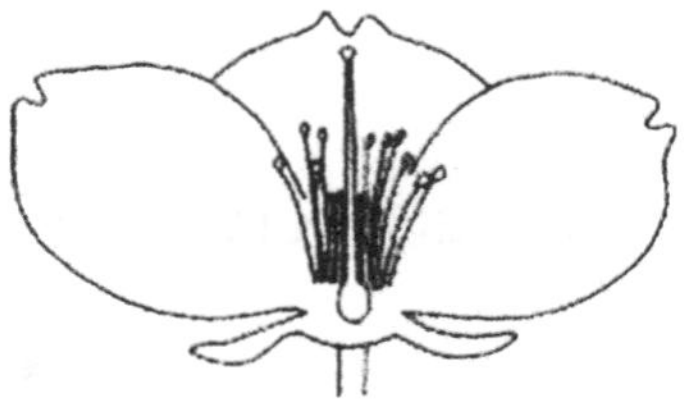
オ

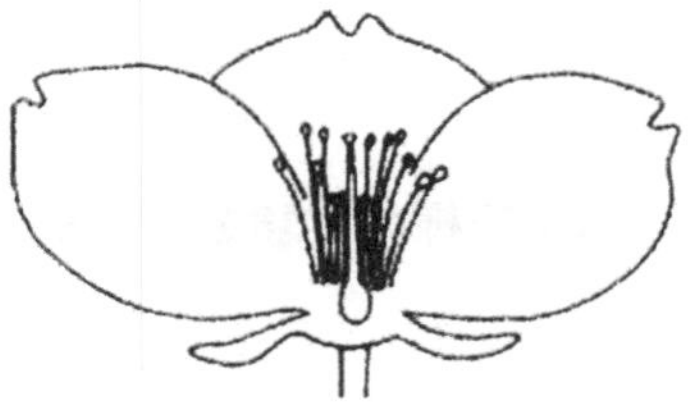
カ

（2）サクラの開花は2月1日から毎日の最高気温を足していき、合計が600℃に達するとサクラが開花すると言われています。グラフは3月10日からの最高気温を表しています。2月1日から3月9日までの最高気温の合計は、442℃でした。この年のサクラの最もはやい開花日は何日ごろと予想できますか。次のア～オから1つ選び、記号で答えなさい。

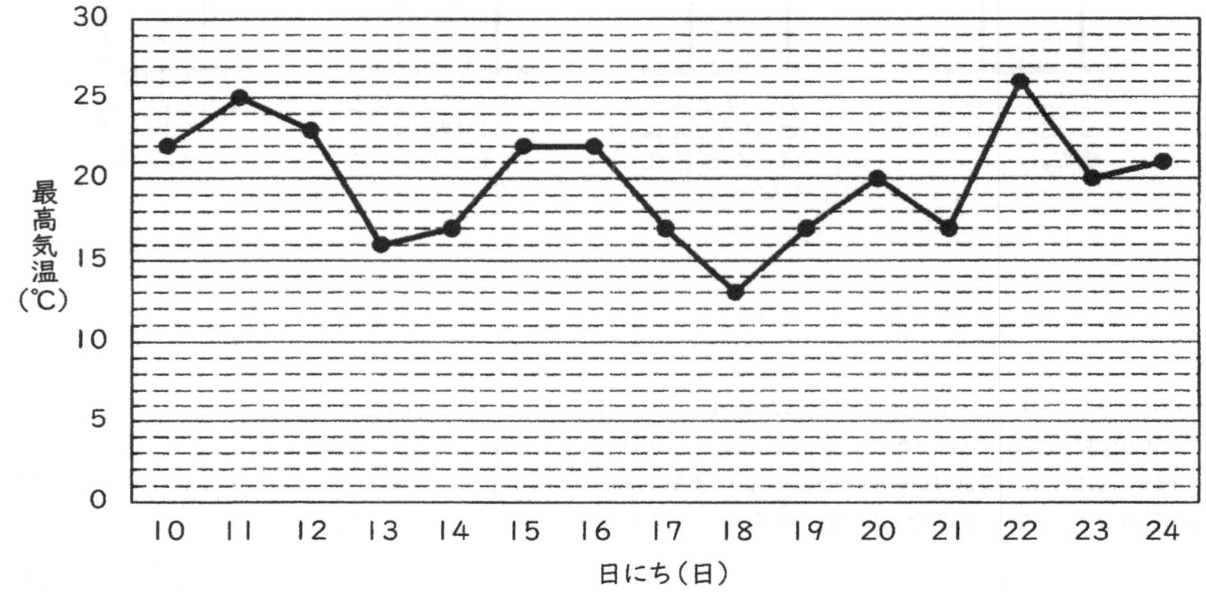

ア、13～14日　　イ、15～16日　　ウ、17～18日　　エ、19～20日　　オ、21～22日

（3）日本でソメイヨシノの開花は、一般的《いっぱんてき》に標高や緯度《いど》とどのような関係がありますか。正しい文を、次のア～カから2つ選び、記号で答えなさい。

ア、同じ緯度で、標高が高い地域は標高が低い地域と比べて気温が低いため、ソメイヨシノの開花は遅《おそ》くなる。
イ、同じ緯度で、標高が高い地域は標高が低い地域と比べて気温が高いため、ソメイヨシノの開花は遅くなる。
ウ、同じ緯度で、標高が低い地域は標高が高い地域と比べて気温が低いため、ソメイヨシノの開花は早くなる。
エ、同じ標高で、緯度が高い地域は緯度が低い地域と比べて気温が低いため、ソメイヨシノの開花は遅くなる。
オ、同じ標高で、緯度が低い地域は緯度が高い地域と比べて気温が低いため、ソメイヨシノの開花は早くなる。
カ、同じ標高で、緯度が低い地域は緯度が高い地域と比べて気温が高いため、ソメイヨシノの開花は遅くなる。

3　下のグラフは、水 100 mL に溶《と》けるある粉末の量を表したものです。あとの問いに答えなさい。

〈水100mLに溶けるある粉末の量〉

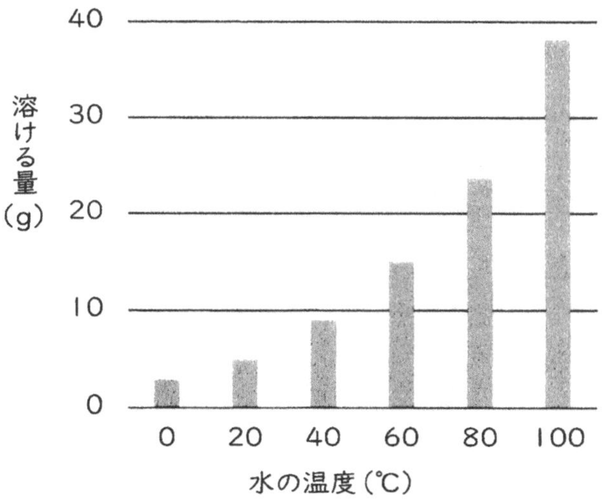

(1) グラフを用いることで考えられることを、次のア～オからすべて選び、記号で答えなさい。

ア、80℃の水 100mL に溶ける粉末は、約 27g である。
イ、60℃の水 200mL に溶ける粉末は、約 30g である。
ウ、40℃の水 150mL に溶ける粉末は、約 20g である。
エ、20℃の水 100mL に溶ける粉末は、約 5g である。
オ、10℃の水 50mL には、粉末はまったく溶けない。

(2) 40℃の水が 100 mL 入ったビーカーに、17 g の粉末を入れてかき混ぜたところ、溶け残りができました。この粉末をすべて溶かすには、水溶液《すいようえき》の温度を最低でも何℃以上にしなければならないですか。最も近い温度を、次のア～オから 1 つ選び、記号で答えなさい。

ア、50℃　　イ、60℃　　ウ、70℃　　エ、80℃　　オ、90℃

(3) (2)の水溶液の温度を 100℃まで上げて、すべて溶かしたのち、温度を 20℃まで下げる操作をしました。このとき、約何 g の結しょうが、ビーカーに出てきますか。次のア～オから 1 つ選び、記号で答えなさい。

ア、約 2～5g　　イ、約 6～9g　　ウ、約 10～13g　　エ、約 14～17g　　オ、結しょうは出ない

(4) (3) の操作後に、ビーカーから水溶液を少量取り、加熱してすべての水を蒸発させました。加熱するときに用いる実験器具として、最も適した器具を、次のア～コから 4 つ選び、記号で答えなさい。

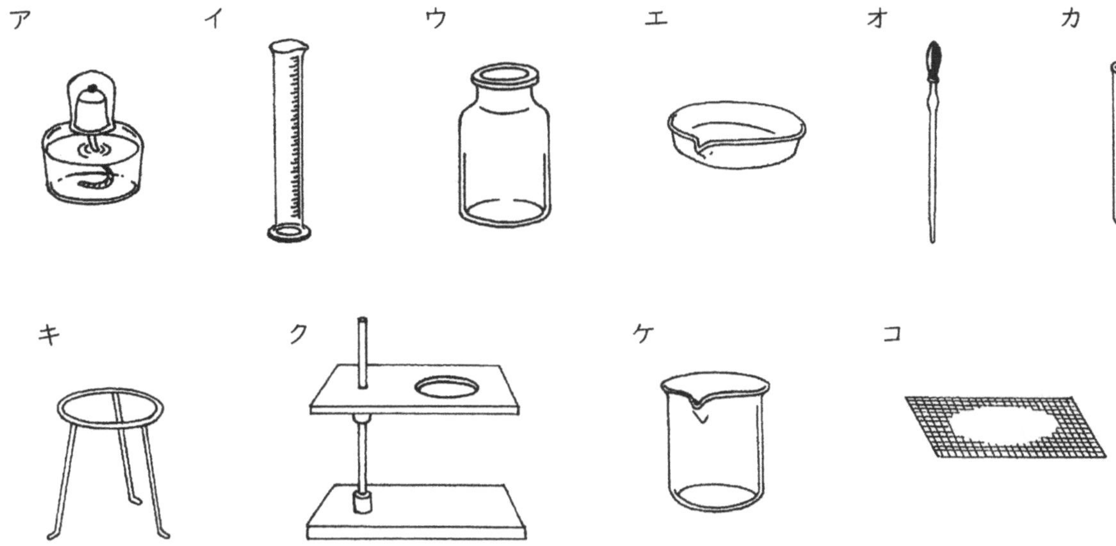

総　合(理　科)　(社会と合わせて60分)

1 水の循環《じゅんかん》について、次の文章のようにまとめました。あとの問いに答えなさい。

地球上の水は、太陽の熱で海や陸などから（　あ　）し、（　い　）となって空へのぼります。空にのぼった<u>（　い　）は冷やされ、小さな水のつぶとなり</u>、集まって（　う　）になります。
（　う　）の中で小さな水のつぶはしだいに大きくなり、やがて地上へ降りそそぎます。そして、降った小さな水のつぶや雪は川や地下を流れ、再び海へもどります。

（1）上の文章を読み、（　あ　）～（　う　）に入る組み合わせとして正しいものを、次のア～カから1つ選び、記号で答えなさい。

	（　あ　）	（　い　）	（　う　）
ア	ふっとう	水蒸気	雨
イ	ふっとう	水	雨
ウ	蒸発	水	雲
エ	蒸発	水蒸気	雲
オ	蒸発	水蒸気	雨
カ	ふっとう	水	雲

（2）上の文章の下線と同じ現象を、次のア～カからすべて選び、記号で答えなさい。

ア、寒い日、外から家に帰ったら、メガネがくもった。
イ、雨が上がって数日後に水たまりがなくなっていた。
ウ、冬に、あたたかい部屋の窓ガラスの内側に水てきがついていた。
エ、マグカップに入っている熱い湯に水を入れるとさめた。
オ、ぬれていた洗たく物がかわいた。
カ、コップに入った冷たいジュースを部屋に置いておくと、コップの回りがぬれていた。

2 ある晴れた秋分の日に、奈良市で、A～Dさんは図のような建物の周辺で、午前9時から午後5時まで日の当たり方について調べました。それぞれ①～④のどこを調べましたか。下の4人の言葉より、A～Dさんが調べた場所を、①～④からそれぞれ選び、記号で答えなさい。ただし、建物は4階建てで、窓はなく、建物から1mはなれたところで調べたものとします。また、図の縮尺は実際のものとは異なります。

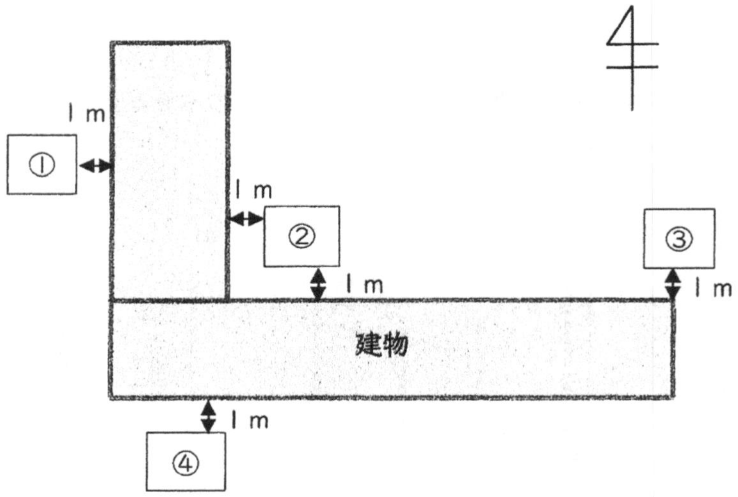

Aさん：午前9時は日が当たっていましたが、だんだん日なたは減っていき、正午過ぎには日かげになっていました。
Bさん：測定を始めた午前9時以降はずっと日かげでした。
Cさん：朝は日かげだったが、午後から日なたになりました。そのあと、ずっと日なたでした。
Dさん：ずっと日が当たっていました。

算　　数

5 立方体の各頂点に集まる3つの辺の真ん中の点を結ぶ平面で，すべてのかどを切り取って右の図のような立体をつくります。この立体について，あとの問いに答えなさい。

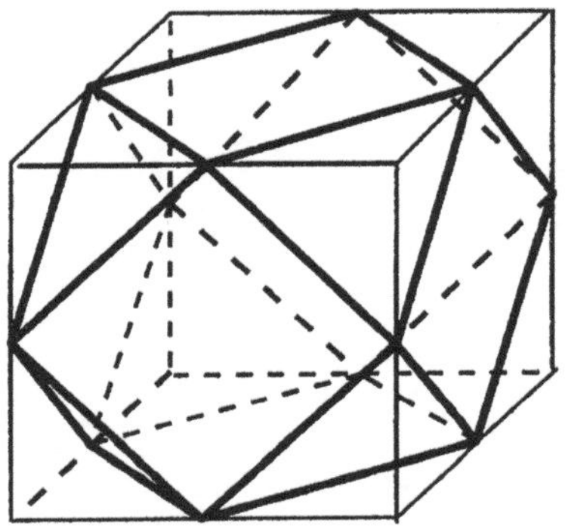

(1) この立体の面，辺，頂点の数をそれぞれ求めなさい。

(2) この立体は，もとの立方体の体積の何倍になりますか。
ただし，三角すいの体積=底面積 × 高さ ÷ 3です。

6 図のように，L字型の図形が毎秒1 cm の速さで矢印の方向に動きます。グラフは，L字型の図形が長方形と重なり始めてからの時間と重なった部分の面積を表しています。あとの問いに答えなさい。

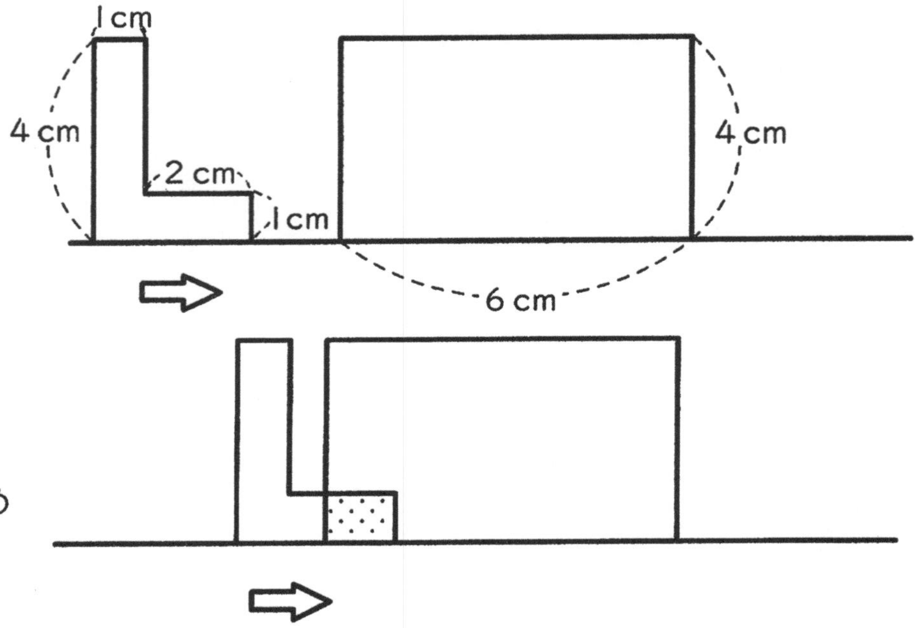

(1) 重なり始めてから3 秒後の重なった部分の面積を求めなさい。

(2) グラフは最初の一部分が書かれています。重なり始めてから，重なった部分がなくなるまでのグラフを直定規を使って完成させなさい。

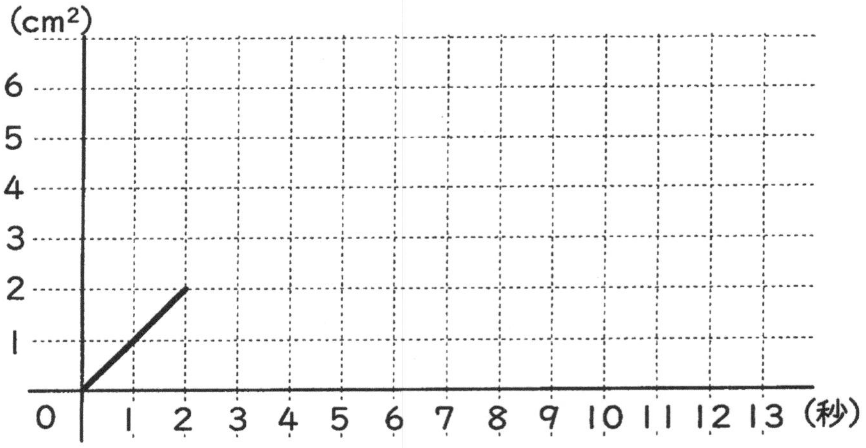

(3) 重なった部分の面積が3 cm² になるのは，何秒後ですか。すべて答えなさい。

3 下の表は，ある規則をもとに，数を並べたものです。あとの問いに答えなさい。

1番目	2番目	3番目	4番目	5番目	6番目	7番目	…
$\frac{1}{6}$	$\frac{1}{3}$	$\frac{1}{2}$	$\frac{2}{3}$	$\frac{5}{6}$	1	$\frac{7}{6}$	…

(1) 15番目の数を答えなさい。

(2) $\frac{15}{2}$は何番目の数であるかを答えなさい。

(3) 1番目の数から24番目の数までの24個の数の和を求めなさい。

4 次の各問いに答えなさい。

(1) 右の図は面積が64 cm^2，辺BCの長さが10 cm，辺ADと辺CDの長さが等しい四角形ABCDです。解答用紙の図にコンパスと直定規を使って，考え方を作図して，辺ABの長さを求めなさい。なお，作図に使った線は消さずに残しておくこと。

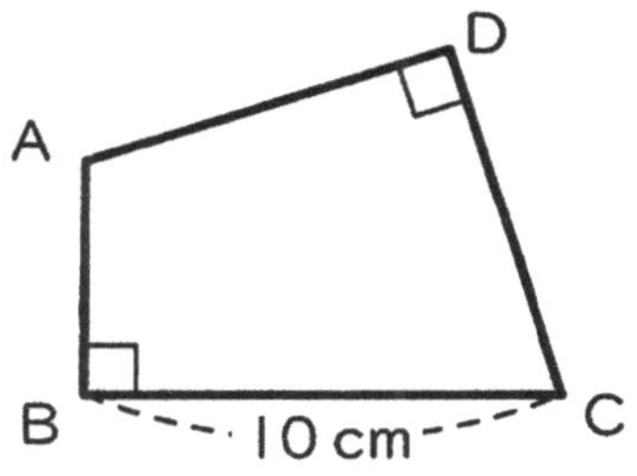

(2) 半径10 cmの円の半分と1辺の長さが14 cmの正方形が右の図のように重なっています。このとき，あとの問いに答えなさい。ただし，円周率は3.14として計算しなさい。

① 太線部分の長さを求めなさい。

② 円の半分と正方形が重なっている部分の面積を求めなさい。

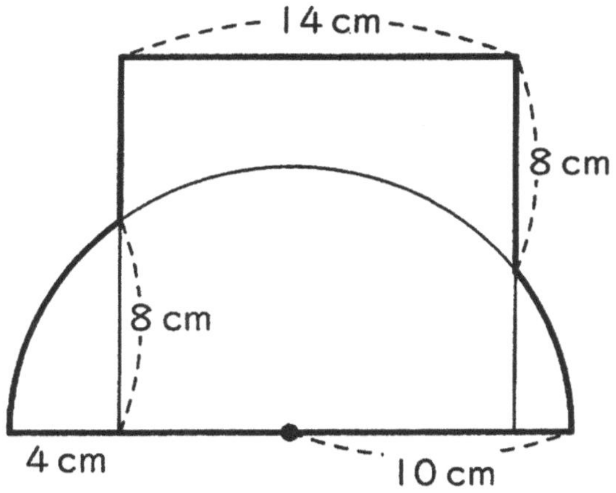

算　　数 (40分)

1 次の計算をしなさい。

(1) 324－128

(2) 23－{24－4×(8－4)}

(3) $3\frac{3}{4}\times\frac{2}{3}-1\frac{2}{3}$

(4) 1.2×23－1.2×8

(5) $\left(0.24-\frac{3}{5}\div 5\right)\div\frac{3}{25}$

2 次の各問いに答えなさい。

(1) $\frac{7}{24}=\frac{1}{\boxed{ア}}+\frac{1}{\boxed{イ}}$ のとき，[ア]，[イ] にあてはまる整数の組み合わせを2つ答えなさい。ただし，[ア]，[イ] は1から24までの整数とする。

(2) 10％の食塩水が200ｇあります。これに何ｇの水を加えれば，4％の食塩水になりますか。

(3) 空き缶《かん》3個をもっていくと，缶ジュースが1本もらえる店があります。例えば，空き缶が9個あるとすると，はじめに缶ジュースが3本もらえ，その3本を飲んだ後，この3個の空き缶を店にもっていくと，1本の缶ジュースがもらえます。空き缶が9個あると，缶ジュースが合計4本もらえることになります。

　今，よしおさんの家に51個の空き缶があります。この空き缶をもとにして，よしおさんの家では，合計何本まで缶ジュースをもらえるでしょうか。

(4) 右の図で，円の内側に正三角形と正五角形がぴったりとはいっています。また，正三角形の一つの頂点と正五角形の一つの頂点は，点Aで重なっています。ア，イの角の大きさを求めなさい。

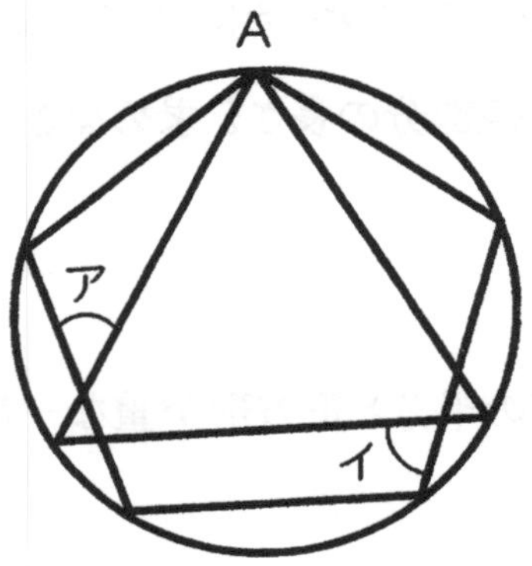

市場へおしゃべりに行って、ついでに買い物をしてしまうようなのが好きだ。目的以外のややこしいことを楽しんでいて、目的はその結果のようなのが好きだ。

[17]学校へ行くのは、勉強のためであって、友人関係を学ぶためではない。しかし、その目的とちがって、友人とおしゃべりを楽しむために学校へ行って、ついでに勉強もしてしまう、そんなほうが、勉強だって楽しくできるように思う。

[18]勉強のきらいな人間も多いだろうが、勉強そのものを目的と考えれば、それはかえって、友人関係なんかより単純といえる。相手の気持ちを考えたり、感情を含《ふく》めてのやりとりに気をつかうなんて、とてもややこしいことだ。それよりは、勉強のほうがずっと単純である。

[19]それでも、その単純な勉強はきらいでも、ややこしい友人関係を、めんどくさがりながらも、けっこう楽しんだりする。どうもぼくには、勉強のほうは目的が単純になりすぎて、それで楽しんでいる暇《ひま》がなく、楽しくないから嫌《きら》いになり、嫌いになるからできなくなり、できないからなお嫌いになる、なんてこともあるような気がする。

[20]それでぼくは、目的に向かって一直線というよりは、多少は目的に達するのがおくれても、適当にわき道に入り、その道草を楽しんでいて、結果的には目的に達してしまうほうが、結局は楽しくて得ではないかと考えている。目的に達するコースが短いより、途中《とちゅう》にいろいろとややこしい＊挿話《そうわ》をはさんだほうが、楽しい道行きになりそうに思うのである。

[21]それは、あまりきっぱりしてはいない。いろいろと、面倒《めんどう》な気をつかうこともある。道に迷わないようにせねばならない。しかし、それ自体が楽しみになりうる。目的をとげた楽しみより、むしろ深みのある楽しみになる。

[22]目的への道で、ややこしいことを排除《はいじょ》していくと、こうした楽しみがへって、その行程が楽しくなくなるので、結局は損になるように思う。

（森毅《もりつよし》「まちがったっていいじゃないか」より）

＊手練手管…人をだましたりあやつったりするためのあの手この手の手段。

＊挿話…文章や会話の間にはさむ、本筋とは直接関係のない短い話。

(1)　次の文は本文の一部です。どの段落の前に入っていたものと考えられますか。段落番号を答えなさい。

そして、大急ぎで目的地についてしまえば、目的を達したという満足感はあっても、それもむなしく、ああ疲れたなと時間をもてあましたりする。

(2)　――線部①「いつも自分をだまさないようにと、自分を見つめつづけるほうが、ずっと気のはることである」とあるが、同じことを述べている部分を本文の中から三十字以内で探し、その最初の七字を書きぬきなさい。

(3)　（　A　）から（　C　）にあてはまる言葉として適切な言葉を次の中から一つずつ選びなさい。

ア　しかし　　イ　そして

ウ　なぜなら　　エ　たとえば

注意　○　特に決められたもの以外は、記号で答えなさい。

○　句読点も一字と数えます。

(4)　――線部②「りりしさ」とあるが、「りりしさ」に対して筆者が感じていることを本文から五字で書きぬきなさい。

(5)　――線部③「いや、そうした風潮が世の中をギスギスさせている」とあるが、これを説明しているもので最も適切なものを次の中から一つ選びなさい。

ア　簡単なことが良いことだとして、簡単なものを信じる人と信じない人に分かれ、世の中がギスギスしている。

イ　シンプルさを求めるようになり、複雑なものにふれる機会を失っているから世の中がギスギスしている。

ウ　人々が決められた単調な言葉しか使わないために、結果的に情報伝達がうまくいかず世の中がギスギスしている。

エ　人が他者を嫌うようになり、限られたやりとりしかしなくなったから世の中がギスギスしている。

(6)　筆者の意見を整理した次の文の[ア]～[エ]にあてはまる言葉を本文から書きぬきなさい。

現在の社会は[ア]を達成することばかりが意識されてしまっている。[イ]でわかりやすいものばかりに意識を向けてしまいがちではあるが、案外[ウ]ものの中にこそ[エ]がある。

(7)　本文の中で筆者が述べていないことを次の中から全て選びなさい。

ア　大人になっていく不安定な時期には、わかりやすい物事をもとめてしまうことがある。

イ　自分自身のことを大切にする人間は、他人や社会と丁寧《ていねい》に関わる必要性を理解している。

ウ　ややこしく複雑なものごとは、実はかえって単純な仕組みを持っている。

エ　大人になれば誰しもがややこしさをやりすごす術を身につけることができる。

オ　結果を意識しすぎずに、気が付くとたどり着いているような状態が望ましい。

〔三〕　これまでに読んだことのある本について、「私のおすすめの本」という題名で以下の条件にしたがって作文しなさい。

条件①　原稿《げんこう》用紙の使い方にしたがって、二百四十字以上三百字以内で書くこと。

条件②　題名・氏名は書かないで、本文から書き始めること。

条件③　二段落で書くこと。一段落目には、本の紹介《しょうかい》を簡単に書くこと。二段落目には、特にどのような人におすすめできるか、あるいは、どんなときに読むことをすすめられるか、またその理由について書くこと。

令和六年度

国語 （40分）

奈良教育大学附属中学校

注意　○　特に決められたもの以外は、記号で答えなさい。
　　　○　句読点も一字と数えます。

〔一〕次の問いに答えなさい。

(1)　――線部のカタカナを漢字に直しなさい。

①　余計な手間をハブく。

②　人工エイセイを打ち上げる。

(2)　――線部の漢字の読みをひらがなで書きなさい。

①　薬を常備する。

②　足りない栄養を補う。

(3)　次の――線部の言葉と同じ使われ方をしているものを次の中からそれぞれ一つ選びなさい。

①　図書館は私の思い出の場所の一つだ。
　ア　私の好きな食べ物はうどんだ。
　イ　昨日このあたりに雪が降ったそうだ。
　ウ　石につまずいて転んだ。

②　明日起きられるか心配だ。
　ア　悪いことをしているところを人に見られる。
　イ　先生がもうすぐ来られるので、用意するように。
　ウ　去年の服だが、私はまだ着られるだろう。

③　この料理は父の作ったものだ。
　ア　あの山に伝説の花が生えている。
　イ　私の好きな音楽が流れている。
　ウ　その赤いペンは彼女のだ。

(4)　次のことわざや慣用句の（　A　）～（　C　）に入る動物を答えなさい。答えはひらがなで書いてよい。

①　大山《たいざん》鳴動して（　A　）一匹。
　袋《ふくろ》の（　A　）。

②　（　B　）寝入り。
　とらぬ（　B　）の皮算用。

③　（　C　）の額ほどの庭。
　借りてきた（　C　）。

〔二〕次の文章を読んで、あとの問いに答えなさい。

※[1]～[22]は段落番号を示します。

[1]人間というものは、他人をだますためには、いろいろと＊手練《てれん》手管《てくだ》がいるけれど、自分をだますほうは、簡単にやってのける。そして、①いつも自分をだまさないようにと、自分を見つめつづけるほうが、ずっと気のはることである。

[2]このごろの子どもは自分のことしか考えない、などと言う人がいるが、自分のことを考えるというのは、本当はくたびれるものだ。自分について考える機会を、いまの社会はうばっているというのが、むしろ本当だろう。だからぼくは、きみたちにはまず、自分のことを本当に考えてほしい。

[3]自分のことを考え、自分を大事にすることを、悪いことのように言う人がある。本当に自分のことを考え、本当に自分を大事にすることは、人間にとっては、なににもまして大事なことだ。

[4]本当に自分を大事にする人間は、他人を粗末《そまつ》にしたりはしない。なぜなら、他人は自分のためにあって、その他人を粗末にすると、自分にとって損になるからだ。

[5]本当に自分を大事にする人間は、社会を無視することはない。なぜなら、自分は社会のなかにあって、その社会を無視しては生きていけないからだ。

[6]そうして、人間たちがそれぞれ、自分をなにより大事にしながら暮らしていく世界、それがやさしさの世界であるとすれば、やさしさの時代とは、とてもよいことと思う。

[7]いま、②りりしさを求めてとびたってはいけない。そうした時代なのだ。

[8]それでも、ぼくにだって覚えがあるが、いろいろとややこしく、からまりあっているよりは、一つの方向にむかってびしっと、きまりがついたほうが、いさぎよいという思いがある。とくに、少年期を終わろうとする不安定な時期には、そうした気持ちのあるものだ。

[9]（　A　）、人間が生きていくというのは、本来がややこしいものだ。これはべつに、世なれたおとなの言葉として、言っているわけではない。「世なれたおとな」なんてものは、人間のややこしさをやりすごす術《すべ》を身につけているだけのことであって、それはそれで単純ともいえる。

[10]ややこしい状態に身を処すためには、なにより精神のしなやかさがいる。（　B　）、精神がもっともしなやかになれる可能性は、これも若さのものだ。その若さが、ともすれば、ややこしさを切りすてる方向にむかうのは、悲しいことだと思う。

[11]それに、このごろの世の中がギスギスしたせいか、目的に向かって単純に直結するほうが、好まれる風潮がました。③いや、そうした風潮が世の中をギスギスさせている、とも思える。

[12]（　C　）、お金を払《はら》って品物を手に入れる場合を考える。昔だと、値段もはっきりしていなかったりして、店の人といろいろと世間話をしたりしながら、さりげなく値段の交渉《こうしょう》に入ったりする。これは考えようによっては、ひどく能率が悪い。それに、うまくすれば安く買えるかわりに、うっかりすると高く買わされるかもしれない。売り手と買い手のゲームのようなところがあって、あまり気をゆるせない。

[13]いまでは、定価がついていて、店の人がいるのはスーパーのレジだけぐらいになり、ときには無人の自動販売機《はんばいき》になる。ボタンを押しながら世間話をするわけにもいかないし、お金を出して品物を手に入れることだけは、確実にできる。しかし、なにかむなしい。

[14]このごろの遠足では、目的地へ向かって、ひたすら急ぐ、という話を聞く。蝶《ちょう》や花を追ったり、景色を眺《なが》めたり、ときにはわき道へ入ったりすることをせず、もっぱら目的地へ向かう。コースはきまっていて、迷う楽しみは奪《うば》われている。

[15]その昔、おとなに叱《しか》られながらも、子どもは道草をするものだった。交通事故の危険などもあって、道草がなくなることによって、学校への往復という目的だけが、確実に行われるようになった。

[16]いまさら時代ばなれしたのを覚悟《かくご》して言えば、道草を楽しんでいるうちに、目的地についてしまうようなのが、ぼくは好きだ。

令和5年度 解答用紙 総　合（社　会）

解答らんに答えを書くときは、わく内に大きくていねいに書きなさい。

※理科と合わせて30点満点
（配点非公表）

1	(1)		(2)	
	(3)		(4)	
	(5)		(6)	
	(7)		(8)	

2	(1)	良い影響	
		悪い影響	
	(2)		
			80
			120

令和5年度 解答用紙（理　科）

解答らんに答えを書くときは、わく内に大きくていねいに書きなさい。

※社会と合わせて30点満点
（配点非公表）

1	位置		月の形	

2	(1)		(2)		(3)	(ア)		(イ)	

3	(1)		(2)		(3)	

4	①		②		③		④	

5	(1)	左うで						右うで					
		6	5	4	3	2	1	1	2	3	4	5	6
		10		20									
	(2)	左うで						右うで					
		6	5	4	3	2	1	1	2	3	4	5	6
		10		20									

6	1つ目	
	2つ目	
	3つ目	

令和５年度　解答用紙　算　数

解答らんに答えを書くときは、わく内に大きくていねいに書きなさい。

※30点満点
（配点非公表）

1	(1)	
	(2)	
	(3)	
	(4)	
	(5)	

2	(1)	
	(2)	%
	(3)	°
	(4)	km
	(5)	通り

3	(1)	cm^3
	(2)	cm^2

4	(1)		
	(2)	行目	列目
	(3)	行目	列目
	(4)		

5	(1)	cm^2
	(2)	cm^2

6	(1)	社が	円安い
	(2)	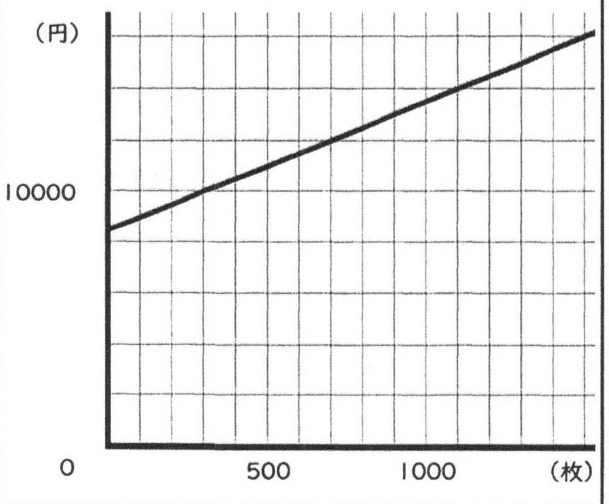	
	(3)		枚
	(4)	枚以上	枚以下

令和五年度　解答用紙　国語

○解答らんに答えを書くときは、わく内に大きくていねいに書きなさい。

※30点満点
（配点非公表）

〔一〕

(1) ①

②　る

(2) ①　す

②

(3) ①

②

③

(4) ①

②

③

〔二〕

(1)

(2)

話すこと。

(3)

(4)

(5)

(6)

(7) ア

イ

ウ

〔三〕

300　240　200　100

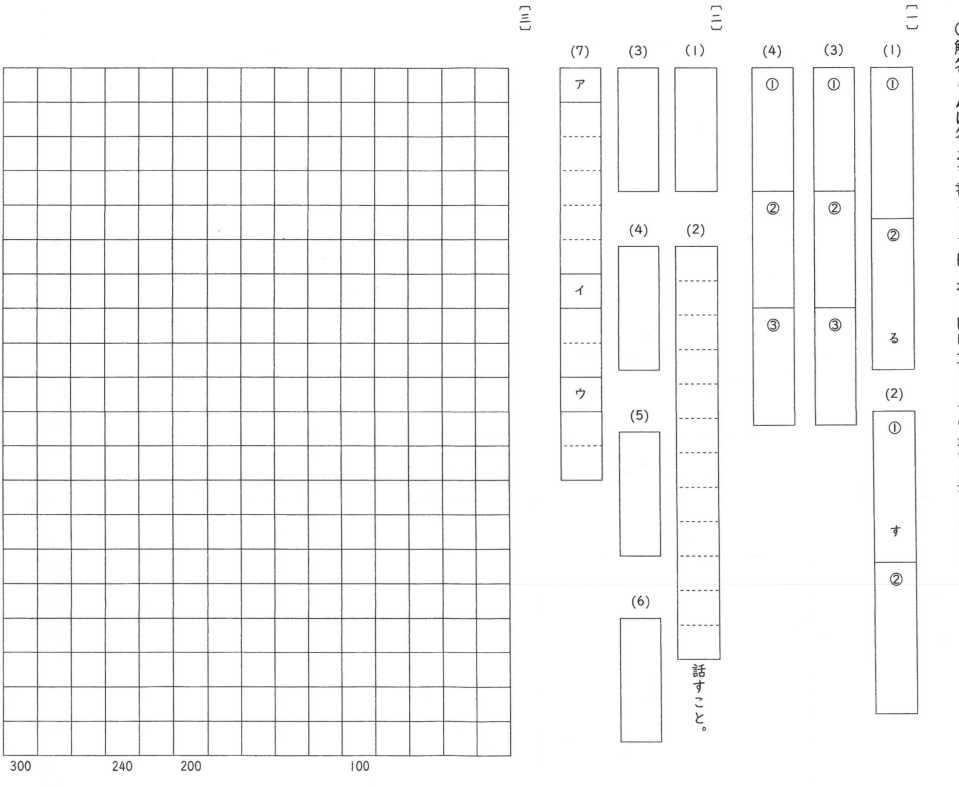

2　奈良県では現在、京都府から奈良県、和歌山《わかやま》県を結ぶ京奈和《けいなわ》自動車道の建設が進められており、木津《きづ》と大和郡山《やまとこおりやま》を結ぶ「大和北《やまときた》道路」区間の建設も着手され、奈良を南北に貫《つらぬ》く幹線道路ができる予定です。あとの各問いに答えなさい。

(1)「大和北道路」区間が開通することによって、さまざまな影響《えいきょう》が出ることが考えられます。【資料A】～【資料C】を参考にして、予想される「良い影響」と「悪い影響」を、それぞれ2つずつ答えなさい。

(2) 持続可能な社会の実現をめざすために、(1)で答えた「悪い影響」に対する解決策を、80字以上120字以内で説明しなさい。なお、「悪い影響」2つのうち、1つの解決策でも良いこととします。

【資料A】「京奈和自動車道 大和北道路 パンフレット」より

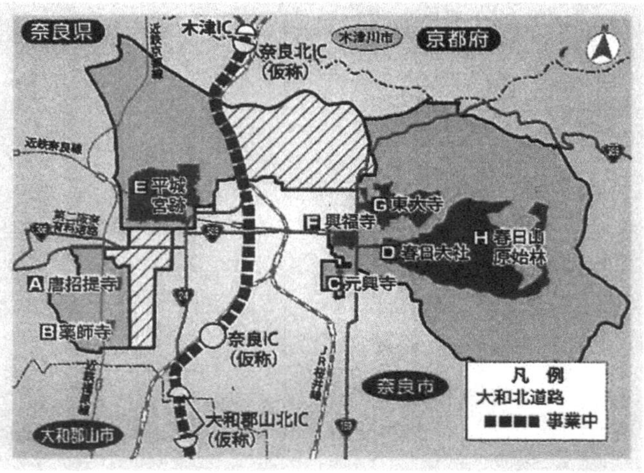

(国土交通省近畿《きんき》地方整備局 奈良国道事務所)
(西日本高速道路株式会社 関西《かんさい》支社 奈良工事事務所)

【資料B】京奈和自動車道が整備された場合の京都市～和歌山市間の所要時間

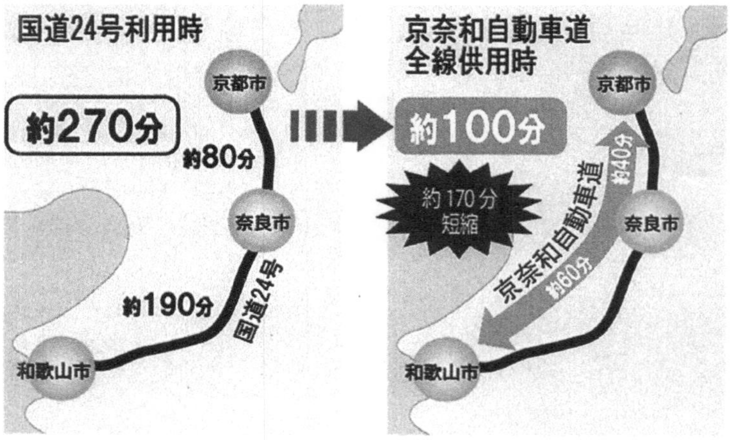

(国土交通省近畿地方整備局 奈良国道事務所ホームページより)

＊ 緩衝《かんしょう》地帯(バッファゾーン)…遺産《いさん》の周辺環境を直接保護するための区域。
＊ 歴史的環境調整区域(ハーモニーゾーン)…環境保全と都市開発との調和を図るための区域。
＊ 世界遺産登録資産。 A ～ H は、世界遺産『古都奈良の文化財』を示している。

【資料C】 公聴《こうちょう》会(ひろく人々から意見を聴《き》く会)やインタビュー、ヒアリングで寄せられた意見

〈県や市〉
・物流の改善、悪化する市内交通状況《じょうきょう》の改善という観点から、大和北道路は是非《ぜひ》とも必要な道路です。
・高架《こうか》構造とすると、歴史的、自然的景観に及《およ》ぼす影響が大きくなることが予想されます。
・県内の道路整備状況や慢性《まんせい》的な渋滞《じゅうたい》の改善という観点から、早期完成が必要不可欠な道路です。

〈観光業〉
・高速道路が奈良の中央を走れば奈良の活性化にもつながるし、「点」の観光から「面」の観光への広がりに期待が持てます。
・大和北道路をつくることで、自動車交通需要《じゅよう》を高め、観光シーズンの奈良市内の道路混雑をより激しくする可能性があります。快適な観光を実現するためには、奈良では鉄道をもっと活用すべきです。

〈文化財保護団体〉
・世界遺産都市奈良に高速道路を通そうとすること自体、そもそも世界的大問題です。許されることではありません。
・世界遺産条約(第11条)は、公共事業などで世界遺産を破壊《はかい》することを厳しく禁じています。
・大和北道路を通したとしても、渋滞激化など問題は山ほどあります。
・地下文化財、遺構と地下水の影響について、地下水検討委員会は、“軽微《けいび》”と結論づけましたが、別の専門家は“重大な疑念”を指摘《してき》しています。“疑わしきは通過させず”こそ、唯一《ゆいいつ》の選択《せんたく》の道です。

〈住民〉
・保存か開発か、どちらを選んでも、ある程度の犠牲《ぎせい》は伴《ともな》います。古いものも大切ですが、今、住んでいる我々の便宜《べんぎ》も図って欲しいです。
・高速道路の整備だけでなく、一般道《いっぱんどう》やインターチェンジへのアクセス道路も併《あわ》せて整備しなくては渋滞緩和《かんわ》にはなりません。

(大和北道路有識者委員会チラシ 第4号、第5号 より一部抜粋《ばっすい》、要約したもの)

（6）高速道路が開通し、工業地域は太平洋《たいへいよう》ベルト周辺にも広がりを見せています。下のグラフは、中京《ちゅうきょう》工業地帯、関東内陸《かんとうないりく》工業地域、北九州《きたきゅうしゅう》工業地帯、京葉《けいよう》工業地域のいずれかの工業生産額（2016年）の内訳を示しています。関東内陸工業地域の工業生産額のグラフとして、正しいものを次のア～エから1つ選び、記号で答えなさい。

ア

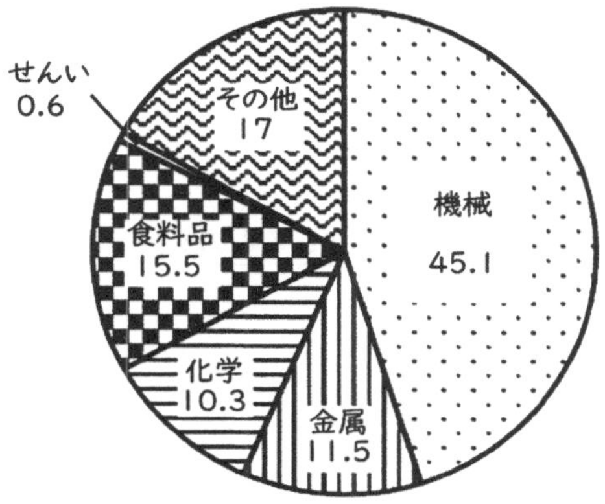

計30兆6128億円

イ

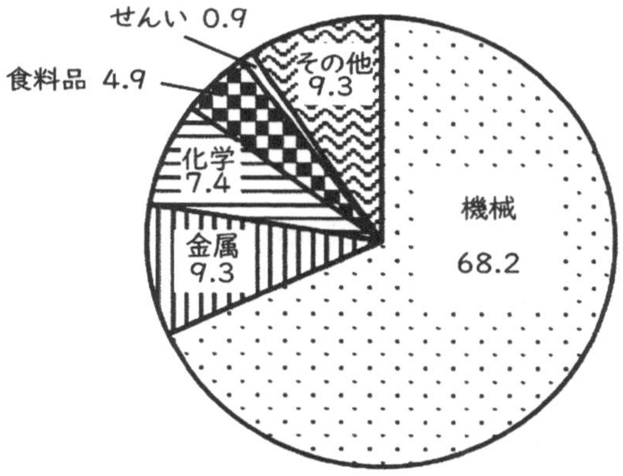

計56兆9468億円

ウ

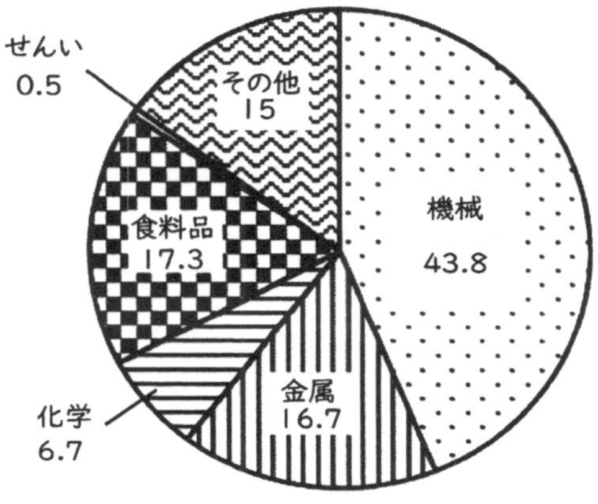

計9兆2159億円

エ

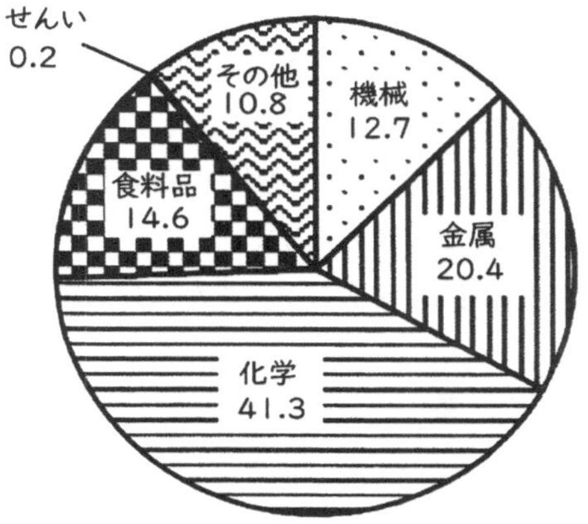

計12兆6688億円

（円グラフの数字の単位は%）
（円グラフの下の金額は工業生産額）
（経済センサス活動調査より）

（7）高速道路の発展とともに、自動車工業もさかんになっていきました。近年は環境にやさしい自動車づくりが求められています。環境にやさしい自動車づくりの説明として、まちがっているものを次のア～エから1つ選び、記号で答えなさい。

ア．燃料をあまり使わないように、部品を軽くしたり、エンジンを改良したりして燃費の良い自動車をつくっている。
イ．水素と酸素が水になるときに発生する電気で、モーターを動かして走る燃料電池自動車がつくられている。
ウ．リサイクルしやすい部品を使用したり、解体したときに取り外しやすく、材料別に分けやすい部品を使ったりしている。
エ．自動車会社は海外から古い自動車のエンジンを安く輸入し、そのエンジンをリサイクルして環境保全に貢献《こうけん》している。

（8）右の資料のうち、【資料C】は1995年に発生した阪神《はんしん》・淡路《あわじ》大震災《しんさい》で倒壊《とうかい》した阪神高速道路（阪神高速3号神戸《こうべ》線）のようすです。そして、【資料D】は復旧後の1999年のようすです。このように被災《ひさい》地の復興を進めていくうえで、国や県などの果たす役割は重要です。国では被災した人々の切実な願いや要望を受けて、国会でさまざまなことを決めています。
国会の役割として、正しいものを2つ選び、記号で答えなさい。

【資料C】1995年撮影

【資料D】1999年撮影

（写真提供：神戸市）

ア．法律が憲法に違反《いはん》していないかを調べる。
イ．必要な法律をすみやかに制定する。
ウ．外国と条約を結ぶ。
エ．予算（お金の使い道）を決める。

1　奈良《なら》県には山辺《やまのべ》の道があります。山辺の道は、日本書紀《にほんしょき》にも記されるほど古くからある道です。時代が進むとともに、少しずつ道が延びてきたことで、社会が発展していきました。現在、日本の道路の総延長距離《きょり》は約128万kmで、地球を約32周まわることができる長さです。道がつながることで人や物の移動が活発化し、情報も伝達されていきます。道に関する、あとの各問いに答えなさい。

【資料A】

（1）大和朝廷《やまとちょうてい》（大和政権）が全国に力をおよぼすようになると、都からの命令を伝えたり、地方からの産物を運んだりするための道が必要になり、全国的な道路網《もう》がつくられるようになりました。右の【資料A】には、伊豆国《いずのくに》（静岡《しずおか》県）三島《みしま》から、調《ちょう》として「かつお」が納められたことが記されています。このような、今でいう手紙や書類の代わりに使われたものを何といいますか。

（2）人や物の交流には陸の道だけでなく、海の道を通しての交流もあります。江戸《えど》時代のできごととして、まちがっているものを次のア～エから1つ選び、記号で答えなさい。

ア．西まわり航路などが整備され、各地から米や特産物が大阪《おおさか》に運ばれた。
イ．幕府は大名や商人に朱印状《しゅいんじょう》をあたえて、外国との貿易に力を入れた。
ウ．中国《ちゅうごく》（明《みん》）との貿易の際には、中国（明）から勘合《かんごう》という通交証明書があたえられた。
エ．朝鮮《ちょうせん》通信使と呼ばれる使節が、将軍がかわるごとに来日するようになった。

（3）岐阜《ぎふ》県（高山《たかやま》市）と長野《ながの》県（松本《まつもと》市）の県境に位置する野麦峠《のむぎとうげ》を舞台《ぶたい》にした『あゝ野麦峠』という文学作品があります。この文学作品では、岐阜県の貧しい農村で生まれた農家の娘《むすめ》たちが家計を助けるために、水がきれいな長野県諏訪《すわ》地方の「ある製品」の工場まで、峠を越《こ》えて出稼《かせ》ぎに行く姿がえがかれています。当時、明治《めいじ》政府はヨーロッパの国々に追いつくために工業をさかんにし、強い軍隊を持つことに力を入れていました。群《ぐん》馬《ま》県富岡《とみおか》には「ある製品」をつくる官営の大きな工場もありました。
　当時、有力な輸出貿易品でもあった「ある製品」を次のア～エから1つ選び、記号で答えなさい。

ア．時計　　イ．生糸《きいと》　　ウ．茶　　エ．鉄砲《てっぽう》

（4）右の【資料B】は1964年の東京《とうきょう》オリンピックに向けてつくられた高速道路の建設風景（1963年撮影《さつえい》）です。高度経済成長を遂《と》げていた当時のようすとして、まちがっているものを次のア～エから1つ選び、記号で答えなさい。

【資料B】

ア．産業が発展していく一方で、水や空気が汚染《おせん》され、公害などの環境《かんきょう》問題を引き起こした。
イ．若い人たちは「金の卵」と呼ばれ、中学校卒業後には、都会の工場などに集団で就職した。
ウ．オリンピック開幕に向けて、地下鉄が新たにつくられ東海道《とうかいどう》新幹線も開通し、多くの人に利用された。
エ．京都《きょうと》で開かれた地球温暖化防止会議では、世界の国々が協力して温暖化防止に取り組むことを確認した。

（5）四国《しこく》の高知《こうち》平野で生産された農産物は、高速道路を使用して大消費地に届けられています。高知平野での農業についての説明として、正しいものを次のア～エから1つ選び、記号で答えなさい。

ア．夏涼《すず》しく、昼と夜の気温の差が大きいことをいかして、キャベツなどの野菜を栽培《さいばい》している。
イ．洪水《こうずい》の被害《ひがい》を防ぐために輪中《わじゅう》を作り、豊富な水をいかした稲《いな》作がさかんである。
ウ．豊富な雪解け水を利用して、耕地整理がされた土地で、大規模な稲作が行われている。
エ．冬でもあたたかい気候をいかして、夏が旬《しゅん》の野菜を冬に生産している。

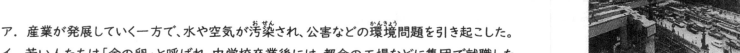

6 SDGs(Sustainable Development Goals：持続可能な開発目標)は、持続可能な社会の実現を目指す世界共通の目標です。SDGsの目標15に関係する日本の課題について、下の図をもとに A さんと B さんが話し合いをしました。下の表は、そのときのメモの一部です。

あなたは人工林を多種多様な生物が生きられる森林にするためにはどうすれば良いと考えますか。下の図と表を参考にして、あなたの考えを具体的に3つ書きなさい。

15 陸の豊かさも守ろう

人工林のようす

天然林のようす

図 日本のある地域の人工林と天然林のようす

表 Aさんと Bさんが話し合いをした際のメモ(一部)

	観点	人工林	天然林	メモ
1	生育している植物の種類が多い森林		○	天然林の図を見ると、葉の色や形が様々で、生育している種類が多いことが分かる。
2	生えている木の大きさ(背たけ)がほぼ同じ森林	○		人工林は天然林とは違ってすべての木が似たような背たけで、まっすぐにのびていることが分かる。
3	地面の土がよく見える森林	○		人工林の図では土の部分が確認できるが、天然林の図は一面が草木でおおわれていることが分かる。また、人工林にはたおれた木が見られないが、天然林の地面にはたおれた木が見られる。
4	人々の生活に役立っている森林	○	○	人工林で生育している木は、木材として利用されている。効果に差があるものの、人工林・天然林のどちらの森林で生育している木も、空気中の二酸化炭素を吸収したり、地下で水をためてこう水を防いだりしてる。

<引用元>

SDGs のアイコン(日本語版)：国際連合広報センターHP より

図：国立研究開発法人森林研究・整備機構 森林総合研究所「生物多様性に配慮《はいりょ》した森林テキスト 関東・中部版(2020 年３月)」より

4　塩酸、食塩水、水、水酸化ナトリウム水溶《よう》液、石灰水が、5つのビーカーにそれぞれ入っています。それぞれの液体を、実験結果をもとに分類し、下の図にまとめました。図の①～④に入る最も適したものをあとのア～オからそれぞれ１つ選び、記号で答えなさい。

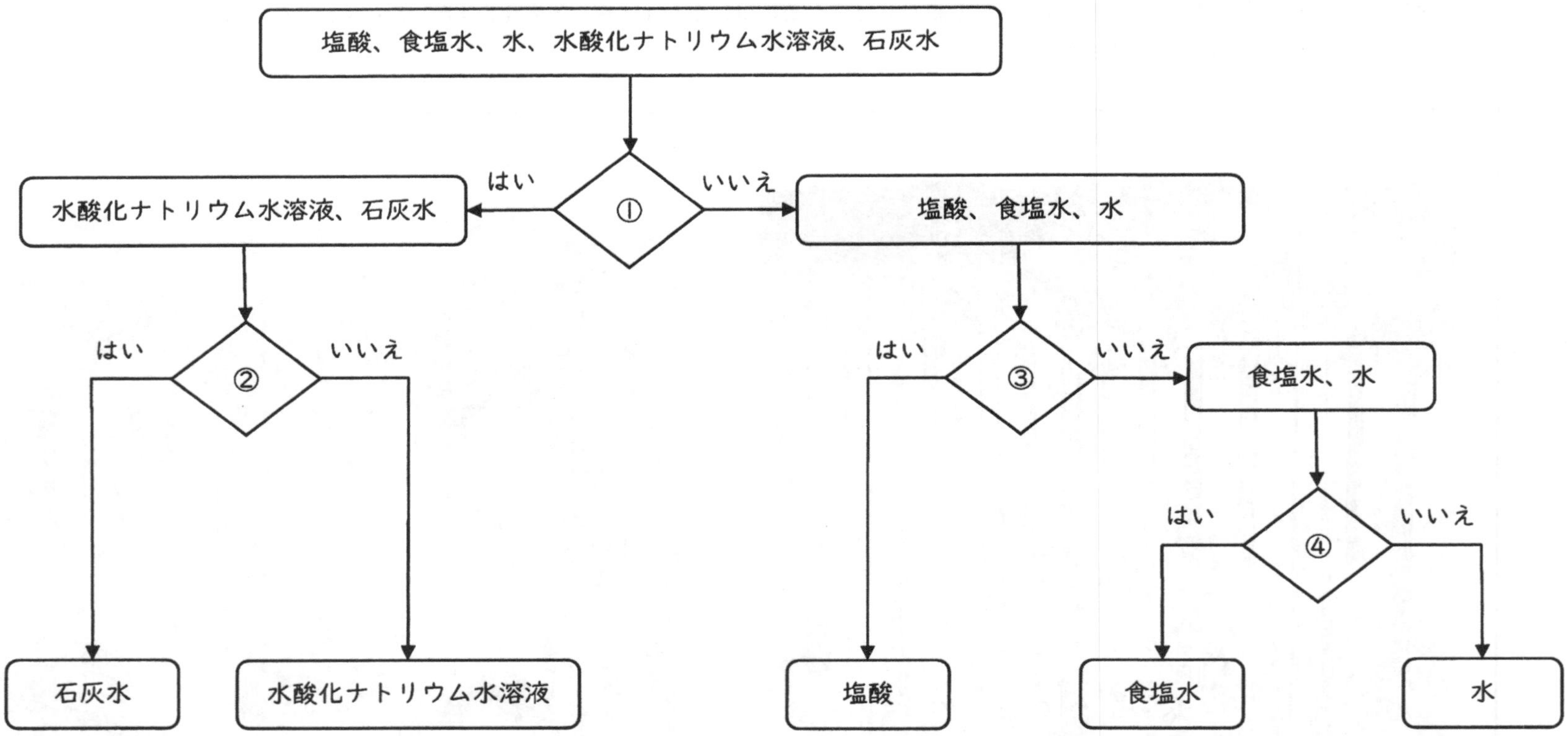

ア．色がついている。
イ．青色リトマス紙が赤色に変わる。
ウ．赤色リトマス紙が青色に変わる。
エ．蒸発させると固体が残る。
オ．二酸化炭素と反応して白くにごる。

5　右の図のように、実験用てこにおもりを2個つるしました。次に、下の<ルール>にしたがい、10gのおもり１個と20gのおもり2個を追加でつるして、実験用てこをつり合わせました。これについて、あとの各問いに答えなさい。

なお解答欄《らん》には、追加で20gのおもりをつるす場所に20、10gのおもりをつるす場所に10、と数字のみ書き加えなさい。追加でつるすおもりがない場所には何も書いてはいけません。

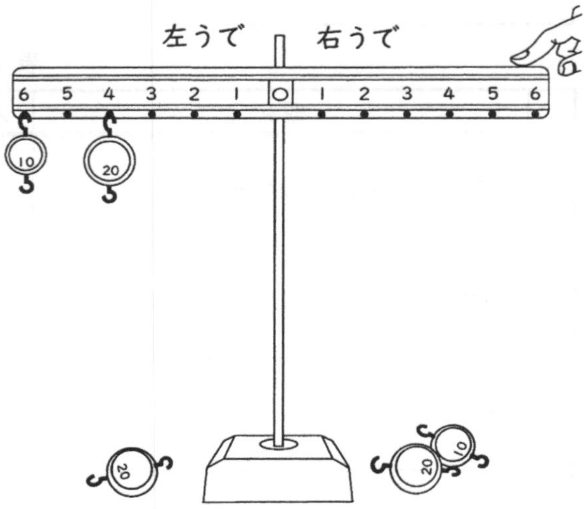

<ルール>
・すべてのおもりをつるす。
・１か所におもりを１個しかつるすことができない。

（1）図の右うでだけにおもりを追加でつるす場合、どの場所におもりをつるせばこの実験用てこはつり合いますか。答えが2つ以上ある場合は、そのうちのどれか１つを答えなさい。

（2）図の左右のうでにおもりを追加でつるす場合、どの場所におもりをつるせばこの実験用てこはつり合いますか。答えが2つ以上ある場合は、そのうちのどれか１つを答えなさい。

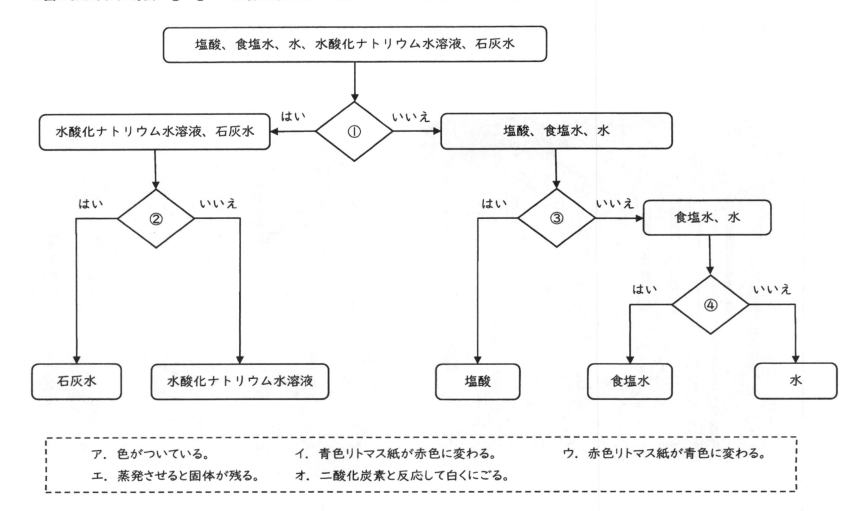

3　右の図のような装置をつくり、アルコールランプで試験管を加熱しました。アルコールランプで加熱している間は、下のA→B→C→D→A→B→C→D→A･･･のようにしばらくの間、運動をつづけました。このような装置をスターリングエンジンといいます。これについて、あとの各問いに答えなさい。ただし、装置のようすをわかりやすくするため、図のアルコールランプの炎《ほのお》や試験管の角度などは実際とは大きさを変えて描《か》いてあります。

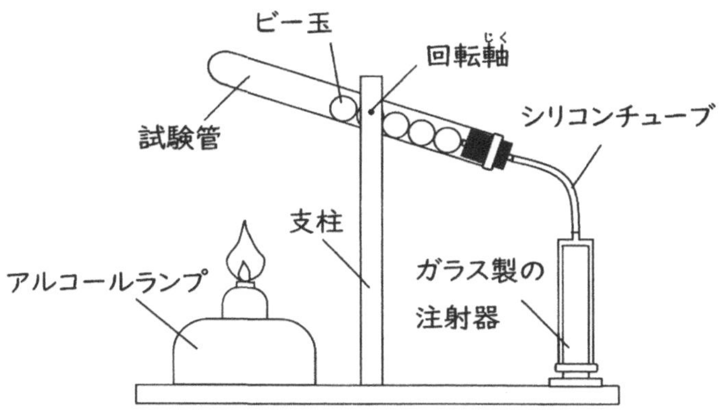

シリコンチューブ･･･シリコーンゴムという素材《そざい》を使ってつくられた、弾力《だんりょく》がある白色半透明《はんとうめい》の管のこと。

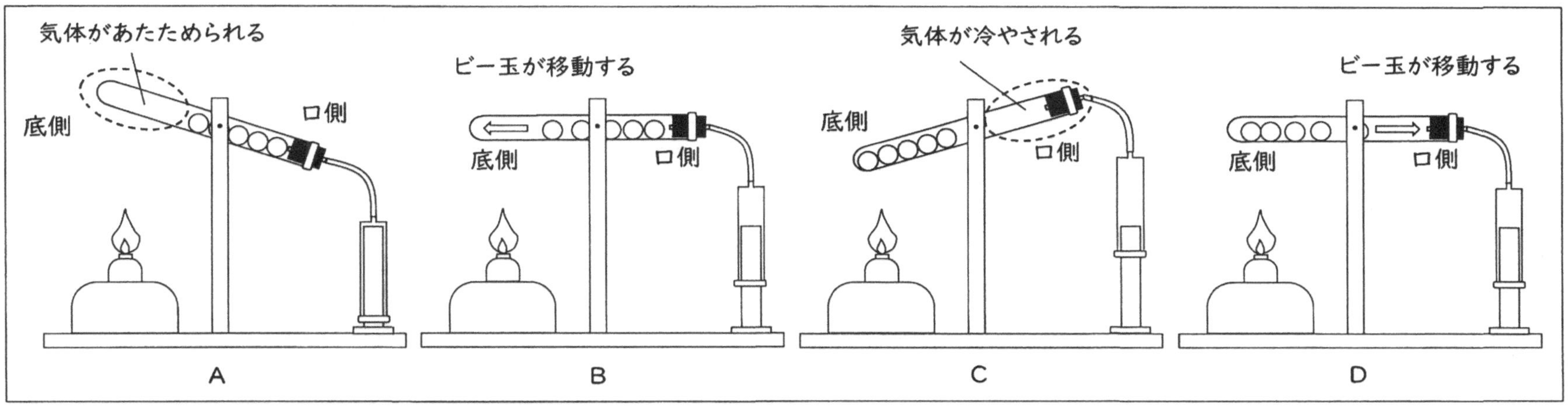

（1）　上のAのとき、試験管内の加熱部分（底側）の気体はアルコールランプであたためられます。これによって、加熱部分（底側）の気体の体積はどうなりますか。最も正しいものを次のア～ウから１つ選び、記号で答えなさい。

ア．小さくなる　　イ．変わらない　　ウ．大きくなる

（2）（1）の結果によって、試験管内の口側の気体はどうなると考えられますか。最も正しいものを次のア～エから１つ選び、記号で答えなさい。

ア．試験管の底側に流れこんでいく。
イ．ガラス製の注射器の方に流れこんでいく。
ウ．試験管からは出ずに口側→底側→口側→底側･･･と試験管内をぐるぐる移動していく。
エ．特に移動しない。

（3）　Aで加熱を続けると、Bのように試験管内のビー玉が口側から底側に移動していきます。その結果、Cのようになります。このとき、試験管の口側の気体は加熱されていないため、少しずつ冷やされていきます。これによって、ガラス製の注射器内の気体はどうなると考えられますか。最も正しいものを次のア～カから１つ選び、記号で答えなさい。

ア．ガラス製の注射器内から出て試験管の方に流れこんでいくため、注射器内の体積が小さくなっていく。
イ．ガラス製の注射器内から出て試験管の方に流れこんでいくため、注射器内の体積が大きくなっていく。
ウ．ガラス製の注射器内から出るが、同時に試験管から注射器内に気体が流れこむため、注射器内の体積は変化しない。
エ．ガラス製の注射器内からは出ないが、注射器内で体積が小さくなっていく。
オ．ガラス製の注射器内からは出ないが、注射器内で体積が大きくなっていく。
カ．特に移動したり体積が変化したりしない。

総　合（理 科）

（社会と合わせて60分）

1　下の図は日本のある地域で10月9日午後5時に見えた月の形（月の見え方）を観察し、記録したものです。4日後（10月13日）の同じ時刻に、再度同じように観察し、月の形を記録しました。13日に記録した月は下の図の①～⑤のどの位置に見えますか。月が見える位置として最も正しいものを図の①～⑤から1つ選び、数字で答えなさい。また、そのとき見えた月の形はどのような形ですか。見えた月の形として最も正しいものをあとのア～カから１つ選び、記号で答えなさい。ただし、月の傾《かたむ》きは考える必要はありません。

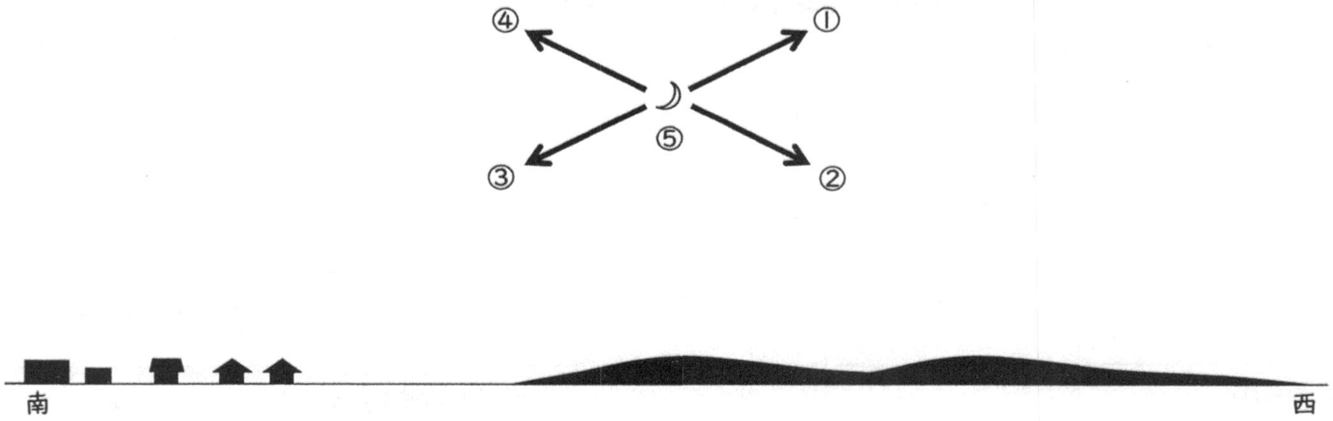

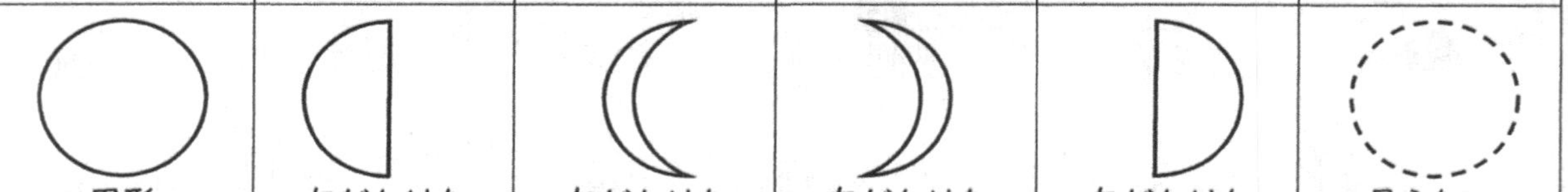

ア	イ	ウ	エ	オ	カ
円形 （満月）	右がかけた 半月形	右がかけた 三日月形	左がかけた 三日月形	左がかけた 半月形	見えない （新月）

2　高知《こうち》県はピーマンの生産がさかんです。これについて、次の各問いに答えなさい。

（1）ピーマンは写真1のような白い花が咲《さ》いたあと、写真2のように実が成長します。成長した実を縦《たて》半分に切ったとき、ピーマンの実の中に種子はどのように入っていますか。最も正しいものを次のア～カから１つ選び、記号で答えなさい。なお、下の選択肢《せんたくし》中の黒丸の部分が種子を表しています。

写真1

写真2

ア　イ　ウ　エ　オ　カ

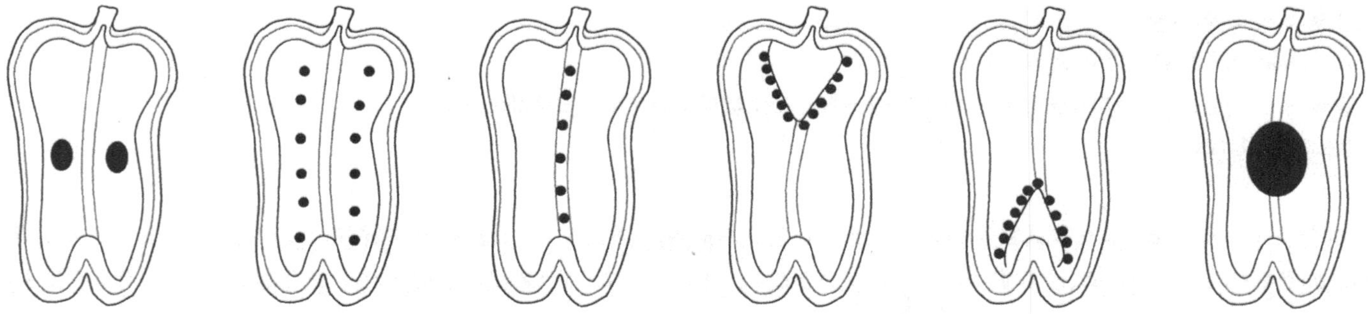

（2）高知県は年間を通して「晴れ」の日が多いため、日照時間が長くなります。天気のうち、「晴れ」と「くもり」の違《ちが》いは、雲の量で決められています。「晴れ」は、空全体の広さを10として、空をおおっている雲の広さが0からいくつまでと決められていますか。最も正しいものを次のア～オから1つ選び、記号で答えなさい。

ア．０から２　　イ．０から４　　ウ．０から６　　エ．０から８　　オ．０から10

（3）（2）のように、日照時間が長いことは、ピーマンなどの植物の成長にとってどのような良い点があると考えられますか。下の文章の（ア）、（イ）に入る語句を答えなさい。

「日照時間が長いと、植物の葉に（　ア　）があたる時間が長くなる。植物の葉に（　ア　）があたると、葉に（　イ　）ができる。葉にできた（　イ　）は、植物の成長に使われる。」

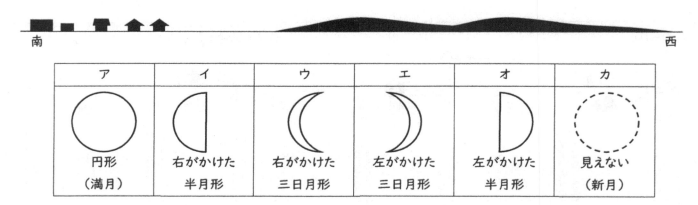

算　　数

6　はなこさんの学校では，運動会の案内状をカラー印刷で作ることになりました。下の表は，印刷会社A社と印刷会社B社の印刷料金を示したものです。あとの問いに答えなさい。

印刷会社	印刷料金
A 社	1枚から500枚までは印刷枚数1枚あたり20円 500枚をこえた分については1枚あたり10円
B 社	印刷枚数1枚あたり5円 ただし，印刷枚数にかかわらず，別に8500円が必要

(1) 印刷枚数が800枚のとき，A社とB社では，どちらの会社の印刷料金が何円安くなるかを求めなさい。

(2) B社について，印刷枚数と印刷料金の関係をグラフに表すと，下の図のようになります。解答用紙に，A社についての印刷枚数と印刷料金の関係を表すグラフをかきなさい。

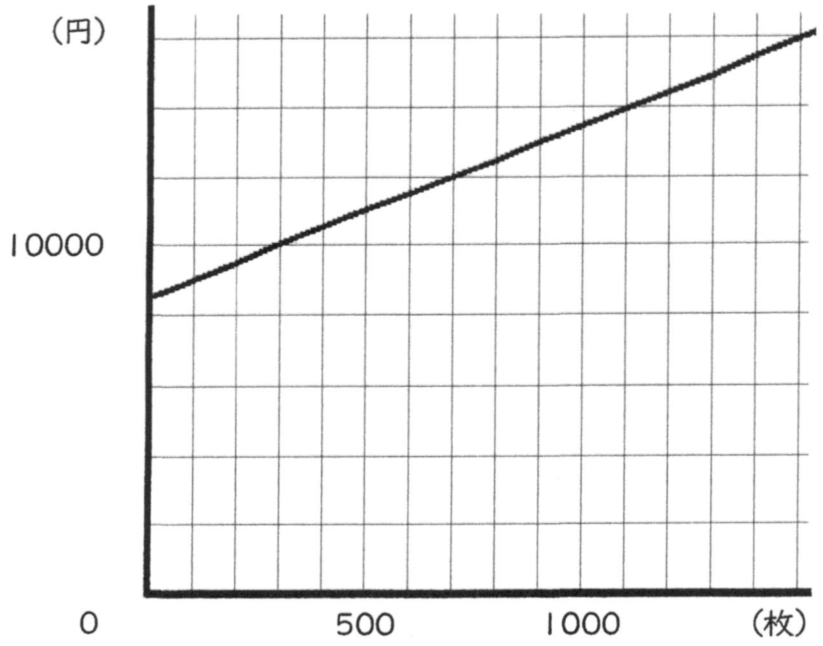

(3) A社の印刷料金とB社の印刷料金が等しくなるのは，印刷枚数が何枚のときかを求めなさい。

(4) 印刷会社C社についても印刷料金を調べました。下の表はC社の印刷料金を示したものです。印刷料金がA社が1番高く，2番目にC社，3番目にB社の順になるのは，印刷枚数が何枚以上，何枚以下のときかを求めなさい。

印刷会社	印刷料金
C 社	1枚から1200枚までは枚数にかかわらず，13500円 1200枚をこえた分については1枚あたり3円

3　1辺が2cmの立方体を使い，それぞれの段にずれとすきまがないように，右の図のような立体Aを作ります。この立体Aは，1段目には16個，2段目には9個，3段目には4個，4段目には1個の立方体を，下の段からはみ出さないように積み上げて作ります。そして，ペンキでこの立体Aの表面すべてをぬっていきます。あとの問いに答えなさい。

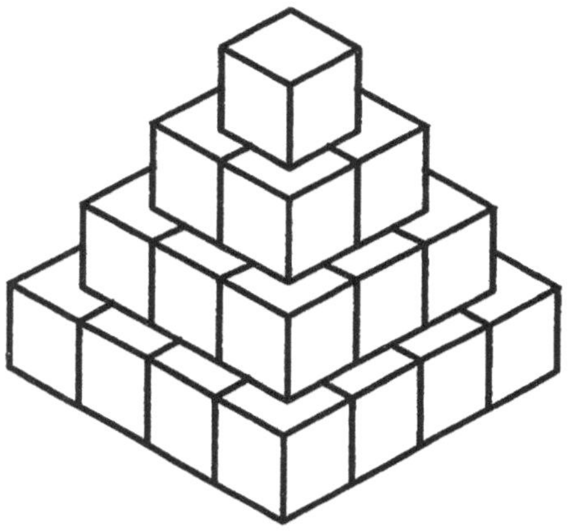

(1)　この立体Aの体積を求めなさい。

(2)　ペンキでぬる部分の面積を求めなさい。

4　右の図は，「1，2，3，4，…」と順番に整数をある規則にしたがってならべたものです。例えば，上から2行目，左から3列目にあたる数は6です。数18は上から2行目，左から5列目にあります。この規則にしたがって整数をならべていくとき，あとの問いに答えなさい。

	1列目	2列目	3列目	4列目	5列目	6列目	…
1行目	1	2	5	10	17		
2行目	4	3	6	11	18		
3行目	9	8	7	12	19		
4行目	16	15	14	13	⋮		
5行目							
6行目							
⋮							

(1)　上から3行目，左から6列目にあたる数を求めなさい。

(2)　数81は上から何行目，左から何列目にありますか。その行と列を求めなさい。

(3)　数150は上から何行目，左から何列目にありますか。その行と列を求めなさい。

(4)　1行目1列目から3行目3列目までにある整数の合計は45です。
1行目1列目から8行目8列目までにある整数の合計を求めなさい。

5　右の図で，四角形ABCDは正方形です。点Eは辺BCを2等分する点，点Fは辺CDを2等分する点です。2点B，Cを通る線と2点A，Fを通る線が交わった点をGとするとき，BCの長さとCGの長さは等しくなりました。また，三角形HEGの面積は三角形AHDの面積の2. 25倍になりました。三角形AHDの面積は20cm^2です。あとの問いに答えなさい。

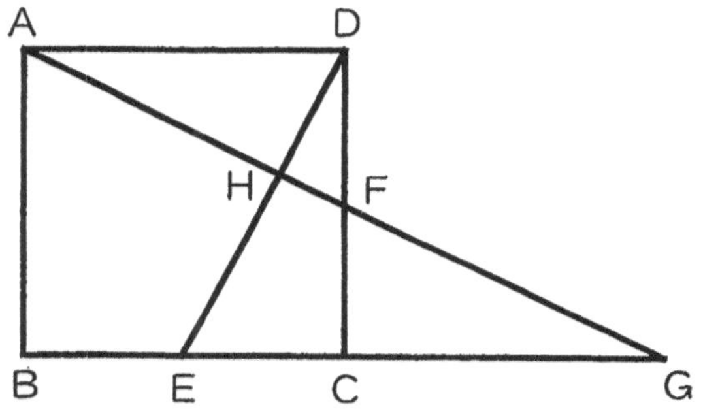

(1)　四角形HECFの面積を求めなさい。

(2)　四角形ABEHの面積を求めなさい。

算　　数 (40分)

1 次の計算をしなさい。

(1) 123－67

(2) 4×(8－6÷2)

(3) $\left(\frac{2}{3}-\frac{1}{2}\right)\times 2\frac{2}{3}$

(4) $\frac{21}{5}\div 0.75\div\frac{28}{15}$

(5) 12.5×27－17×12.5

2 次の各問いに答えなさい。

(1) 分母が13の分数のうち，$\frac{7}{8}$にもっとも近い分数を求めなさい。

(2) ある品物の値段が1月に30%値上がりして，4160円になりました。2月にはさらに値上がりして，4800円になりました。この値段は元の値段から何%値上がりしたかを求めなさい。

(3) 右のような図形があります。このとき，アの角度を求めなさい。

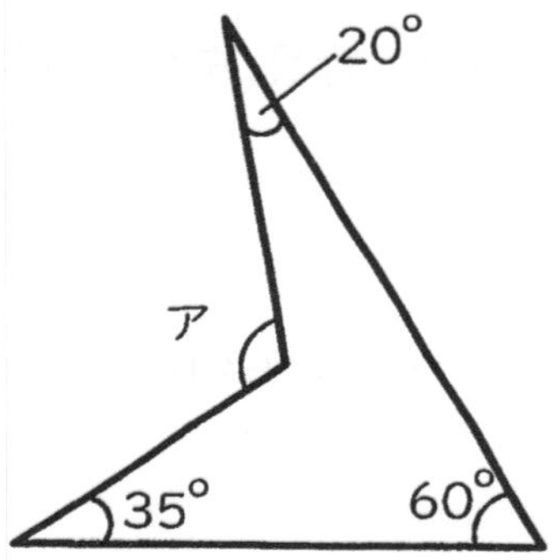

(4) 25000分の1の地図上で，12.8cm離《はな》れている2つの地点は，実際には何km離れているかを求めなさい。

(5) Aさんは，1円玉を11枚，5円玉を4枚，10円玉を3枚持っています。45円の品物を買うとき，おつりがないように支払《しはら》います。硬貨《こうか》の出し方は何通りあるかを求めなさい。

[15] 相手に向けて表現しようとする行為は、まさにこのようなダイアローグとしての対話であると言うことができます。

[16] 表現するという行為は、あなたにとってどのような意味を持つのでしょうか。

[17] 表現するという行為には、他者と意見を交換《こうかん》し、さらに②今現在の自分を振《ふ》り返る内省の働きがあります。話したり書いたりすることは、あなた自身の思考と表現の活動ときわめて深い関係があります。このことはすでにいろいろなところで指摘《してき》されていますし、あなたも仕事や生活の中でさまざまに体験していることでしょう。

[18]（　C　）、これを生活や仕事のなかの活動として考えた場合、わたしたちは何をめざして行けばいいのでしょうか。

[19] 別の言い方をすると、何のために、わたしたちは、表現するのでしょうか。

[20] その原因として考えられることは、表現という行為ひとつを捉《とら》えても、何を目的とするかの観点はまちまちであったといえることです。

[21] そこで、何のために表現するのか、表現することと生活し仕事をすることはどのような関係にあるのか、この本では、こうしたことを表現という活動を素材として考えてみようというわけです。

（細川《ほそかわ》英雄《ひでお》「自分の〈ことば〉をつくる」による）

(1)（　A　）から（　C　）にあてはまる言葉として適切な組み合わせを次の中から一つ選びなさい。

ア、A　しかし　　B　つまり　　C　では
イ、A　ところが　B　いわば　　C　あるいは
ウ、A　だが　　　B　そのため　C　さらに
エ、A　または　　B　要するに　C　そこで

(2) ——線部①「おしゃべり」とありますが、筆者の述べる「おしゃべり」とはどのように話すことですか。「話すこと」に続くように十二字で抜き出して書きなさい。

(3) 筆者が述べる「対話」の例として適切なものを次の中から一つ選びなさい。

ア、週末に家族旅行で訪れた飲食店の味の評価をクラスメイトに話す。
イ、昨日学校であった楽しかった出来事を家に帰ってから兄に話す。
ウ、先生の話を思い出し、それがどのような意味を持っていたか友達と話し合う。
エ、サッカーが下手な友人になぜうまくできていないかを指摘する。

(4) 次の文は本文の一部です。どの段落の前に入っていたものと考えられますか。[16]段落以降の段落から考え、段落番号を答えなさい。

この表現という行為と生活や仕事という活動との関係については、今まで正面から問題にされることはほとんどありませんでした。

注意　○　特に決められたもの以外は、記号で答えなさい。
　　　○　句読点も一字と数えます。

(5) ——線部②「今現在の自分を振り返る内省の働きがあります」とありますが、どのような意味ですか。次の中から最も適切なものを一つ選びなさい。

ア、自分の意見を他者に伝えると、相手の反応が見られるので、自分の話し方の欠点に気が付くということ。
イ、他者と意見を交えることで、色々な観点から見ることができ、自分の考えを見直すことができるということ。
ウ、他者と話し合いを進めていくと、周りの人が指摘してくれるので自分の間違いが明らかになっていくということ。
エ、他者に考えを理解させると、心にゆとりが生まれるので自分の正しさを再認識できるということ。

(6) この文章で述べられていることとしてあてはまるものを次の中からすべて選びなさい。

ア、生活や仕事などで、他者との関係性を作るために、対話はある。
イ、自分の言葉を感覚のままに表現することは、心を安定させる点で意味はあるが、対話にはなりにくい。
ウ、相手のことを考え、伝わるように工夫しても相手に話が理解されないと何の意味もない。
エ、話を聞いてくれる相手さえいれば、自然とモノローグはダイアローグへと深まっていく。
オ、対話は相手の個人的な問題に入り込み、自分に対して心を開かせ、従わせる手段である。

(7) 筆者が述べる「ダイアローグ」とはどのような活動ですか。次の文の[ア]〜[ウ]にあてはまる言葉を本文からそれぞれの文字数で書きぬきなさい。

相手に[ア（五字）]の努力を行いながら、他者を[イ（二字）]し、話の中身を[ウ（二字）]させることばの活動。

〔三〕近年マスクを着用する場面が日常的に増えました。マスクを着用することで友だちなどと話をするときにどのような影響《えいきょう》があるとあなたは考えますか。以下の条件にしたがって作文しなさい。

条件①　原稿《げんこう》用紙の使い方にしたがって、二百四十字以上三百字以内で書くこと。

条件②　題・氏名は書かないで、本文から書き始めること。

条件③　二段落で書き、一段落目には、どのような影響があるかを具体的に書くこと。二段落目には、一段落目をふまえてコミュニケーションにおいて大切だと思うことを書くこと。

令和五年度　国　語　（40分）　（二枚中の一）

奈良教育大学附属中学校

〔一〕次の問いに答えなさい。

(1)　——線部のカタカナを漢字に直しなさい。

①　試合のケイセイが悪くなる。

②　糸から布をオる。

(2)　——線部の漢字の読みをひらがなで書きなさい。

①　医者を志す。

②　サーカスを興行する。

(3)　次の文の——線部はどの種類の敬語にあたりますか。あとのア～ウからそれぞれ一つ選びなさい。同じ記号をくりかえし使ってもかまいません。

①　お客様、どうぞ召《め》し上がってください。

②　先生のところに参ります。

③　社長にお話しする。

ア、尊敬《そんけい》語
イ、謙譲《けんじょう》語
ウ、丁寧《ていねい》語

(4)　次の熟語はどのような構成になっていますか。あとのア～カからそれぞれ一つ選びなさい。同じ記号をくりかえし使ってもかまいません。

①　永久

②　山頂

③　投票

ア、上の漢字が「主語」、下の漢字が「述語」であるもの。
イ、上の漢字が下の漢字を修飾《しゅうしょく》するもの。
ウ、似た意味を表す漢字を組み合わせたもの。
エ、意味が対《つい》になる漢字を組み合わせたもの。
オ、上の漢字が動作や作用を表し、下の漢字がその対象を表すもの。
カ、上の漢字が下の漢字を打ち消すもの。

注意　○　特に決められたもの以外は、記号で答えなさい。
　　　○　句読点も一字と数えます。

〔二〕次の文章を読んで、あとの問いに答えなさい。

※[1]～[21]は段落番号を示します。

[1]今、表現するとは何かと考えてみましょう。

[2]表現するということは、とても簡単にいえば、相手に語りかけることです。

[3]（　A　）、一方的に相手に話しかけても、その相手がこちらの言っていることに耳を傾《かたむ》けてくれるかどうかは、だれも保証できません。

[4]しかも、ただ話しかけるだけだと、それがおしゃべりになってしまうという大きな課題があります。

[5]①おしゃべりとは、相手に話しかけているように見えながら、実際は、相手のことを考えなくても成立してしまうのです。

[6]でも、相手があって話をしているのだから、相手のことを考えていないとはいえないのではないかという質問も出そうですね。

[7]たしかに、このときは、相手に向かって話しかけてはいますが、ほとんどのおしゃべりは、何らかの答えや返事を求めて話しているのではなく、ただ、自分の知っている情報を独りよがりに話しているだけではないでしょうか。そこでは、相手の存在をほぼ無視してしゃべっているわけですね。

[8]あのことが、うれしい、悲しい、好きだ、嫌《きら》いだ、というように、自分の感覚や感情をそのままことばにして話していても、相手は、「へえー、そうですか」と相槌《あいづち》を打つだけ。今度は相手も自分の思いを語りはじめ、お互《たが》い、感じていること、思っていることを吐《は》き出すと、お互いなんだかすっきりして、なんとなく満足する。こういうストレス発散の点では、おしゃべりもそれなりの効果をもっていますが、おしゃべりはおしゃべりのまま終わってしまうことがほとんどでしょう。

[9]このように、いわゆるおしゃべりの多くは、相手に向かって話しているように見えても、実際は、モノローグ（独り言）に近いわけでしょう。表面的には、何らかのやりとりがあるように見えますが、それ以上は進展しません。

[10]これに対して、相手の存在を考え、話題の中身のやりとりを進めるためには、対話と呼ばれるダイアローグへと展開させる必要があります。

[11]自分の言っていることが相手に伝わるか、伝わらないか、どうすれば伝わるか、なぜ伝わらないのか、そうしたことを常に考えつづけ、相手に伝えるための最大限の努力をする、その手続きのプロセスがダイアローグとしての対話にはあります。

[12]対話の重要な点は、実際のやりとりに相手がいるかどうかだけではなく、話題そのものについても、どのような他者を想定するかということがとても重要になります。（　B　）、その話題が、他者にとってどのような意味を持つかということが対話の進展には重要だということです。

[13]したがって、ダイアローグとしての対話行為《こうい》は、モノローグのおしゃべりを超えて、他者存在としての相手の領域に大きく踏《ふ》み込《こ》む行為なのです。

[14]言い換《か》えれば、一つの話題をめぐって異なる立場の他者に納得してもらうために語るという行為だとも言えますし、ことばによって他者を促《うなが》し交渉《こうしょう》を重ねながら少しずつ前にすすむという行為、すなわち、人間ならだれにでも日常の生活や仕事での必要な相互《そうご》関係構築のためのことばの活動なのです。

（10）

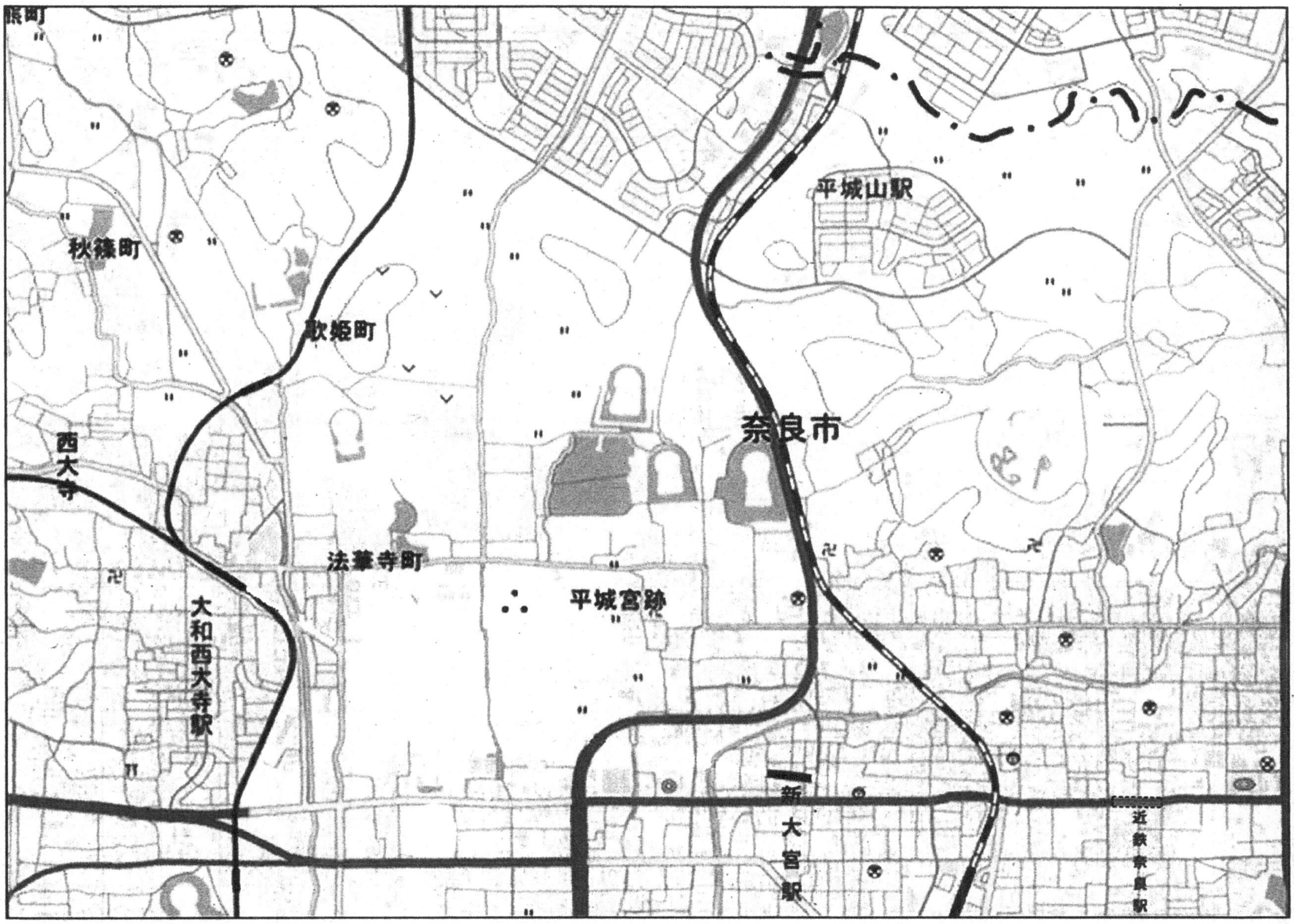

（地理院地図 電子国土 Web より）

書き方の例

線路を地上に通す場合：――――――

線路を地下に通す場合：- - - - - - - -

線路を高《こう》架《か》化《か》する場合：┼┼┼┼┼┼┼┼┼┼┼

駅を新設する場合：［　　　　］　地下に駅を新設する場合：［- - - - -］

＊）地図上に示してあるオレンジ色の部分：建築物

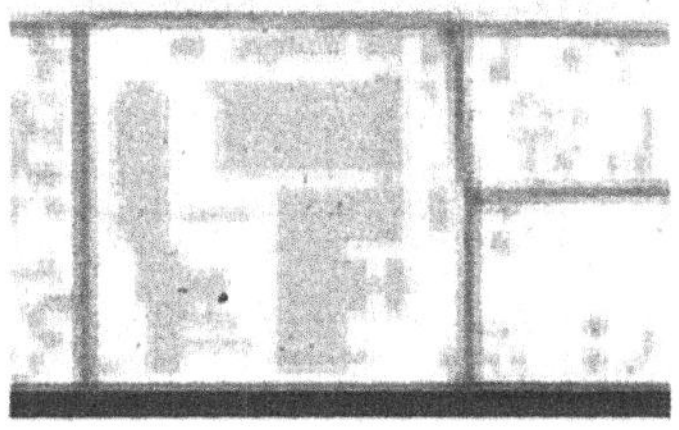

令和4年度 解答用紙 総　合（社　会）

※理科と合わせて30点満点
（配点非公表）

解答らんに答えを書くときは、わく内に大きくていねいに書きなさい。

(1)

(2)

(3)

(4)

(5)

(6)

(7) → → →

(8)

(9)

100

200

うら面につづく

令和4年度　解答用紙　総　合（理　科）

解答らんに答えを書くときは、わく内に大きくていねいに書きなさい。

※社会と合わせて30点満点
（配点非公表）

<table>
<tr><td rowspan="5">1</td><td>(1)</td><td></td><td>(2)</td><td></td></tr>
<tr><td>(3)</td><td></td><td colspan="2"></td></tr>
<tr><td rowspan="3">(4)</td><td colspan="3"></td></tr>
<tr><td colspan="3"></td></tr>
<tr><td colspan="3"></td></tr>
</table>

<table>
<tr><td rowspan="3">2</td><td></td></tr>
<tr><td></td></tr>
<tr><td></td></tr>
</table>

<table>
<tr><td rowspan="3">3</td><td></td></tr>
<tr><td></td></tr>
<tr><td></td></tr>
</table>

<table>
<tr><td rowspan="2">4</td><td>(1)</td><td></td><td>(2)</td><td></td></tr>
<tr><td>(3)</td><td></td><td colspan="2"></td></tr>
</table>

令和４年度　解答用紙　算　　数

解答らんに答えを書くときは、わく内に大きくていねいに書きなさい。

※30点満点
（配点非公表）

1

(1)	
(2)	
(3)	
(4)	
(5)	

2

(1)	
(2)	人
(3)	°
(4)	円
(5)	時速　　　　km
(6)	通り

3

(1)	人
(2)	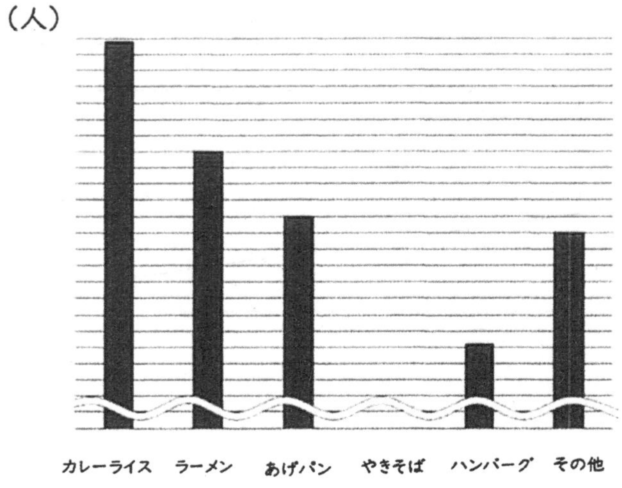

4

(1)	秒速　　　　cm
(2)	cm
(3)	cm
(4)	

5

(1)	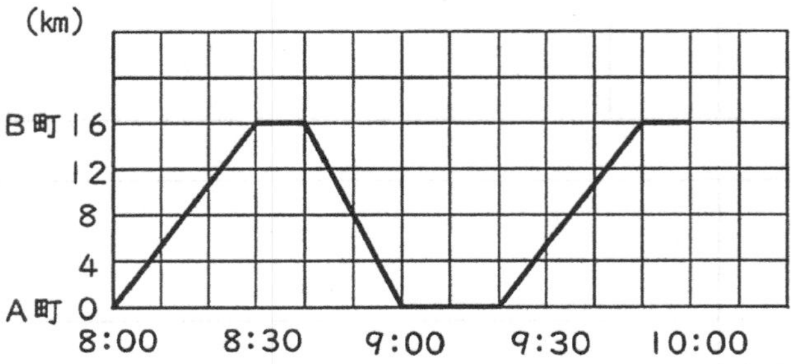	
(2)	回	
(3)	時刻	時　　　分
	場所	B町から　　　m

6

(1)	cm
(2)	cm^3

令和四年度　解答用紙　国語

※30点満点
（配点非公表）

○解答らんに答えを書くときは、わく内に大きくていねいに書きなさい。

〔一〕

(1) ①

②　む

(2) ①　いる

②

(3) ①

②

〔二〕

(1) ア

イ

(2)

(3)

(4)

(5)

(6)

(7)

〔三〕

(1)

(2)

(3)

(4)

(5)

(6) 〜

(7)

（10）（9）で考えた線路の位置を、書き方の例に従って解答用紙のうら面の地図に濃《こ》くはっきりと書き込みなさい。なお、現在の線路と重なってもかまいません。また、途中《とちゅう》の駅を増やしたり減らしたり、移動させてもかまいません。

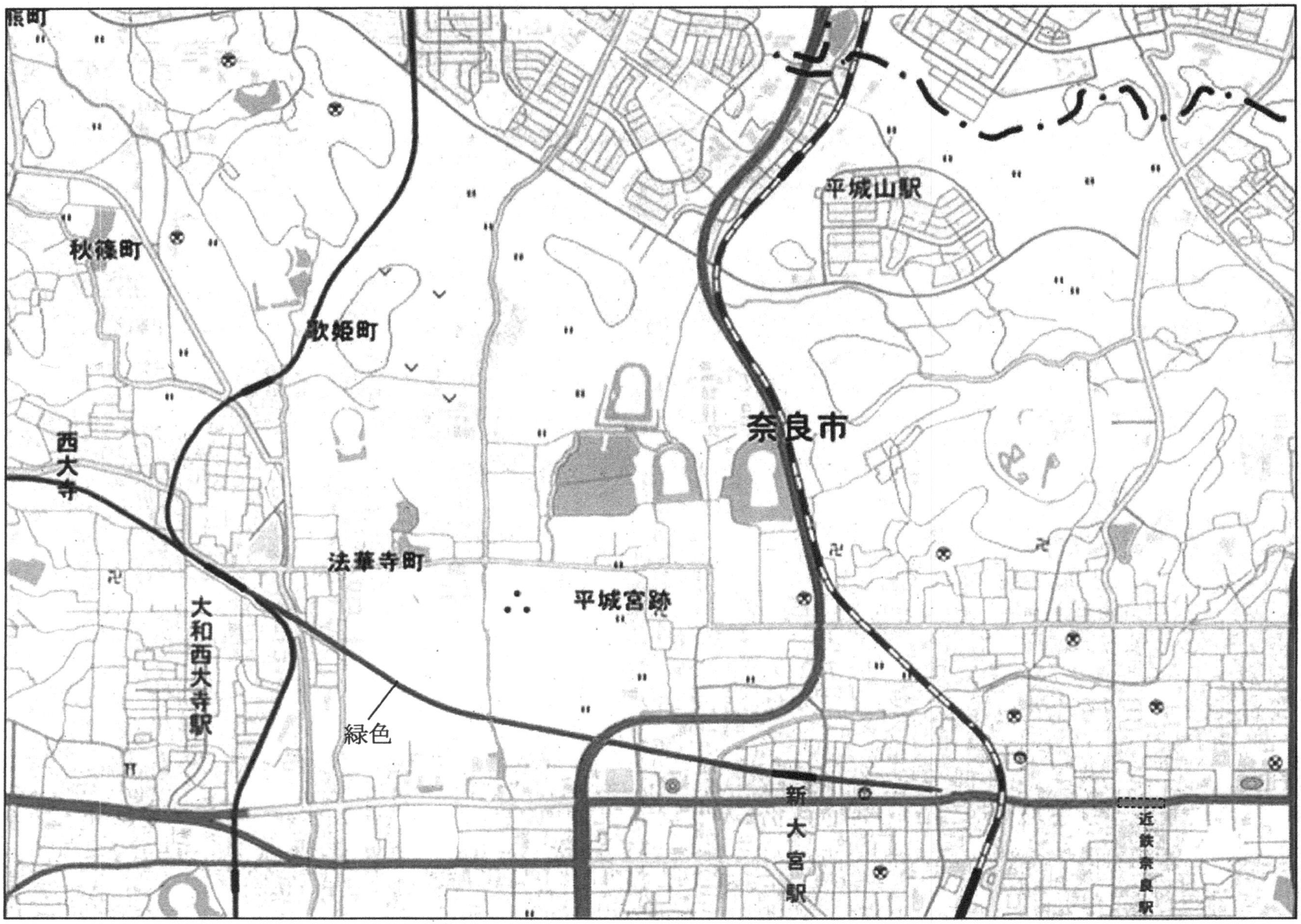

（地理院地図 電子国土 Web より）

書き方の例

線路を地上に通す場合：――――――

線路を地下に通す場合：- - - - - - -

線路を高架化《こうかか》する場合：┼┼┼┼┼┼┼┼┼┼┼

駅を新設する場合：□　地下に駅を新設する場合：⬚

＊）地図上に示してあるオレンジ色の部分：建築物

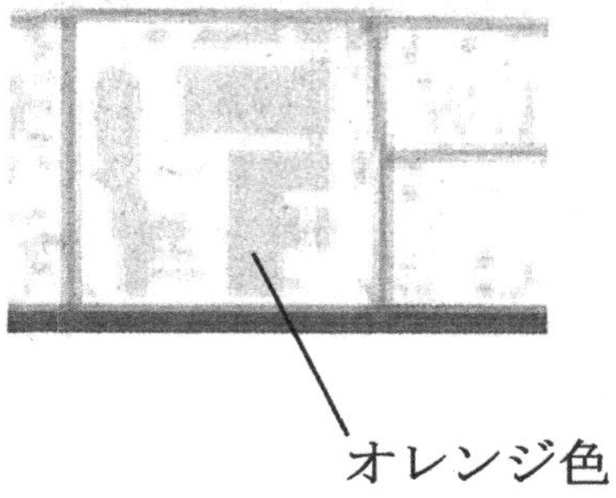

(4) 下線部④について、情報化が進展した現在のくらしでは、様々な情報や情報機器を活用することが求められている。情報を得たり、その情報を広く発信したりすることができる技術のことを何というか、アルファベット3文字で答えなさい。

(5) 下線部⑤について、江戸時代には東海道《とうかいどう》の名所をえがいた『東海道五十三次《ごじゅうさんつぎ》』や、『富嶽三十六景《ふがくさんじゅうろっけい》』などが大量に印刷された。
下の図のような、版画で大量に印刷された多色刷りの絵を何というか、答えなさい。ひらがなで答えてもかまいません。

(6) 下線部⑥について、間ばつ材の新たな利用方法として「木質バイオマス」が注目されている。「木質バイオマス」の使い方として下のア～エのうち、最も適切なものを一つ選び記号で答えなさい。

ア 柱などの建築材をつくる。
イ 発電する際の燃料として使う。
ウ 割りばしなどの木工品をつくる。
エ 林道にしきつめることで、道をじょうぶにする。

(7) 下線部⑦について、明治時代に起きた下のア～エの出来事《できごと》を古い順番に並べ替《か》え、記号で答えなさい。

ア 国の費用で外国から機械を買い入れ、国営の富岡製糸場が建設された。
イ 日清《にっしん》戦争がおこり、勝利した日本は遼東《りょうとう》半島や台湾《たいわん》などの領土と多額の賠償金《ばいしょうきん》を得た。
ウ 外務大臣の小村寿太郎《こむらじゅたろう》が条約改正に成功し、日本の関税自主権が回復した。
エ 伊藤博文《いとうひろぶみ》が中心となって憲法の案を作り、明治天皇《てんのう》の名で大日本帝国《ていこく》憲法が発布された。

(8) 下線部⑧について、奈良市では、地域の良さや課題をふまえて「奈良市安全安心まちづくり基本計画」が進められている。地域の問題を解決するために、住民の意思に基《もと》づいて政治を進めていくことを何というか、漢字で答えなさい。

(9) 下線部⑨について、問題用紙（3枚中の3）の地図は奈良市街の北部にある平城宮跡の周辺を示している。現在、位置を変更する議論が行われている大和西大寺《やまとさいだいじ》駅から近鉄奈良駅までの線路を緑色で表している。 下の文章を参考に、観光や環境《かんきょう》、文化財の保存と活用など、バランスを考えてどのような線路の位置にするのが良いか、あなたの考えを200字程度で答えなさい。ただし、句読点も一字に含《ふく》めます。

・歴史的景観の中に線路があることに批判が高まったことが、線路の位置を変更《へんこう》する動きのスタートになっている。
・近鉄線は、平城宮跡の発掘《はっくつ》調査が進められる前に開通している。調査が進むと、遺跡《いせき》の範囲《はんい》が近鉄線の南側まで広がっていることがわかった。
・観光客へのアンケートの結果、駅から平城宮跡が遠いという意見が多く出されていた。
・平城宮跡周辺の踏切《ふみきり》では、土日だけでなく平日も渋滞《じゅうたい》が多く発生している。
・鉄道会社は、費用負担が少ないことを希望している。
・平城宮跡周辺の地下からは、現在でも貴重な木簡《もっかん》などの資料が発見されており保全が求められている。

奈良県に関する下の文章を読んで、後の各問いに答えなさい。

奈良教育大学附属《ふぞく》中学校がある奈良県について、社会科で学習した「奈良時代」という語句からも歴史を感じる人が多いのではないか。奈良県北部には、①奈良時代の様子を後世に伝える平城宮跡《へいじょうきゅうせき》などの多くの②世界遺産がある。これらを一目見ようと、外国からも多くの③観光客が訪《おとず》れるが、その理由の一つとして、④情報通信技術が進歩し、世界中に奈良の魅力《みりょく》が広まったことがあげられる。北部は古くから都市として発展し、現在でも人口が多い。

一方、南部は人口の減少が問題となっているが、⑤江戸《えど》時代には林業で発展した。特に吉野杉《よしのすぎ》は酒やしょうゆをつくるときに使われる樽《たる》の材料（樽丸《たるまる》）として利用された。現在、南部で行われている⑥林業は「吉野林業」と呼ばれるが、その方法が定着したのは⑦明治《めいじ》時代を生きた「土倉正三郎《どぐらしょうざぶろう》」の活躍《かつやく》によるものが大きい。彼《かれ》は『吉野林業全書』を出版し、日本全国に植林の技術を広めた人物である。

奈良県には歴史の面でも伝統的な産業の面でも後世に伝えていくべき魅力が多い反面、様々な問題もある。地域内で問題が起きた場合、⑧それを地域住民の意見を聞きながら解決し、都道府県や市町村が地方の政治に反映させていくことが求められるだろう。⑨身近な地域で起こっている問題を自分ごととしてとらえることが大切である。

（1）下線部①について、奈良時代の農民が律令《りつりょう》により課せられていた負担の一つで、各地の特産物を都に納める税の名称《めいしょう》を漢字で答えなさい。

（2）下線部②について、日本には多くの文化財があり、世界遺産に登録され、多くの人に語り継《つ》がれるように保全されている。下のア～エのうち、世界遺産に登録されていない建造物を一つ選び、記号で答えなさい。

ア 法隆《ほうりゅう》寺　　イ 厳島《いつくしま》神社　　ウ 大阪城　　エ 富岡製糸場《とみおかせいしじょう》

（3）下線部③について、奈良市の観光業に関する以下の資料を読み取り、下のア～エのうち、誤っているものを一つ選び、記号で答えなさい。

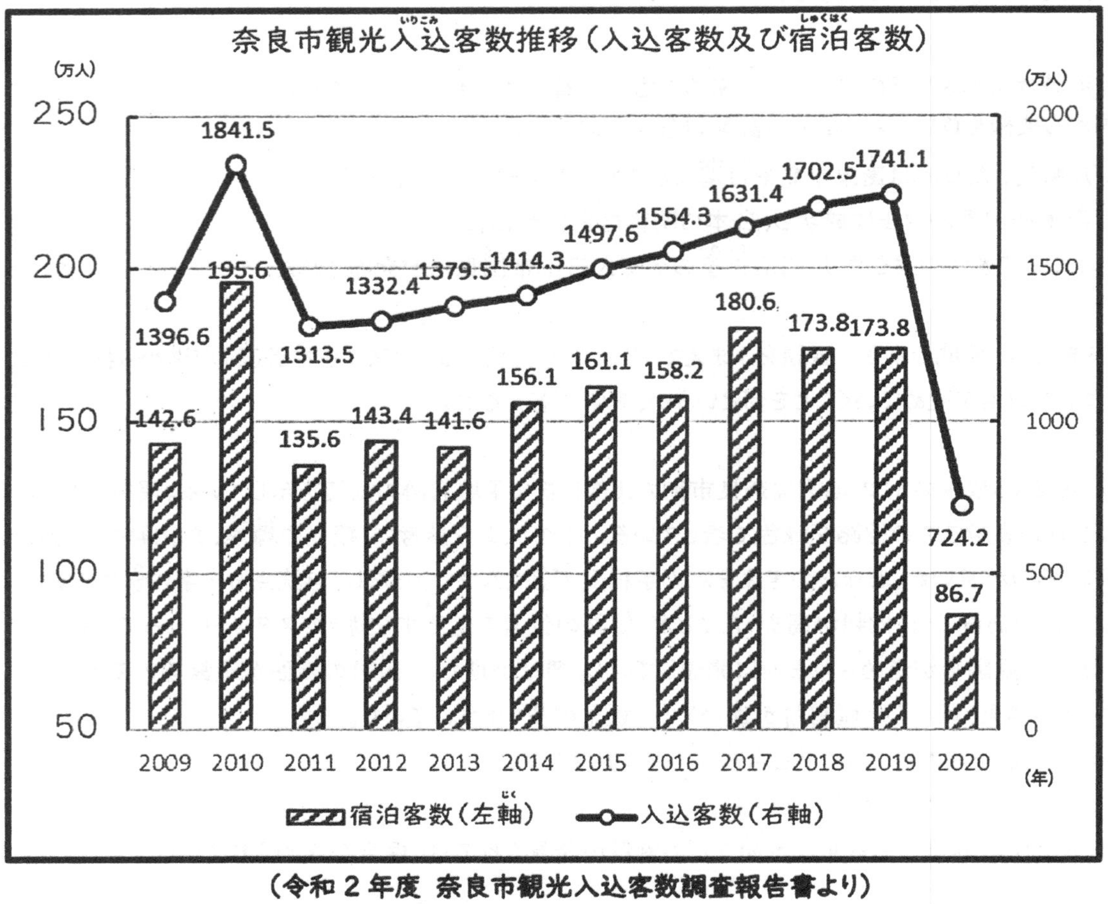

（令和２年度　奈良市観光入込客数調査報告書より）

注）入込客数とは・・・ある地点を観光目的に訪れた人数のことをいう。

ア 2010年、奈良市は年間で約195万人の観光入込客数を記録し、前年に比べ大幅《おおはば》に増加した。

イ 2010年、平城遷都《せんと》1300年祭が開かれていた影響《えいきょう》もあり、奈良市内の観光入込客数はこの年が最多である。

ウ 新型コロナウイルスの影響もあって、2020年の奈良市の観光入込客数は大幅に減少している。

エ 2009～2020年の期間内で、奈良市の宿泊客数が最も多かった年の数値は、最も少なかった年の数値の２倍以上である。

（3）下の図は、魚の血管などを模式的に表したものです。酸素が多く含まれる血液が流れる血管を黒くぬりつぶすとどのような図になりますか。ア～エから、正しいものを１つ選び、記号で答えなさい。

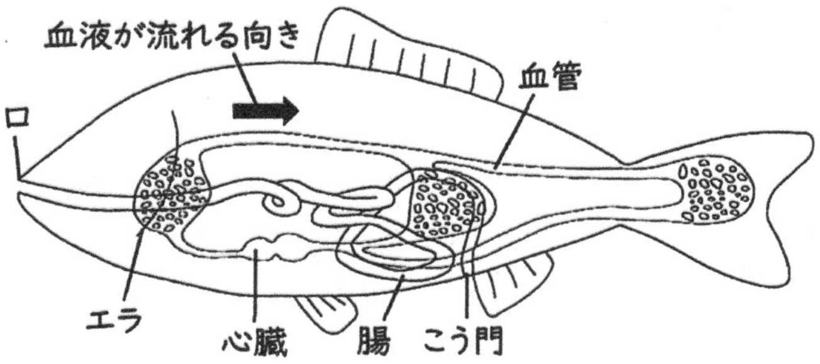

ア

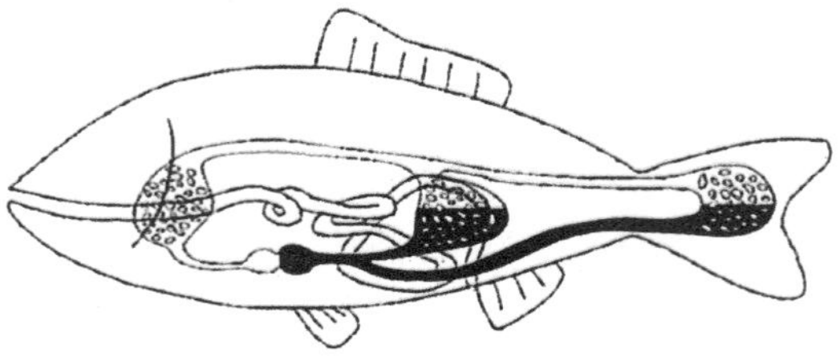

イ

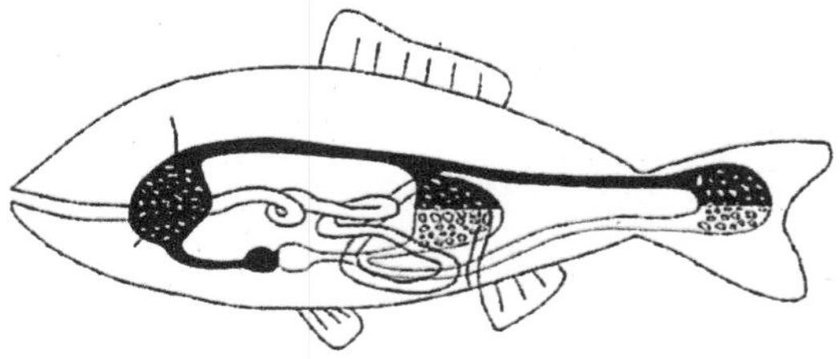

ウ

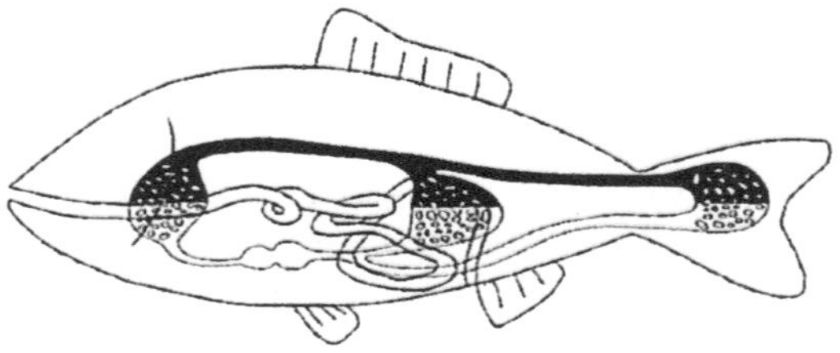

エ

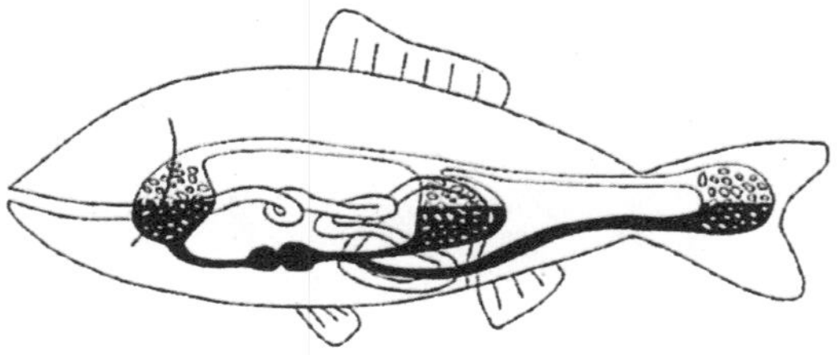

2　下の文章は、絵本の主人公である「しずく」が空からふった後の話です。「しずく」は、"氷""水""水蒸気"に変化しても、名前は変わりません。この文章を読んで、あとの問いに答えなさい。

> いわの　われめに　おちて　しまった
> 「ああ　どうしましょう　どうやって　この　かべを　のぼろうかしら　かなしいわ　もうだめね
> このまま　ここで　しんじゃうのね」
> やがて　さむいさむい　よるがきて　まっしろい　しもが　いちめんに　おりた
> しずくは　さむくて　ぶるぶる　ふるえた
> とうとう　しずくは　こおりの　かけら
> よあけに　とても　ふしぎなことが
> こおった　いわが　ばんと　*はぜた
> しずくの　こおりは　おおいばり
> 「わたしは　ダイナマイトかも　しれないわ　ばくはしたのよ　いわを　こなごなに　したのよ！」
>
> 
>
> *はぜた・・・さけて開いた。はじけた。
>
> （マリア・テルリコフスカ作・うちだりさこ訳「しずくのぼうけん」から引用）

（問い）下線部のようになったのはなぜだと考えられますか。その理由を気温の変化と水の体積変化にふれて書きなさい。ただし、岩の体積変化はないものとします。

3　気温が10℃の部屋にガラスビンがありました。固くしまって開けにくくなったガラスビンのふたを、右図のように60℃の湯にしばらくつけたところ、容易に開けることができました。ふたを開けることができた理由を、温度と体積にふれて書きなさい。ただし、ふたは金属でできています。

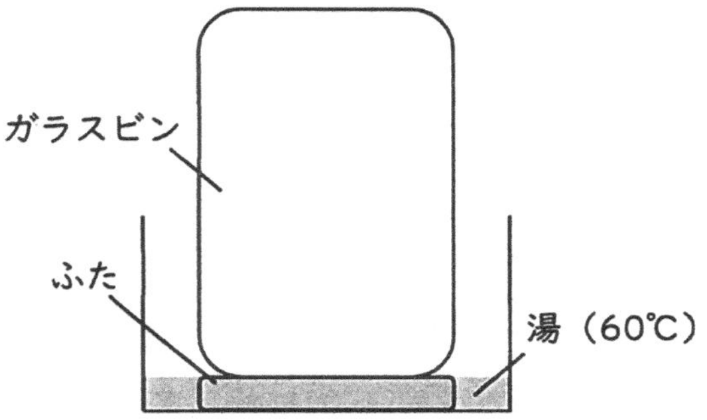

4　下の文章を読み、あとの問いに答えなさい。

> ヒトや魚では、心臓から送り出された血液は、全身をめぐります。その間に、血液は体の各部分で（　A　）を受け取り、肺やエラに戻《もど》ったときに、（　B　）と（　A　）を交かんします。

（1）上の文章の（　A　）に入る言葉を答えなさい。

（2）上の文章の（　A　）、（　B　）の気体の体積の割合は、吸い込《こ》む空気とはき出した空気とで異なります。ヒトがはき出した空気に含《ふく》まれる気体の体積の割合を表しているグラフはどれですか。下のア～オから、正しいものを１つ選び、記号で答えなさい。

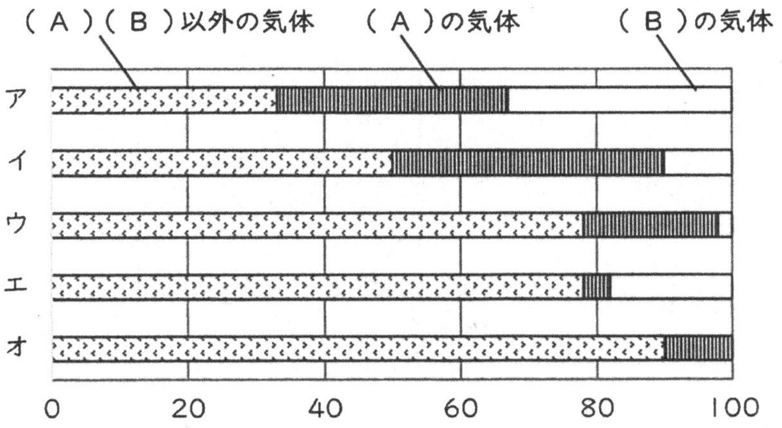

ヒトがはき出した空気に含まれる気体の体積の割合（水蒸気は含まない）（％）

総　合（理　科）

（社会と合わせて60分）

| １ | 下の図１は、2020年10月９日正午の雲画像《くもがぞう》で、日本付近にある雲のかたまりは、台風14号によるものです。図２は、台風14号の進路予想図です。あとの問いに答えなさい。

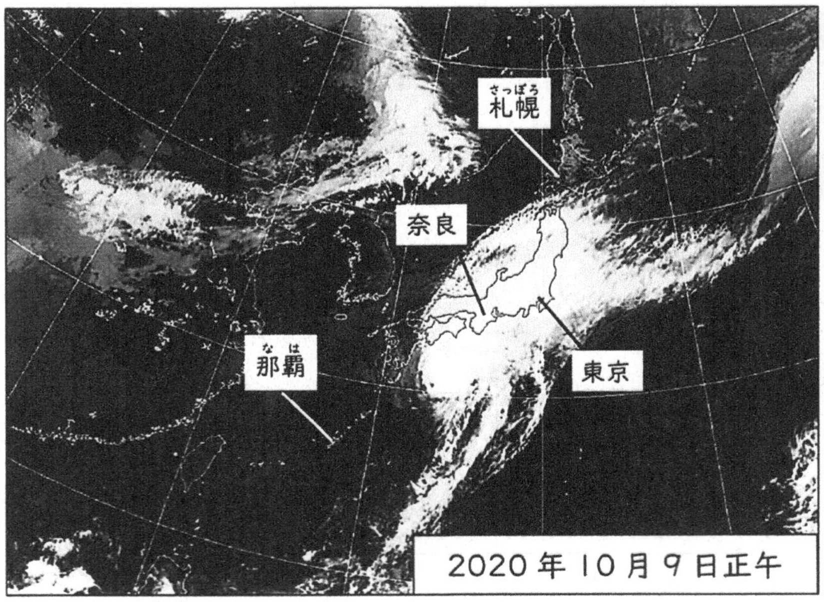

図１

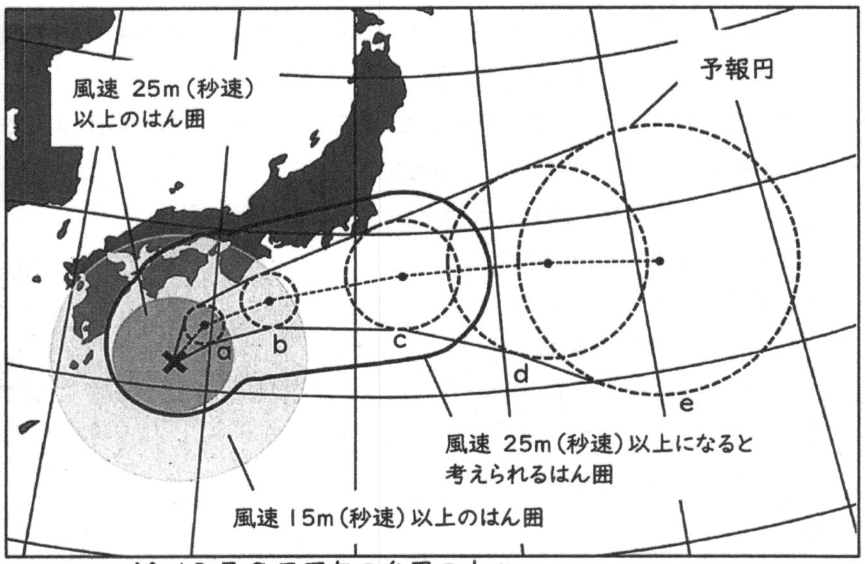

×：10月９日正午の台風の中心
a：10日午前０時、b：10日正午、c：11日午前９時
d：12日午前９時、e：13日午前９時

図２

（１）図１から、このときの各地の天気はどうなっていたと考えられますか。下のア～エから、正しい組み合わせを１つ選び、記号で答えなさい。

記号	那覇	奈良	東京	札幌
ア	晴れ	雨	雨	晴れ
イ	くもり	雨	晴れ	くもり
ウ	晴れ	晴れ	雨	雨
エ	雨	晴れ	くもり	晴れ

（２）台風14号の中心が、もっとも東京に近づくと予想される時間帯はいつですか。下のア～オから、正しいものを１つ選び、記号で答えなさい。

ア．９日正午～10日午前０時　　イ．10日午前０時～10日正午　　ウ．10日正午～11日午前９時
エ．11日午前９時～12日午前９時　　オ．12日午前９時～13日午前９時

（３）図３は、風の向きを調べるために作った吹《ふ》き流しです。９日正午に、奈良市のある場所に吹き流しを置きました。図４は、その吹き流しを真上から見た図です。図５は、台風の風の向きを簡単に表した図です。台風の中心が、図２の通りにａからｃへと予報円の中心を移動していったとすると、奈良市に置いた吹き流しの向きは、図４のア、イのどちらに変化していくと考えられますか。図５を参考に、記号で答えなさい。ただし、吹き流しを置いた場所は、周りにビルなどの高い建物のない、風通しのよい場所です。

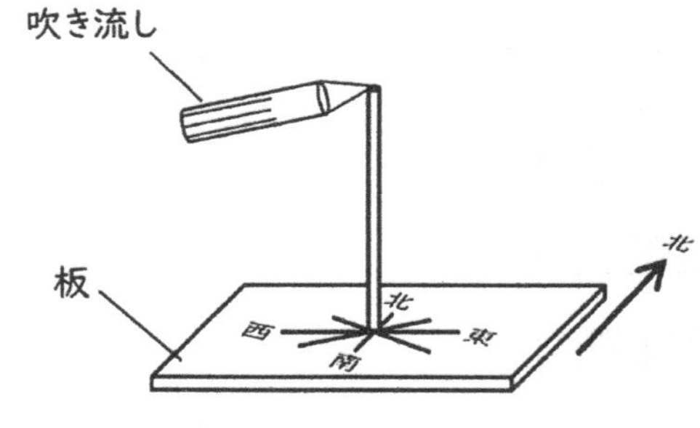

※板に示された方角と実際の方角を合わせて置いている。

図３

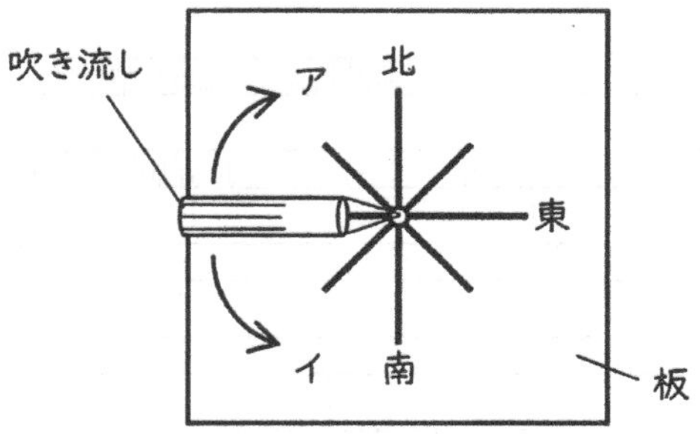

図４

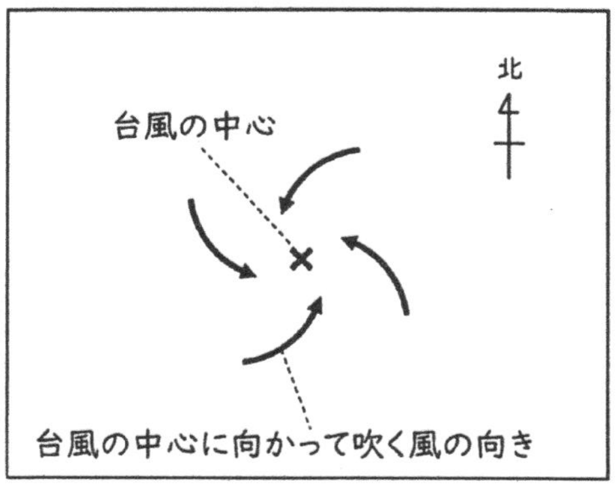

図５

（４）「夕焼けになると、次の日は晴れる」という言い伝えがあります。夕焼けが見られた次の日が晴れる理由を、太陽の動きの学習と日本付近の天気の変化のきまりで学んだことを使って書きなさい。

5 右のグラフは，１６kmはなれた山のふもとのA町と山頂のB町の間を往復する１台目のバスの８時から１０時までの様子を表しています。バスは全部で４台あり，２０分おきにバスはA町を出発し，１台目と同じように往復します。

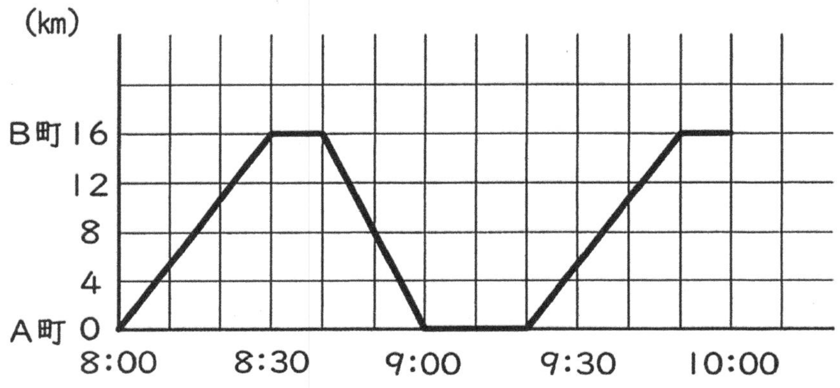

(1) ２台目が１０時までくり返し往復する様子を表すグラフを，解答用紙のグラフにかき加えなさい。

(2) ４台目がA町を出発してふたたびA町を出発するまでの間で，他のバスと何回すれ違いますか。ただし，停止中のバスは含《ふく》めません。

(3) ４台目が３台目とはじめてすれ違う時刻を求めなさい。また，すれ違う場所はB町から何mのところかを求めなさい。

6 図アのような立体があります。この立体は平らな面においてあり，２つの底面は平行です。またこの立体は，上の面から反対側の面までまっすぐにくりぬかれています。図イは，この立体をま上から見た図で，反対側の面も図イと同じです。図イは方眼紙にコンパスを使ってかくことができます。４つの●はコンパスの針をさす場所です。図ウは，この立体を図イの矢印の２方向から見た図です。円周率を3.14として計算しなさい。

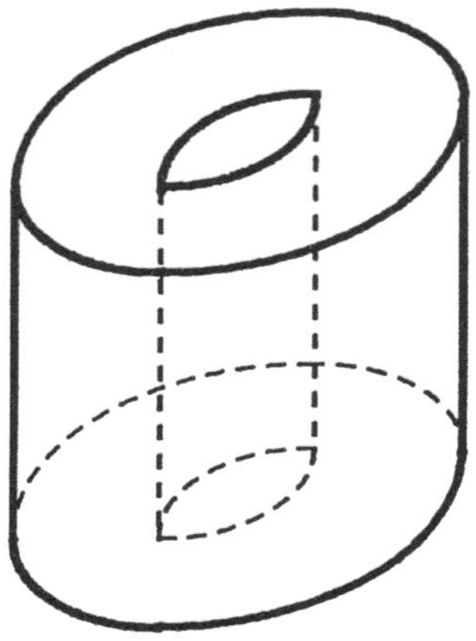
図ア

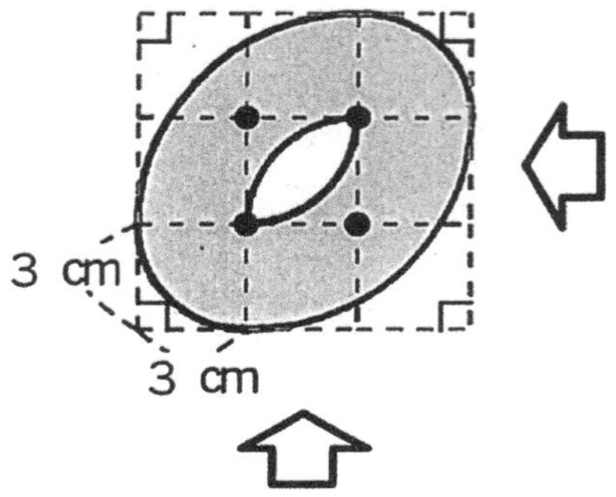

図イ

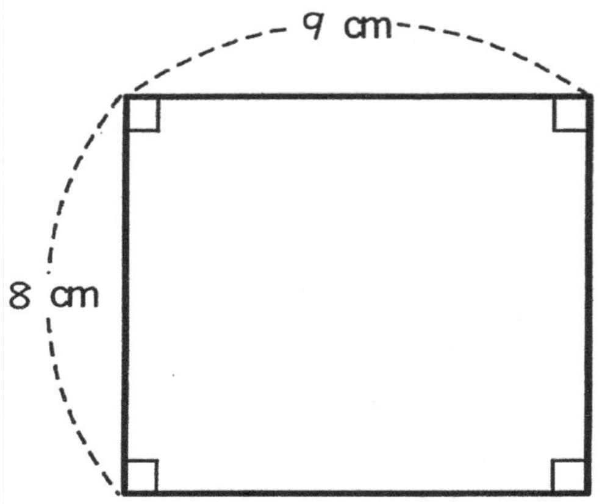

図ウ

(1) 図イの色のついた部分のまわりの長さを求めなさい。

(2) この立体の体積を求めなさい。

3 はなこさんは，A，B，Cの小学校で好きな給食メニューについてアンケートを行いました。①，③のグラフや②の表は，その結果です。

(1) C小学校でカレーライスを選んだ人数はB小学校でカレーライスを選んだ人数より12人多いです。B小学校全員の人数を求めなさい。

(2) ③のグラフではやきそばのグラフをまだかいていません。ラーメンの人数は220人で，ラーメンとあげパンの人数の比が11：9です。3つの小学校のやきそばの合計人数を求めて，グラフを完成させなさい。

①各小学校の好きな給食メニューの割合

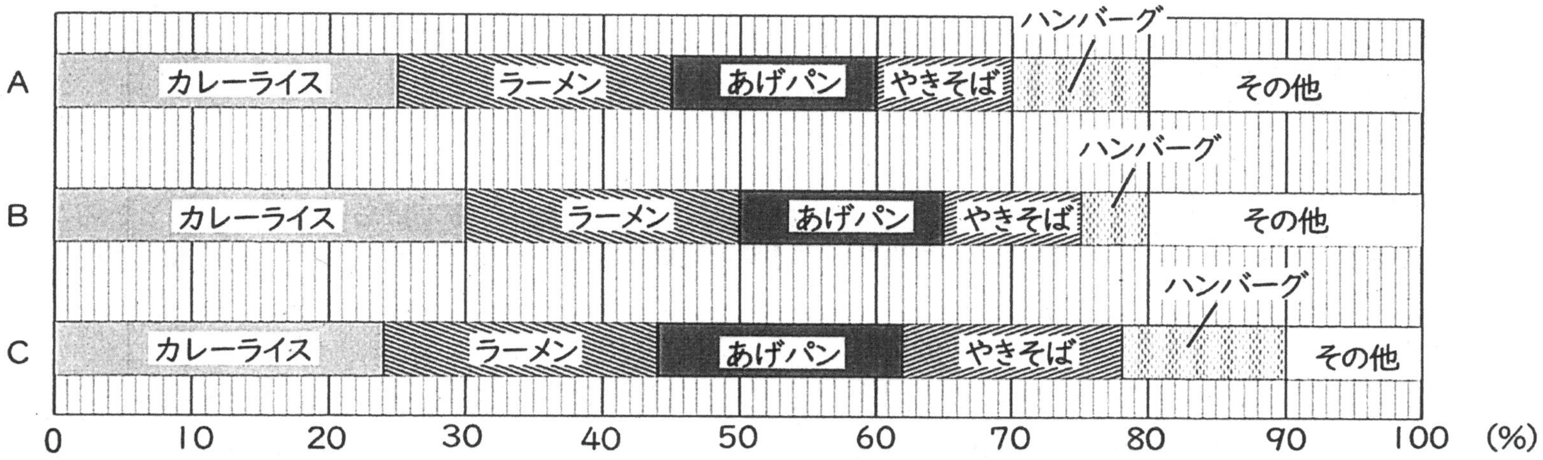

②各小学校の児童数

小学校	人数
A 小学校	240
B 小学校	
C 小学校	500

③3つの小学校の好きな給食メニュー別の合計人数

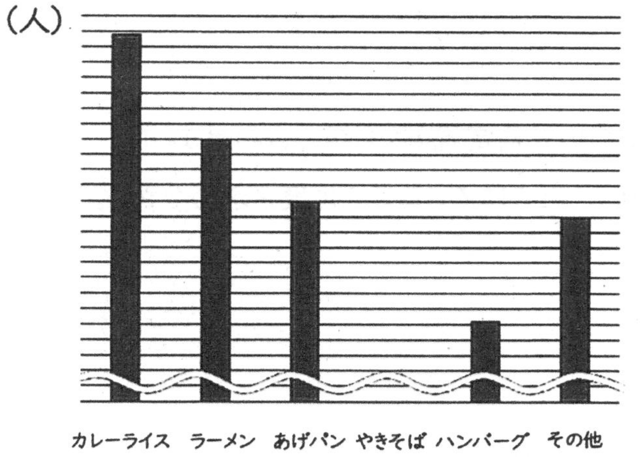

4 下の図のような台形ABCDがあります。いま，点PがBを出発して一定の速さで B→A→D→C の順に進んでいきます。点PがBを出発してからの時間と三角形PBCの面積の関係は右下のグラフのようになりました。

(1) Pの動く速さは秒速何cmかを求めなさい。

(2) BCの長さを求めなさい。

(3) DCの長さを求めなさい。

(4) 三角形PBCの面積が180 cm² になるのは点PがBを出発してから何秒後かをすべて求めなさい。

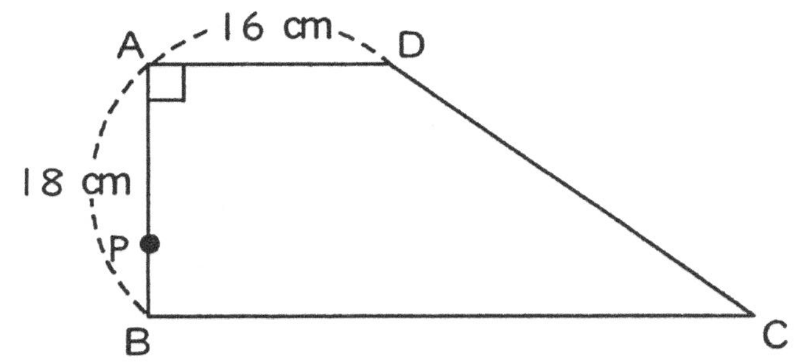

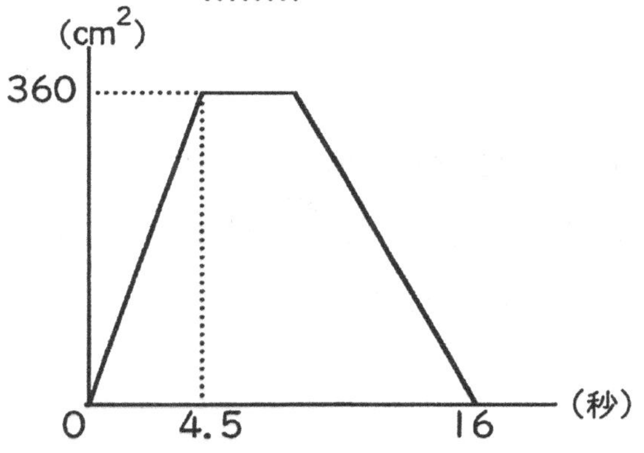

算　　数 (40分)

1 次の計算をしなさい。

(1) 243 − 78

(2) (10+3×6)÷4

(3) $1\frac{3}{4} - \frac{3}{8} \div \frac{2}{3}$

(4) 10−(4.2 − 2.87)

(5) 18 × 6.23 − 32 ÷ 4 × 6.23

2 次の各問いに答えなさい。

(1) ある数を5倍してから13を足して，その数を11で割ると，商が5であまりが3になりました。ある数を求めなさい。

(2) ある学級で，犬をかっている人を調べたら28人いました。この人数は，学級全体の80%にあたります。この学級の人数を求めなさい。

(3) 右の図のように，2組の三角定規4枚を組み合わせました。図の点Aと点Bを結んだときにできるアの角度を求めなさい。

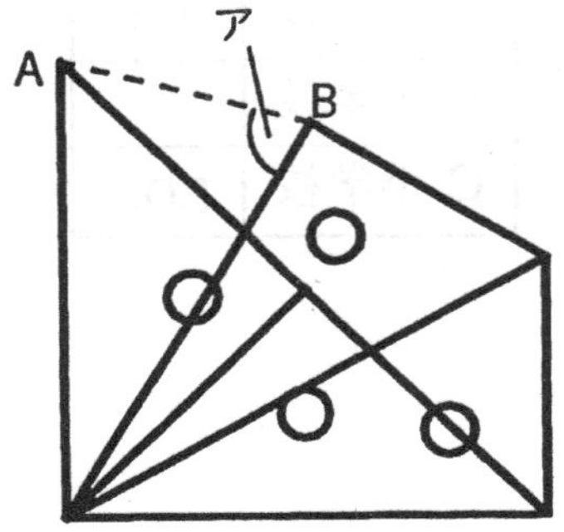

(4) AさんとBさんの貯金額の比は3：4です。Cさんの貯金額は3000円で，これはBさんの $1\frac{2}{3}$ 倍です。Aさんの貯金額は何円になるかを求めなさい。

(5) A市からB市までの8kmの道のりを，行きは時速6km，帰りは時速4kmの速さで往復しました。平均の速さは時速何kmかを求めなさい。

(6) 右の図のようなかべかけのア，イ，ウの部分に色をぬりたいと思います。赤，黄，青の3色があります。となりどうしは違《ちが》う色とし，はなれた部分は同じ色でもよいものとします。ぬり分け方は何通りあるかを求めなさい。

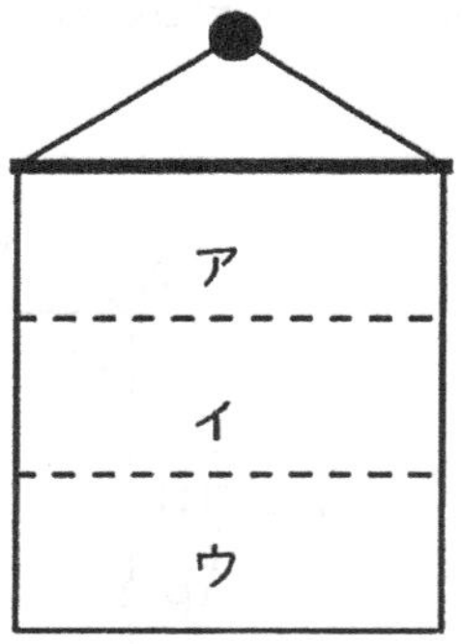

る。それは最悪なことです。

17 社会には、自分が*窮地《きゅうち》に陥《おちい》ったときに助けてくれる人がいっぱいいます。特定の人だけじゃなくてみんなが助けてくれるという風に思ったら大丈夫。

18 付き合い方を意識すると、相手にそんなに負担を感じさせないですみます。それが人間社会のルールみたいなもの。あんまり溝《みぞ》をつくらない、あんまり絆《きずな》を重くしない。だから、親友ができなくてもそう悲観しなくてもいい。②親友はいなくてもいいんです。

19 想像力をもって、いろんな他人の目を自分の中に取り入れていけたら、「自分」にはもっと大きな可能性がでてきます。（　C　）、自分を狭《せば》めてしまって、ある特定の人だけの期待にしかこたえられないような自分をつくるよりも、いろんな可能性を自分で広げて、いろんな人と付き合えれば、その方が自分としては楽しいはず。

20 絆を重くせず、（　イ　）人と付き合いましょう。味方をつくらないのだから、敵もできません。それは、平和をつくる礎《いしずえ》になります。

（山極寿一《やまぎわじゅいち》ほか『世界を平和にするためのささやかな提案』より）

出題の都合上一部漢字をひらがなに改めています。

*窮地…苦しい立場。

(1) ——線部①について、「『自分であること』というのは、本当は『他人から見た自分であること』」とあるが、この内容を説明した文として最も適切なものを一つ選びなさい。

ア　意識せずに行動していることもあるので、人間は自分が本当はどんな人間かわからないということ。

イ　人間の評価というのは他人が行っているので、自分で自分の価値を決める意味はないということ。

ウ　誰しもが本当の自分の姿に気づいていないので、他人だけがその人の善悪の基準を決められるということ。

エ　人間は一人で自分を的確に評価できないので、自分の評価は他人によるところが大きいということ。

(2) （　A　）から（　C　）にあてはまる言葉として適切な組み合わせを次の中から一つ選びなさい。

ア　A　だから　B　あるいは　C　そして
イ　A　つまり　B　そして　C　逆に
ウ　A　したがって　B　または　C　たとえば
エ　A　そのため　B　いわば　C　要するに

(3) （　ア　）にあてはまる言葉を本文から六字でぬき出しなさい。

注意　○　特に決められたもの以外は、記号で答えなさい。
　　　○　句読点も一字と数えます。

(4) ——線部②「親友はいなくてもいいんです。」とあるが、それはなぜですか。「義務感」という言葉を用いて四十字以内で書きなさい。

(5) （　イ　）にあてはまる言葉として最も適切なものを次の中から一つ選びなさい。

ア　かろやかに
イ　しんちょうに
ウ　おごそかに
エ　けいそつに

(6) この文章を四つの大きなまとまりに分けたとき、三つ目のまとまりは、段落番号で何段落目から何段落目までか、解答らんにあてはまるように段落番号を答えなさい。

(7) この文章で述べられていることにあてはまるものを次の中から全て選びなさい。

ア　人間はなりたい自分を想像し、つくっていくことが大事だ。
イ　人間は様々な役割を場面によって演じ分けることができる。
ウ　自分が窮地に陥った時に助けてくれる味方を作るべきだ。
エ　敵が生まれてしまうのは、自分が味方を作るからだ。
オ　自分の行動を自分で見つめ評価することが成長につながる。
カ　他人の期待にこたえられないと友達になれなくなっていく。

(6)　文章中で表現されていることとして正しいものを次の中から二つ選びなさい。

ア　くり返されるサワンへの呼びかけを通して、変化していく私の考えや思いが表現されている。

イ　私のサワンに対する働きかけを通して、刻々と変化するサワンの気持ちが表現されている。

ウ　サワンの行動に対する私の受け止め方を通して、サワンの本当の気持ちが表現されている。

エ　私による語りを通して、私やサワンの気持ちが客観的に表現されている。

オ　幼児や哲学者といった例えを通して、私やサワンの気持ちが表現されている。

(7)　――線部⑥「彼の僚友たちの翼に抱えられて、彼の季節むきの旅行に出て行ってしまったのでありましょう。」とあるが、このときの「私」の気持ちを本文の表現から想像し、二十字以上、三十五字以内でくわしく書きなさい。

〔三〕　次の文章を読んで、あとの問いに答えなさい。

※[1]～[20]は段落番号を示します。

[1]人間は他の動物にはない能力を持っています。

[2]一つは他人の目から見た自分を想像できること。もう一つはいろんなグループの中で自分を演じられる自分がいること。この二つの能力から世界を平和にする提案をします。

[3]人間は、何かになってみた自分を想像できる生き物です。想像力をもってすれば、どんな動物にも石にも川の流れにも海の波にもなれる。そういう風に、自分が対面している相手の目になって、相手から自分がどう見えているかを考えてみましょう。

[4]人間は、自分で自分を見ることができません。したがって、①「自分であること」というのは、本当は「他人から見た自分であること」なんです。他人の目が「自分」をつくるわけです。

[5]（　Ａ　）、自分が何かを行う時は、つねに他人がどう考えるか想像しましょう。自分が行うことの評価は他人が行うものなのです。自分の基準だけで「僕《ぼく》はいいことをやった！」と思って自分をほめるのは間違《まちが》いです。それは他の人から見たら、いいことじゃないかもしれない。他の人から「あの人、いいことをやったよね」って思われなければ、それは「いいことをやった」ことにはなりません。そうして自分だけの基準で自分をほめて、そのほめられた自分こそが本当の「自分」であると思ってしまうこと、これが人間の間違いで、争いのもとなのです。

[6]その簡単な例をあげましょう。戦場で人を殺すことです。僕は何度か少年兵に会ったことがあります。ちょうど14歳《さい》か15歳の少年たちでした。家族や親族を殺され、強い復讐心《ふくしゅうしん》を抱《いだ》いて戦いに参加した子どもたちです。彼《かれ》らは敵を殺すことがうれしくてしょうがない。「よくやったよね、おれ」って自分で自分をほめている。でも他の人にとったらとんでもない殺人行為《こうい》なわけです。殺される人間、（　Ｂ　）殺される親族たちにとってみれば英雄《えいゆう》ではなく悪魔《あくま》ですよね。

[7]相手の立場になって、相手の気持ちを想像して、相手が自分をどう見つめているか考えながら「自分」を意識し、つくっていくこと。これがまず大事です。

[8]もう一つの能力をみてみましょう。

[9]人間は家族、学校、会社など、いろんなグループを渡《わた》り歩いて毎日暮らしています。いろんなグループのいろんな人から常に見られている。そのなかで人間は、さまざまに違った自分を演じることができるのです。

[10]たとえば家の中では、「息子《むすこ》」「娘《むすめ》」を演じることができるし、学校の中では「友達」や「生徒」としてふるまうことができます。相手によって自分を変えられる。そしてそれをコントロールできる「自分」がいる。どの相手に対しても、「自分」を保ちながら状況《じょうきょう》に応じてちゃんと対することができる。それは本当はすごく難しいことなんだけど、それを当たり前のようにできるのが人間の力です。

[11]でも、せっかくこの能力を持っていても、あるグループの中で、ある特定の相手と自分があまり密な関係になってしまうと、コントロールできなくなるんです。

[12]たとえば、すごく仲のいい相手ができる。そうすると相手に対する義務感にしばられてしまうんです。相手がこうしてくれたから、自分もこうしなくちゃ。糸がほどけなくなってしまう。いろんな人といるなかでも、いつも相手のすることに味方するか味方できないかという二者択一《にしゃたくいつ》の決断を迫《せま》られるようになる。味方できるけど味方しないという選択もあったはずなのに。

[13]そうして他の人の期待にこたえられなくなっていくんです。だって自分は特定の相手にのみ味方して尽《つ》くしたいから。そうすると他の人とは友達にはなれなくなっていく。敵ができる。つまり、味方をつくったがために敵ができてしまうわけです。

[14]だから敵をつくって争わないためには、味方をつくらないこと。誰か特定の人を信頼《しんらい》して、その人といつも一緒《いっしょ》にいたいなんて思わないこと。

[15]もちろんどうしようもなく何かを好きになったり、誰かと一緒に何かやりたいと思う心は抑《おさ》えられません。でも、そんな自分が、外から見たらどう見えるかということを想像して意識してみましょう。ちょっと一歩踏《ふ》みとどまって、みんなから見つめられる「自分」をしっかり持って、相手と少し距離《きょり》をおく。そうして、いろんな相手との関係をうまく（　ア　）できる「自分」をつくって付き合いましょう。そうすれば敵も味方もつくらず、争いも起きません。

[16]特定の人がいないと困った時に助けてもらえないかもしれない、と不安になるかもしれないけど、自分には特定の人しかいないと考えたら、その人以外はみな敵になるわけ。その人がたまたまそばにいなかったら、自分は敵に囲まれていることにな

注意　○　特に決められたもの以外は、記号で答えなさい。
　　　○　句読点も一字と数えます。

ろうと努力しました。それゆえサワンの号泣はもはや聞こえなくなりましたが、サワンが屋根の頂上に立って空を仰《あお》いで鳴いている姿は、⑤私の心のなかから消え去りはしなかったのです。そこで私の想像のなかに現われたサワンも、甲高く鳴き叫んで、実際に私を困らせてしまったのであります。

私は決心しました。明日の朝になったらサワンの翼に羽根の早く生じる薬品を塗《ぬ》ってやろう。新鮮《しんせん》な羽根は、彼の好みのままの空高くへ彼を飛翔《ひしょう》させるでしょう。万一にも私に古風な趣味《しゅみ》があるならば、彼の脚にブリキぎれの指輪をはめてやってもいい。そのブリキぎれには、「サワンよ、月明《げつめい》の空を、高く楽しく飛べよ」という文字を小刀で刻《ほ》りつけてもいい。

あくるひ、私はサワンの姿が見えないのに気がつきました。

「サワン、出て来い！」

私は＊狼狽《ろうばい》しました。廊下の下にも屋根の上にも、どこにもいないのです。そしてトタンのひさしの上には一本の胸毛が、明らかにサワンの胸毛であったのですが、トタンの継目《つぎめ》にささって朝の微風《びふう》にそよいでいます。私は急いで、沼池へも行ってみました。

そこにもサワンはいないらしい気配でした。岸に生えている背の高い草は、その茎の尖端《せんたん》にすでに＊穂状花序《すいじょうかじょ》の花の実をつけて、私の肩《かた》や帽子《ぼうし》に、綿毛の種子が散りそそいだのであります。

「サワン、サワンはいないか。いるならば、出て来てくれ！どうか頼《たの》む、出て来い！」

水底には植物の朽《く》ちた葉が沈《しず》んでいて、サワンは決してここにもいないことが判明しました。おそらく彼は、⑥彼の僚友たちの翼に抱えられて、彼の季節むきの旅行に出て行ってしまったのでありましょう。

（井伏鱒二《いぶせますじ》「屋根の上のサワン」による）

出題の都合上一部漢字をひらがなに改めています。

＊うっちゃって…ほうっておいて。
＊僚友…同じ職場の仲間、友人。
＊狼狽…思いがけない出来事にあわてふためくこと。
＊穂状花序…オオバコに代表される花の種類のひとつ。

注意　○　特に決められたもの以外は、記号で答えなさい。
○　句読点も一字と数えます。

(1)　――線部①「ところが彼は私の親切を極端に誤解して」とあるが、具体的に雁はどのように誤解をしていると「私」は感じたのか。次の文の［ア］にはあてはまる言葉を本文から十二字でぬき出し、［イ］にはあてはまるように自分で言葉を考えて十五字以内で書きなさい。

［ア］という気持ちを［イ］と誤解されているように感じた。

(2)　――線部②「くったくした気持ち」とあるが、「私」の気持ちとして、これと似たような言葉を本文から七字でぬき出しなさい。

(3)　――線部③「棒ぎれで庭木の枝をたたいて怒鳴らなければならなくなりました。」とあるが、どうして私はこのような行動を取ったのか、その真意をふまえ最も適切なものを次の中から一つ選びなさい。

ア　鳴き続けるサワンになんとか自分の話を聞いてもらおうと思ったから。
イ　サワンが高いところから落ちてケガをしないか不安だったから。
ウ　サワンが興奮していて周りが見えていないことが心配だったから。
エ　サワンと他の雁との話をさえぎる必要があると危機感を覚えたから。

(4)　――線部④「私はサワンに、彼が三日かかっても食べきれないほど多量な餌を与えました。」とあるが、なぜこのような行動をしたのか、二十五字以内で説明しなさい。

(5)　――線部⑤「私の心のなかから消え去りはしなかったのです。」とあるが、それはなぜか。最も適切なものを次の中から一つ選びなさい。

ア　言いつけを守らないサワンへの対応に毎日なやみ腹を立てていたから。
イ　自由になることがサワンにとって幸せではないと確信していたから。
ウ　夜になるとサワンが鳴くので、鳴いていなくても鳴いていると感じたから。
エ　いっしょにいるべきか自由にすべきかという私の気持ちがゆさぶられているから。

注意　○　特に決められたもの以外は、記号で答えなさい。
○　句読点も一字と数えます。

　サワンは水面に浮《う》かぶことを好んだのみでなく、水に潜《もぐ》ることをも好みました。時としては水中にひそんでいることさえもありました。しかし幸いにしてこの沼池の水はよく澄《す》んでいたので、私はサワンが水中で餌を漁《あさ》ったりしている姿を見物することができました。

　雁という鳥は、元来、昼間の光線や太陽熱を好まないものらしいのです。私がサワンを＊うっちゃっておく時には、彼は終日、廊下《ろうか》の下にうずくまって昼寝ばかりする習性でした。けれど夜は（私は庭の木戸を閉じて彼が逃亡《とうぼう》しない仕掛《しか》けにしておいたのですが）サワンは垣根《かきね》を破ろうとしたり木戸を跳《と》び越《こ》えようとしたりして、なかなか元気盛んでした。

　やがて夏が過ぎ、秋になって、ある日のことです。それは木枯《こが》らしのはげしく吹《ふ》き去った夜更けのことでした。私は寝間着《ねまき》の上にドテラを羽織《はお》って、その日の午後に洗濯《せんたく》して乾《かわ》ききらなかった足袋《たび》をよく乾かそうとして、火鉢の炭火で足袋をあぶっていました。こんな場合には誰《だれ》しも自分自身だけの考えにふけったり、ふところ手をしたりして、明日の朝は早く起きてやろうなぞと考えがちなものです。そうして炭火であぶっている足袋が焦《こ》げくさくなっているのに気がつかないことさえあります……そのとき私は、サワンの甲高い鳴き声を聞きました。その鳴き声は夜更けの静けさを物々しい騒《さわ》がしさに転じさせ、たしかに戸外では、何かサワンの神経を興奮させる事件が起こったものに違いありません。

　私は窓を開いてみました。

「サワン！　大きな声で鳴くな。」

　けれどサワンの悲鳴は止《や》みませんでした。窓の外の木立はまだ梢《こずえ》にそれぞれ雨滴《うてき》をためて、幹《みき》に手を触れれば幾百《いくひゃく》もの露《つゆ》が一時に降りそそいだでありましょう。けれど、すでによく晴れ渡った月夜でありました。

　私は窓を越えて外に出てみました。するとサワンは、私の家の屋根の頂上に立って、その長い首を空に高くさし伸《の》べ、彼としてはできるかぎり大きな声で鳴いていたのです。彼が首をさし伸ばしている方角の空には、月が夜更けになって登る月のならわしとして、赤くよごれたいびつな月が光っていました。そうして月の左側から右側の方向に向かって、夜空に高く三羽の雁が飛び去っているところでした。私は気がつきました。この三羽の雁とサワンは、空の高いところと屋根の上とで、互《たが》いに声に力を込めて鳴きかわしていたのであります。サワンが例えば声を三つに断《き》って鳴くと、三羽の雁のいずれかが声を三つに断って鳴き、彼等は何かを話し合っていたのに違いありません。察するところ、サワンは三羽の＊僚友《りょうゆう》たちに向かって、

「私を一しょに連れて行ってくれ！」

と叫《さけ》んでいたのでありましょう。

　私はサワンが逃《に》げ出すのを心配して、彼の鳴き声に言葉をさしはさみました。

「サワン！　屋根から降りて来い！」

　サワンの態度はいつもとちがって、彼は私の言いつけを無視して三羽の雁に鳴きすがるばかりです。私は口笛を吹いて呼んでみたり両手で手招きしたりしていましたが、ついたまらなくなって、③棒ぎれで庭木の枝をたたいて怒鳴《どな》らなければならなくなりました。

「サワン！　お前、そんな高いところへ登って、危険だよ。早く降りて来い。こら、お前どうしても降りて来ないのか！」

　けれどサワンは、三羽の僚友たちの姿と鳴き声とが全く消え去ってしまうまでは、屋根の頂上から降りようとはしなかったのです。もしこのときのサワンの有様《ありさま》を眺《なが》める人があるならば、おそらく次のような場面を心に描《えが》くことができるでしょう――遠い離《はな》れ島に漂流《ひょうりゅう》した老人の哲学者《てつがくしゃ》が十年ぶりにようやく沖を通りすがった船を見つけたときの有様――を人々は屋根の上のサワンの姿に見ることができたでしょう。

　サワンが再び屋根などに跳び上がらないようにするためには、彼の脚を紐《ひも》で結んで紐の一端《いったん》を柱にくくりつけておかなければならないはずです。けれど私はそういうてあらなことを遠慮《えんりょ》しました。彼に対する私の愛着を裏切って、彼が遠いところに逃げ去ろうとはまるで信じられなかったからです。私は彼の羽根を、それ以上に短くすれば傷つくほど彼の翼の羽根を短く切っていたのです。あまり彼を苛酷《かこく》にとりあつかうことを私は好みませんでした。

　ただ私はあくるひになってから、サワンを叱《しか》りつけただけでした。

「サワン！　お前、逃げたりなんかしないだろうな。そんな薄情《はくじょう》なことは止《よ》してくれ。」

　④私はサワンに、彼が三日かかっても食べきれないほど多量な餌を与えました。

　サワンは、屋根に登って必ず甲高い声で鳴く習慣を覚えました。それは月の明るい夜にかぎって、そして夜更けにかぎられていました。そういう時に、私は机に肘《ひじ》をついたまま、または夜更けの寝床《ねどこ》のなかで、サワンの鳴き声に答えるところの夜空を行く雁の声に耳を傾《かたむ》けるのでありました。その声というのは、よほど注意しなければ聞くことができないほど、そんなに微《かす》かな雁の遠音《とおね》です。それは聞きようによっては、夜更けそれ自体が孤独《こどく》のためにうち負かされてもらす溜息《ためいき》かとも思われて、もしそうだとすればサワンは夜更けの溜息と話をしていたわけでありましょう。

　その夜は、サワンがいつもより更《さら》に甲高く鳴きました。ほとんど号泣《ごうきゅう》に近かったくらいです。けれど私は、彼が屋根に登った時にかぎって私のいいつけを守らないことを知っていたので、外に出てみようとはしませんでした。机の前に座《すわ》ってみたり、早く彼の鳴き声が止んでくれればいいと願ったり、明日からは彼の羽根を切らないことにして出発の自由を与えてやらなくてはなるまいなどと考えたりしていたのです。そうして私は寝床に入ってからも、例えば物凄《ものすご》い風雨の音を聞くまいとする幼児《おさなご》が眠る時のように、蒲団《ふとん》を額のところまでかぶって、眠

令和四年度

国語

(40分)

(五枚中の一)

〔一〕次の問いに答えなさい。

(1) ――線部のひらがなを漢字に直しなさい。

① 会場をせつえいする。

② 学校行事で経験をつむ。

(2) ――線部の読みをひらがなで書きなさい。

① 集団を率いる。

② 楽器を拝借する。

(3) 次の文の□に漢字を一字補い、四字熟語を完成させなさい。

① 晴□雨読の生活を夢見る。

② 絶□絶命の事態だ。

〔二〕次の文章を読んで、あとの問いに答えなさい。

おそらく気まぐれな狩猟家《しゅりょうか》か悪戯《いたずら》好きな鉄砲《てっぽう》うちかが狙《ねら》い撃《う》ちにしたものに違《ちが》いありません。私は沼池《しょうち》の岸で一羽の雁《がん》が苦しんでいるのを見つけました。雁はその左の翼《つばさ》を自らの血潮でうるおし、満足な右の翼だけ空《むな》しく羽ばたきさせて、水草の密生した湿地《しっち》で悲鳴をあげていたのです。

私は足音を忍《しの》ばせながら傷ついた雁に近づいて、それを両手に拾いあげました。そこで、この一羽の渡《わた》り鳥の羽毛や体の温かみは私の両手に伝わり、この鳥の意外に重たい目方《めかた》は、そのときの私の思いくっした心を慰《なぐさ》めてくれました。私はどうしてもこの鳥を丈夫《じょうぶ》にしてやろうと決心して、それを両手に抱《かか》えて家へ持って帰りました。そして部屋の雨戸を閉めきって、五燭《ごしょく》の電燈《でんとう》の光の下でこの鳥の傷の治療《ちりょう》にとりかかったのでありました。

けれど雁という鳥は、ほの暗いところでも目が見えるらしく、洗面器の石炭酸やヨードフォルムの瓶《びん》を足蹴《あしげ》にして、私の手術しようとする邪魔《じゃま》をします。そこで少しばかりてあらではありましたが私は彼《かれ》の両脚《りょうあし》を糸でしばり、暴れる彼の右の翼をその胴体《どうたい》に押《お》しつけ、そうして細長い彼の首を私の胯《また》の間に挟《はさ》んで、

「じっとしていろ!」

と叱《しか》りつけました。

①ところが彼は私の親切を極端《きょくたん》に誤解して、私の治療が終わってしまうまで、私の胯の間からは、あの秋の夜更《よふ》けに空を渡る雁の声がしきりにきこえたのです。

注意 ○ 特に決められたもの以外は、記号で答えなさい。

○ 句読点も一字と数えます。

治療が終わってからも、私は傷口の出血がとまるまで彼をしばったままにしておきました。さもなければ彼は部屋のなかを暴れまわって、傷口に塵《ごみ》が入るおそれがあったからです。

私は治療の結果が心配でした。手術の器械など私は持っていないので、鉛筆削《えんぴつけず》りの小刀でもって、彼の翼から四発の散弾《さんだん》をほじくり出し、その傷口を石炭酸で洗って、ヨードフォルムをふりかけておいたのです。六発の散弾が翼の肉の裏側から入り込《こ》んで、そのうちの二発は肉を裏から表に突《つ》きぬけていました。たぶんこの鳥を狙い撃ちにした男は、雁が空に舞《ま》いあがったところを見て、銃《じゅう》の引金を引いたのでしょう。そして弾丸《だんがん》にあたった雁は、空から斜《なな》めに落ちて来て、負傷の痛手が治るまで水草のなかで休んでいるつもりでいたのでしょう。ちょうどそこへ私が通りかかったわけで、そのとき私は、言葉に言いあらわせないほど②くったくした気持ちで沼池の岸を散歩していたのです。

私は、しばったままの雁を部屋のなかに置き去りにして、隣《となり》の部屋で石炭酸のにおいのする手を洗ったり、雁に与える餌《えさ》をつくったりしていました。けれど私自身はたいへん疲《つか》れてしまっているのに気がついて、私は火鉢《ひばち》にもたれて眠《ねむ》ることにしました。こういう眠りというものはしばしば意外に長い居眠りとなってしまうものです。そして夜更けになってからでなくては、目がさめないというようなことがあります。

私は真夜中ごろになって目がさめました。けたたましい雁の鳴き声によって目をさましたのです。隣の部屋で傷ついた雁は甲高《かんだか》くかつ短く三度ほど鳴きました。足音を忍ばせて襖《ふすま》の隙間《すきま》からのぞいてみると、雁は脚《あし》や翼をしばられたまま、五燭の電燈の方に首をさしのべて、もう一度鳴いてみたいような様子をしていました。恐《おそ》らくこの負傷した渡り鳥は、電燈の明りを夜更けの月と見違えたのでしょう。

雁の傷がすっかり治ると、私はこの鳥の両方の翼を羽根だけ短く切って、庭で放し飼いにすることにしました。この鳥は非常に人なつこい鳥らしく、私が外出するときには門のところまで私の後をつけて来たり、夜更けになると家のまわりを歩き廻《まわ》ったりして、あたかも飼い犬がその飼い主に仕えるのと少しもかわりませんでした。私はこの鳥にサワンという名前をつけ、野道や沼池への散歩に連れて出かけたりしたのです。

「サワン! サワン!」

サワンは眠そうな足どりで私の後について来ます。

沼池は、すでに初夏の装《よそお》いをしていました。その岸には私の背丈《せたけ》とほとんど同じ高さに細い茎《くき》の青草が繁《しげ》り、水面には多くの水草の広い葉や純白の花が成育していました。サワンはどうやらこの沼池を好んだらしいのです。彼は水に滑《すべ》り込むと、短い翼で羽ばたきをしたり尾《お》を振《ふ》ったりして、彼がこの水浴に飽《あ》きてしまわなければ、私がいくら呼んでも水から上がって来ませんでした。そういうとき、私は叢《くさむら》に寝《ね》ころんで常に私自身の考えにふけるのがならわしでありました。なるほど私はサワンの水浴を見守るために沼池へ出かけたのではなく、私のくったくした思想を追いはらうために散歩に出かけたのです。

令和3年度 解答用紙（社会）

解答らんに答えを書くときは、わく内に大きくていねいに書きなさい。

※20点満点
（配点非公表）

1

(1)　(2)　(3)

(4)　(5)

(6)
〔資料2〕からわかること

〔資料3〕と〔資料4〕からわかること

(7) 文…　グラフ…

2

(1)　(2)

(3) 国会…　内閣…　裁判所…

3

(1)

(2)　をめぐって、
対立が起こったから。

(3) ②　天皇　③　教

(4)　→　→　→

(5)　(6)　(7)

(8)　(9)

令和３年度　解答用紙（理科）

解答らんに答えを書くときは、わく内に大きくていねいに書きなさい。

※20点満点
（配点非公表）

1	(1)	①		
		②		
		③	ア	
			イ	
	(2)	①		
		②		
		③		
	(3)	①		
		②		
		③		
		④		℃

2	(1)		
	(2)		
	(3)		
	(4)		
	(5)	ア	
		イ	
	(6)	①	
		②	
		③	
	(7)		
	(8)		
	(9)	大　→　→　小	
	(10)		

令和３年度　解答用紙（算数）

解答らんに答えを書くときは、わく内に大きくていねいに書きなさい。

※30点満点
(配点非公表)

1

(1)	
(2)	
(3)	
(4)	
(5)	

2

(1)			
(2)			
(3)			
(4)	人		
(5)	cm^2		

3

(1)						
(2)	①	°	②	°	③	°
(3)	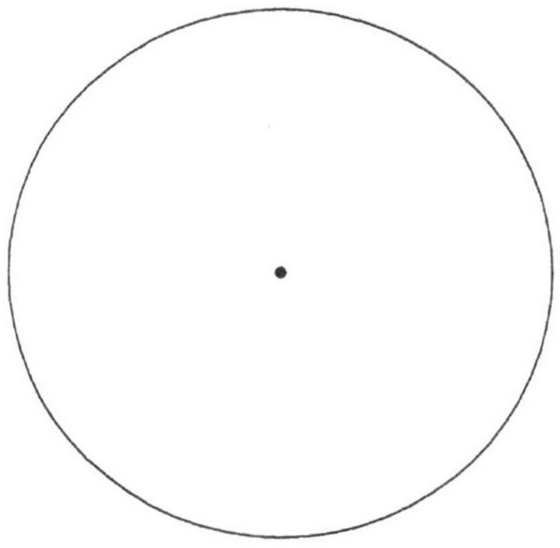					

4

(1)	%
(2)	点
(3)	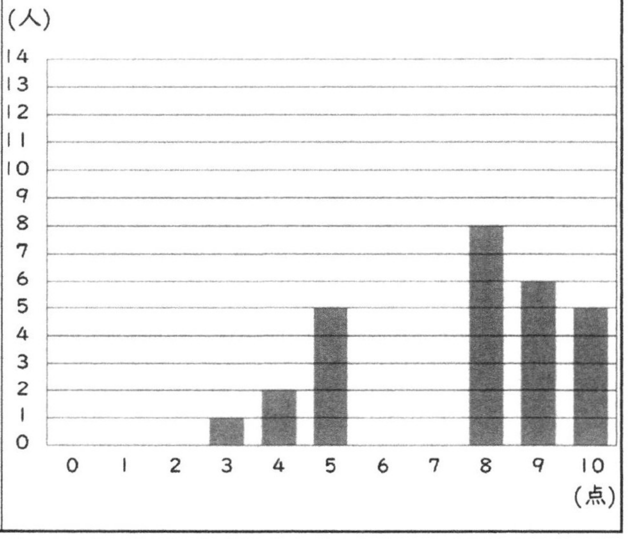

5

(1)	本
(2)	cm^2
(3)	段

6

(1)	cm
(2)	倍
(3)	cm

令和３年度　解答用紙（国語）

○解答らんに答えを書くときは、わく内に大きくていねいに書きなさい。

※30点満点
（配点非公表）

〔一〕

(1) ① ②

(2) ① ②

(3) ① ②

〔二〕

(1) A B

(2)

時間

(3) A B C

(4)

(5)

(6)

〔三〕

(1)

(2)

(3)

(4)

(5)

(6)

240　200

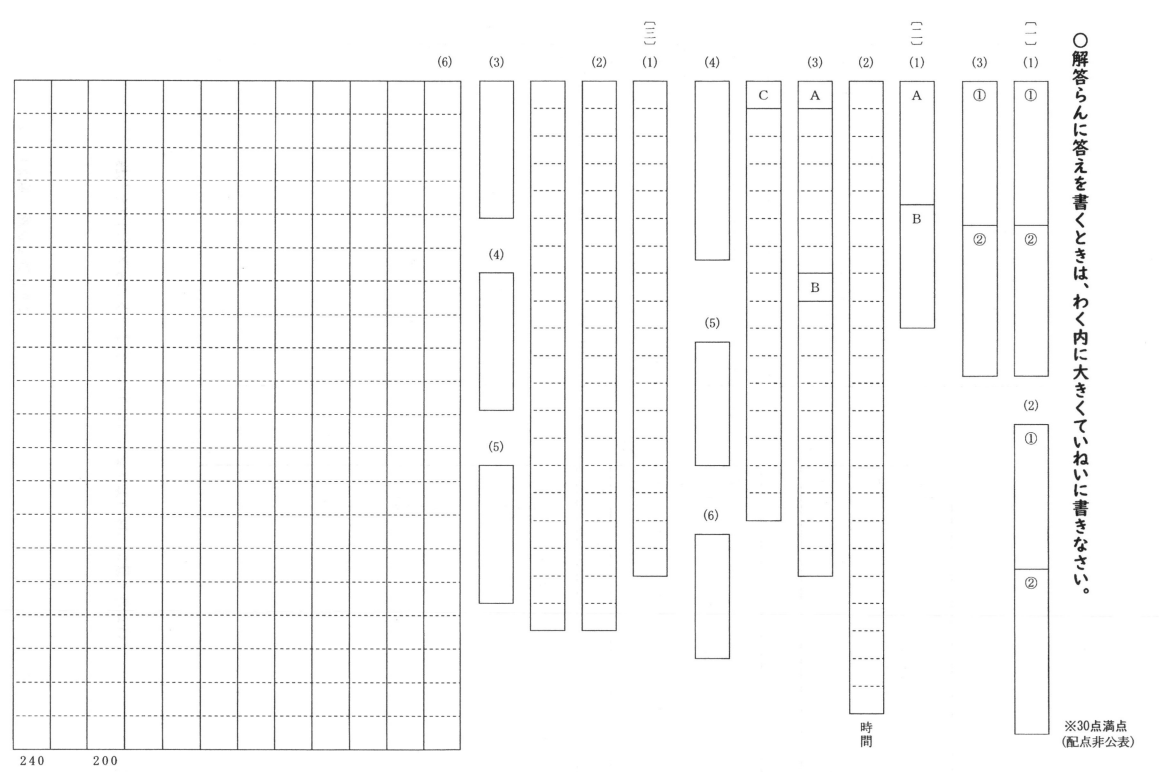

社　　会

(4) 文中の下線部④について、次のア～エのことがらを古いものから順に並べ、記号で答えなさい。

ア．幕府《ばくふ》のもとに集まった武士たちは 承久《じょうきゅう》 の乱で朝廷の軍を打ち破り、幕府の力は西国《さいごく》（西日本）にまでおよぶようになった。
イ．応仁《おうにん》の乱で幕府の権力がおとろえると、各地で実力をたくわえた戦国大名が領地の支配を固め、勢力を争う世となった。
ウ．幕府は、全国200以上の大名を親藩《しんぱん》・譜代《ふだい》・外様《とざま》の３つに分けて支配し、武家諸法度《はっと》というきまりも定めた。
エ．太政大臣《だいじょう》となった 平清盛《たいらのきよもり》 は、自分のむすめを天皇のきさきにし、朝廷の重要な地位の多くを平《へい》氏の一族が占《し》めた。

(5) 文中の下線部⑤について、江戸時代の暮らしや文化に関わることがらを次のア～エから１つ選び、記号で答えなさい。

ア．茶を飲む習慣が広まり、簡素な茶室で茶を楽しむ茶の湯や、書院造の床《とこ》の間《ま》をかざる生け花もさかんになった。
イ．東海道《とうかいどう》の名所風景をえがいた「東海道五十三次」の浮世絵《うきよえ》が大量に印刷され、ふるさとへのおみやげとして買い求められた。
ウ．電報や郵便の制度が整い、新橋《しんばし》・横浜《よこはま》間には鉄道が開通し、洋服を着る人々や牛肉を食べる人々が増えた。
エ．農民は、税として稲《いね》や地方の特産物を納める他にも、都の工事で働いたり、兵士として都や 九州《きゅうしゅう》 などの守りについた。

(6) 文中の下線部⑥について、当時の教育に関する次のア～エのうち、まちがっているものを１つ選び、記号で答えなさい。

ア．明治政府が公布した学校制度によって、６才以上の男女が小学校に通うことが定められた。
イ．明治政府は西洋の学問や政治のしくみを学ばせるため、津田梅子《つだうめこ》をはじめ、多くの留学生を海外へ派遣《はけん》した。
ウ．明治政府は上下の関係にもとづいた各身分にふさわしい行いがあるという考え方に立った儒学《じゅがく》を重んじた。
エ．明治時代のはじめのころは、学校の建設費や授業料の負担が重くて、小学校に通うことができない子どもが多くいた。

(7) 文中の下線部⑦にあるように、大正時代は、よりよく生きる権利を求めて、自分たちの願いを政治に生かそうとする社会運動が高まった時代でした。大正時代のできごととして、あてはまらないものを次のア～エから１つ選び、記号で答えなさい。

ア．平塚《ひらつか》らいてうは、仲間とともに、これまで男性よりも低くみられていた女性の地位の向上をめざす運動を続けた。
イ．政治は軍人や役人ではなく、国民の代表である議会によっておこなわれるべきだとする主張が広がり、その結果、政党が中心となった政府ができ、25才以上のすべての男子が選挙権をもつことになった。
ウ．身分制が廃止《はいし》されてからも、日常生活で差別に苦しんでいた人々は、全国水平社《ぜんこくすいへいしゃ》をつくり、「みずからの力で差別をなくす」運動をはじめた。
エ．平和な国家や社会をつくる国民を育てることが求められ、義務教育は小学校６年間、中学校３年間の９年間となり、学校給食も始まった。

(8) 文中の下線部⑧について、次のア～エのうち、古いものから３番目のできごとを、記号で答えなさい。

ア．ペキン（北京）の近くで日本軍と中国軍のしょうとつがおこり、日本と中国との全面戦争がはじまった。
イ．日本軍が、イギリスのマレー半島と、ハワイのアメリカ軍基地を攻撃《こうげき》した。
ウ．日本は国際連盟を脱退《だったい》し、国際社会で孤立《こりつ》することになった。
エ．満州にいた日本軍は、南満州鉄道の線路を爆破《ばくは》し、これを中国軍のしわざだとして攻撃をはじめた。

(9) 文中の下線部⑨について、産業の発展と人々の生活を守り続けていくことの両立は、大きな課題といえます。

栃木《とちぎ》県の足尾《あしお》銅山では、明治時代の中ごろから、工場から出る有害なけむりや廃水《はいすい》が山林をからし、田畑や川の魚に大きな被害《ひがい》をもたらしました。右の写真の人物は、農民や漁民とともに鉱山の操業停止と被害を受けた人々の救済を政府にうったえるなど、公害とのたたかいに半生をささげました。

この写真の人物名を答えなさい。

社　　会

３　次のあつしさんとひろこさんと先生の会話文を読んで、あとの各問いに答えなさい。

あつし：今年は平成《へいせい》から令和《れいわ》にかわって３年目ですね。令和はどんな時代になるのかなぁ。
先　生：年号（元号）を使って時代をあらわすのは明治《めいじ》時代からです。歴史の授業では、文化の特色や政治の中心地をもとにした時代区分を用いています。教科書で確認してみましょう。
あつし：縄文《じょうもん》時代や弥生《やよい》時代って、土器の名前で聞いたことがありますね。

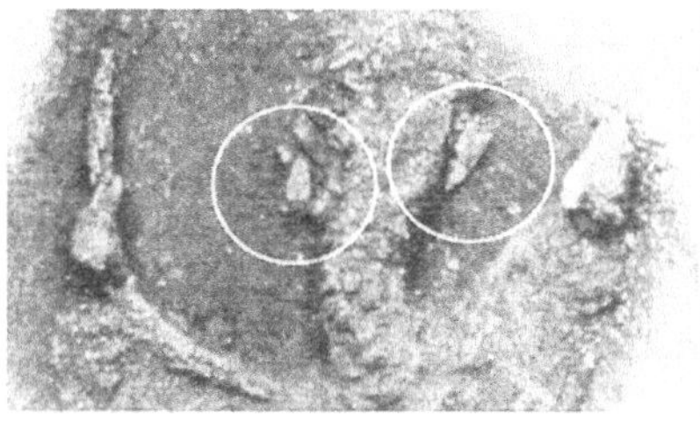

先　生：そうですね。弥生時代は米作りが本格的に始まり、各地に広がっていったころの時代です。弥生時代のむらの遺跡《いせき》として有名な吉野ヶ里《よしのがり》遺跡では、右の写真のような①矢じりがささったままの人骨や、首のない人骨が発掘《はっくつ》されています。また、環濠《かんごう》集落の跡《あと》なども見学できるので、新型コロナウイルス感染症《かんせんしょう》が収束したら、ぜひ旅行で訪ねてみてください。
ひろこ：行ってみたいなぁ。では、わたしたちの学校がある奈良《なら》が中心地だった奈良時代って、どんな時代だったのかな。
先　生：現在、新型コロナウイルス感染症の拡大が社会に大きな影響《えいきょう》を与《あた》えていますが、今から約1300年ほど前の８世紀中ごろ、伝染病が広がり、地方では貴族の反乱がおこるなど、世の中が混乱しました。（ ② ）天皇は、全国に国分寺《こくぶんじ》と国分尼寺《こくぶんにじ》を建てるとともに、743年には、大仏をつくる詔《みことのり》（天皇の命令）を出して、（ ③ ）教の力で社会の不安をしずめて国を治めようとしました。

あつし：奈良時代の人々も、現在と同じように、大変な苦労をしたんだろうなぁ。
ひろこ：たしか（ ② ）天皇は、皇帝《こうてい》中心の政治のしくみや大陸の文化を学ばせ、新しい国づくりに役立たせるために唐《とう》（中国）へ使者を送ったんですよね。
あつし：「政治のしくみ」ということで言えば、有力貴族である藤原《ふじわら》氏が天皇とのつながりを強めて力をのばしていった時代もあれば、④武士が権力を握《にぎ》った時代もありますよね。
ひろこ：わたしは、権力者のことだけでなく、⑤人々の暮らしが知りたいです。
先　生：1912年に⑥明治《めいじ》時代が終わり、その後、15年間続いた⑦大正《たいしょう》時代は、人々の暮らしや考え方が変化した時代でした。大都市では、急速に人口が増え、ガスや水道、電気が使われるようになりました。一方、第一次世界大戦（1914年～1918年）のあと、ヨーロッパの産業が戦争から立ち直ると、日本の輸出はのびなくなって一気に不景気になりました。さらに1923年におこった関東大震災《かんとうだいしんさい》で経済は大きな影響を受け、その後、昭和《しょうわ》時代に入ってからも、アメリカで始まった不景気が日本にも押《お》しよせ、不景気はいっそう深刻なものになっていきました。
あつし：不景気から抜《ぬ》け出すために、どうしたのですか。
先　生：一部の軍人や政治家のなかには、当時、日本が勢力をのばしていた満州《まんしゅう》（中国東北部）を日本のものにすれば、広い土地と豊かな資源が手に入り、生活に苦しむ農民や失業した人たちを移住させることもできるので、不景気から抜け出せると主張する者も出てきました。その後の⑧戦争への道は、歴史の授業で学びましたよね。
ひろこ：昭和時代って、前半が戦争の時代で、後半が平和を求めた民主主義の時代といえますね。
先　生：そうですね。これからの時代は、環境保全や人権などにも寄り添《そ》う、⑨持続可能な豊かな社会をつくっていければよいですね。
あつし：ＳＤＧｓ（世界を変えるための17の目標）は、「誰《だれ》ひとり取り残さない」という考えからつくられたんですよね。
ひろこ：誰もがしたいことをかなえることができる社会を、わたしたちの手でつくっていかないとね。

(1) 会話文に含まれていない時代のものを次のア～エから１つ選び、記号で答えなさい。

ア．紫式部《むらさきしきぶ》や清少納言《せいしょうなごん》は、かな文字で書かれた作品で、宮廷《きゅうてい》の生活や人々の細かな感情を美しい文章であらわした。
イ．北里柴三郎《きたさとしばさぶろう》は、破傷風《はしょうふう》という、このころ死亡する人の多かった伝染病の治療《ちりょう》のしかたを発見した。
ウ．聖徳太子《しょうとくたいし》は、家がらにとらわれずに、能力のある者を役人に取り立てるしくみとして、冠位《かんい》十二階をつくった。
エ．大名《だいみょう》は自分の城と領地を持っていたが、１年おきに江戸《えど》のやしきに住まわされ、将軍に対して服従の態度を示した。

(2) 文中の下線部①について、弥生時代には、むらとむらの争いが起きるようになりました。どうして争いが起きるようになったのか、原因を説明しなさい。

(3) 文中の（ ② ）（ ③ ）にあてはまる語句を、それぞれ答えなさい。

社　　会

(7) たけしさんの発言の下線部④について、次の文とグラフは、北九州、阪神《はんしん》、中京《ちゅうきょう》、京葉《けいよう》の各工業地帯・工業地域のいずれかを示しています。北九州工業地帯（工業地域）にあてはまる文とグラフをそれぞれ１つずつ選び、記号で答えなさい。

ア．自動車生産が特にさかんであり、工業生産額が国内の工業地帯や工業地域の中で最も高い。
イ．海に面した製油所では、原油からガソリンや灯油、軽油、重油などの石油製品がつくられ、化学工業がさかんである。
ウ．かつては製鉄業がさかんであったが、最近ではＩＣ（集積回路）や自動車の生産も行っている。
エ．金属工業の割合が高く、働く人の数が20人未満の工場が多く存在している。

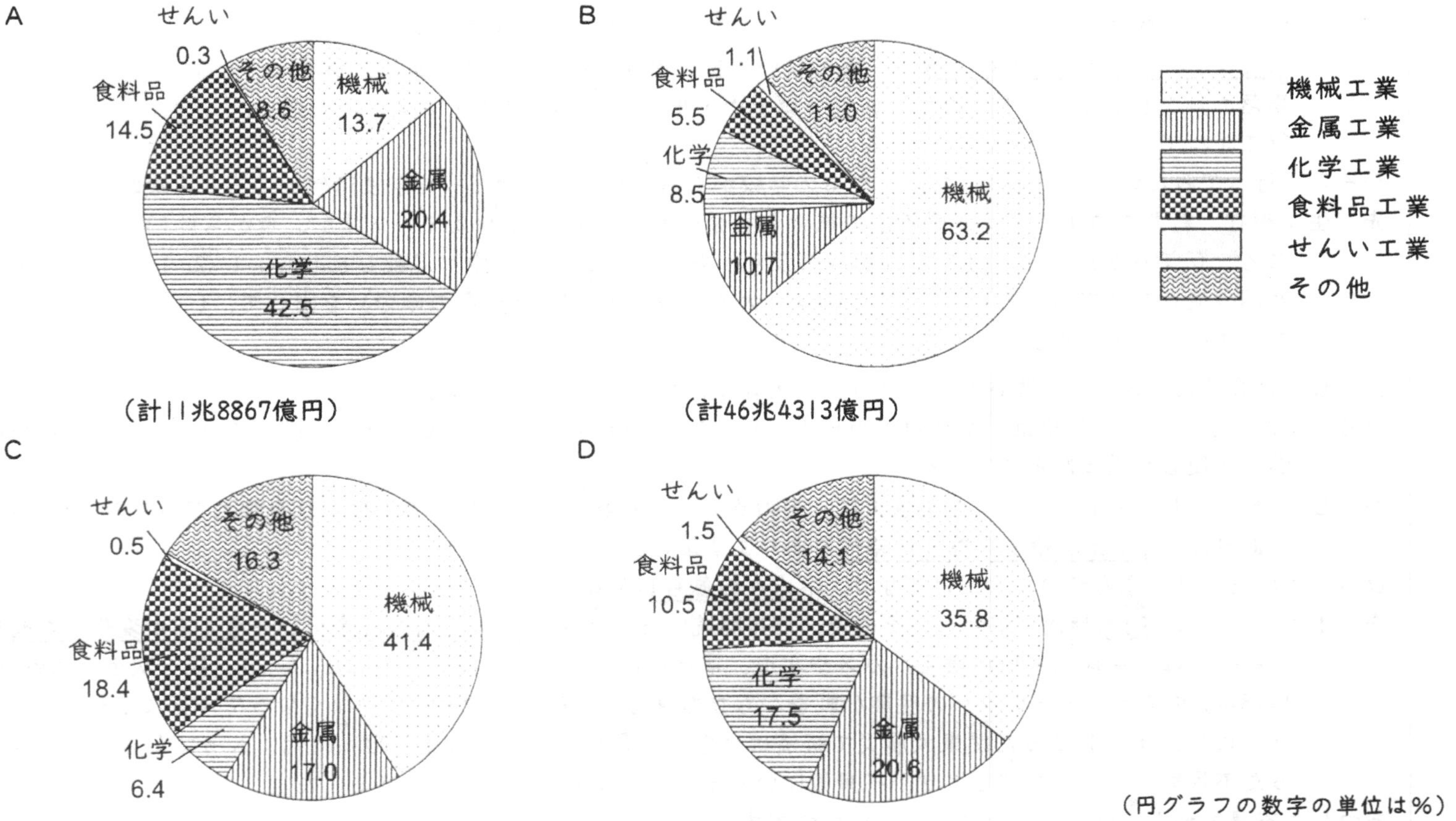

（計8兆1258億円）　（計30兆8500億円）

（円グラフの数字の単位は％）
（円グラフの左下の金額は工業生産額）
（2013年 工業統計調査）

2　あとの各問いに答えなさい。

> 日本の国や国民生活の基本を定めたものが日本国憲法です。わたしたちの暮らしにかかわる全ての法や決まりは、日本国憲法にもとづいています。
> 日本国憲法は太平洋戦争が終わり、人々が平和を願う中で1946年に公布されました。日本国憲法には（　①　）、国民主権、平和主義の３つの原則があり、憲法の全体にこれらの原則がつらぬかれています。
> わが国では太平洋戦争で多くの犠牲者《ぎせいしゃ》、被害《ひがい》を出しました。平和主義については憲法第９条に具体的に示されています。②戦争の悲惨《ひさん》さ、平和の尊さを後世《こうせい》に伝える取り組みも続けられています。

(1) 文中の（　①　）にあてはまる語句を答えなさい。

(2) 下線部②について、まちがっているものを次のア～エから１つ選び、記号で答えなさい。

ア．核兵器の被害を受けた、ただ１つの被爆《ひばく》国である日本は、非核《ひかく》三原則をかかげている。
イ．毎年８月を中心に戦争で亡くなった人々を慰霊《いれい》し、平和を祈《いの》る式典が日本の各地で行われている。
ウ．日本の都市の中には、核兵器廃絶《はいぜつ》平和都市宣言を採択《さいたく》している都市もある。
エ．原爆《げんばく》により多くの人々が犠牲になった長崎《ながさき》には、平和の礎《いしじ》がつくられ、原爆の恐《おそ》ろしさを後世に伝えている。

(3) 日本国憲法には、国会・内閣・裁判所の働きが書かれており、この３機関は、国の重要な役割を分担しあっています。それぞれの機関の役割として、あてはまるものを次のア～エから１つずつ選び、記号で答えなさい。

ア．法律が憲法に違反《いはん》していないかを調べる。
イ．国のお金の使い方を決める。
ウ．外国と条約を結ぶ。
エ．選挙によって国会議員を選ぶ。

社　　　会

(4) 『こども環境白書』の下線部①について、気温上昇《じょうしょう》を防ぐための方法として、森林の働きが期待されています。森林の働きの１つに、二酸化炭素《にさんかたんそ》（ＣＯ２）を吸収し酸素《さんそ》を供給することで、温暖化防止につながることが考えられますが、〔資料１〕から、わが国の二酸化炭素排《はい》出状況《しゅつじょうきょう》を説明するものとしてまちがっているものを次のア～エから１つ選び、記号で答えなさい。

ア．日本の二酸化炭素排出量は年々増加している。

イ．日本の１人あたり二酸化炭素排出量は先進国を中心に構成されているＯＥＣＤ加盟国と比べて、同じ、もしくは少ない状況である。

ウ．中国の１人あたり二酸化炭素排出量は年々増えているが、2017年時点では、日本のほうが中国よりも多い。

エ．2017年、ＯＥＣＤ加盟国の二酸化炭素排出量は、世界合計の４分の１以下である。

〔資料１〕おもな国・地域の二酸化炭素（ＣＯ２）排出量

	CO_2排出量（百万t）			１人あたりCO_2排出量（t）		
	1971	1990	2017	1971	1990	2017
中　国	789	2122	9302	0.93	1.86	6.67
アメリカ合衆国	4289	4803	4761	20.65	19.20	14.61
ＥＵ（28か国）	－	4024	3209	－	8.42	6.26
インド	181	529	2162	0.32	0.61	1.61
ロシア	－	2164	1537	－	14.59	10.64
日　本	751	1042	1132	7.15	8.43	8.94
世界合計	13945	20521	32840	3.71	3.88	4.37
ＯＥＣＤ加盟国	9344	11054	11579	10.40	10.27	8.94

（『日本のすがた2020』より）

＊ＯＥＣＤ…「経済協力開発機構」の略称《りゃくしょう》で、先進国間の自由な意見交換《こうかん》や情報交換を通じて、1)経済成長、2)貿易自由化、3)途上《とじょう》国支《し》援《えん》に貢献《こうけん》することを目的としている。

（経済産業省ホームページより）

(5) みほさんの発言の下線部②について、農家の数が減少している理由としてあてはまらないものを、次のア～エから１つ選び、記号で答えなさい。

ア．古米の在庫量が増え、米が余ることで値段が安くなり、農家の収入が少なくなってしまうから。

イ．あとつぎがいない農家が増え、会社が農家の人たちから土地を借りて集め、大規模な生産を行うようになってきたから。

ウ．政府が米の生産調整を行ったことや食の洋風化により、国内の米の消費量が減ったから。

エ．トラクターや耕運機などの農業機械がとり入れられたことで、農家の人たちの仕事が奪われてしまったから。

(6) たろうさんの発言の下線部③について、近年、間ばつをしていない人工林が増えています。間ばつをしていない人工林が増えている理由を、〔資料２〕からわかることと、〔資料３〕と〔資料４〕からわかることを使って、それぞれ説明しなさい。

〔資料２〕林業で働く人のうつり変わり

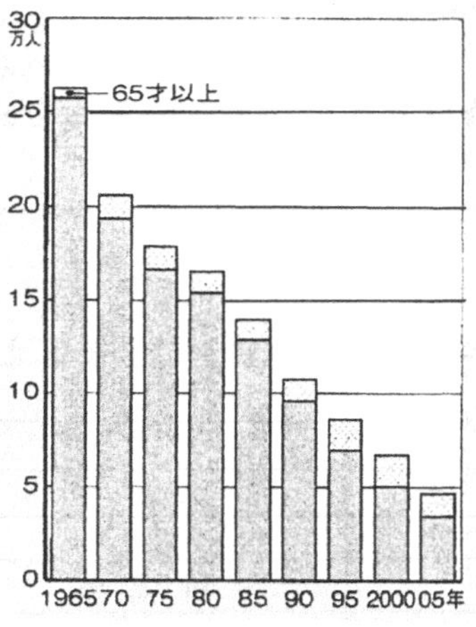

（2010年刊　森林・林業白書ほか）

〔資料３〕木材の国内生産量と輸入量のうつり変わり

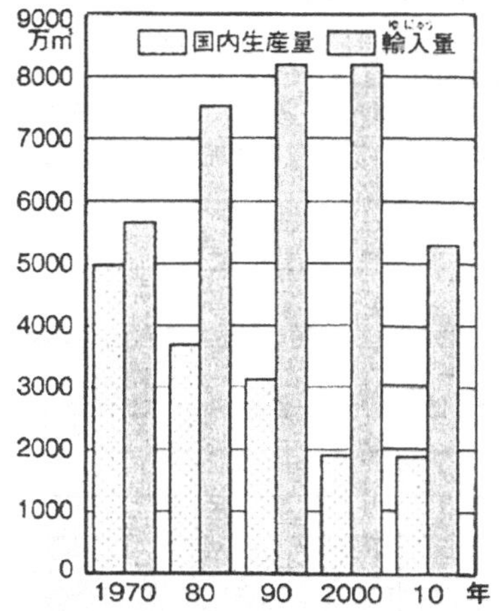

（2013年刊　日本国勢図会《ずえ》）

〔資料４〕国産材丸太（ヒノキ・スギ）価格の推移

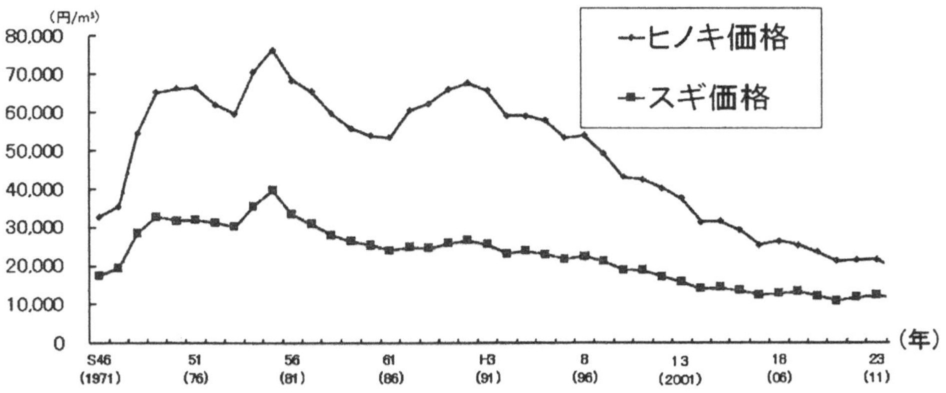

（林野庁ホームページより）

社　　会

（30分）

１　たろうさんは、コロナ禍《か》の学校休校期間中に環境《かんきょう》省の『こども環境白書』を読みました。その後、全国各地の友人とオンラインで、自分たちが暮らす地域の現状と未来に向けての課題について、情報共有することにしました。『こども環境白書』と５人の発言を読んで、あとの各問いに答えなさい。

環境省 2019年２月発行 『こども環境白書』 （「おわりに」より引用）		豊かな未来とはどのような未来なのでしょうか？ わたしたちの豊かな未来について、地域や国がどのように変わって行くか、環境・経済・社会がどのように調和していくか、思い描《えが》いてみましょう。 例えば、 「未来の社会はどうなっているだろう？」　「みんなはどんな暮らしをしているだろう？」 「自然はどうなっているだろう？」　「わたしたちの出すごみの量はどうなっているだろう？」 「①気温はどうなっているだろう？」　「エネルギーはどこから手に入れているだろう？」など
発言A	まさこ	わたしが住む岐阜《ぎふ》県海津《かいづ》市では、３つの大きな川が流れています。自然を活用した公園があって、多くの人が遊びにやってきます。一方で、海面より土地が低くなっていることもあって昔から水害に備えて、堤防《ていぼう》で家や田畑を囲った（　　　）という土地づくりの工夫《くふう》をしています。これまで、水害にあいながらも、水とうまく共生してきたといえます。
発言B	みほ	わたしが住む山形《やまがた》県鶴岡《つるおか》市の庄内《しょうない》平野一帯は、日本有数の（　　　）の産地になっています。その理由は、気候に大きく関係しています。また、よりおいしく、より病気や暑さ、寒さに強くなるように、これまで繰《く》り返し品種改良がされてきました。このように、みんなの食を支えている一方で、②この作物を作る農家の数が減少していることは、今後のわたしたちの食や、慣れ親しんできた田園風景にも影響《えいきょう》が出るような気がしています。
発言C	たろう	わたしが住む奈良《なら》県は、面積の約７割が森林におおわれているので、歴史的な景観だけでなく、森林などの自然環境も観光資源になっていると言えます。ちなみに、③わたしのおじいさんは奈良県吉野《よしの》町の山間部に住んでいて、木を植えたり、間《かん》ばつをしたりしています。なお、おじいさんが管理しているのは、秋田《あきた》県や京都《きょうと》府の北山《きたやま》でも多く生産されている（　　　）の木の人工林です。
発言D	ゆうま	わたしが住む（　　　）は、家のつくりとして、２重の玄関《げんかん》や窓があったり、２階にも玄関があります。わたしが住んでいる地域は、全国の農家の平均と比べると20倍以上の畑の広さがあることが自慢《じまん》です。みんなが大好きなポテトチップスの原料もつくっています。一方で、開拓《かいたく》を進めてきた歴史は、先住民族の独自の生活文化を奪《うば》ってきたという見方もできます。
発言E	たけし	わたしが住む福岡《ふくおか》県④北九州《きたきゅうしゅう》市では、住みよいまちをつくるために（　　　）事業が進められるなど、環境を守る取り組みがとてもさかんです。その理由としては、高度経済成長期に、まちの人々を公害で苦しめてしまったことがあったからです。今では環境未来都市に選ばれています。

（１）発言Aの（　　　）にあてはまる語句を答えなさい。

（２）発言B・C・D・Eの（　　　）にあてはまる語句として、正しい組み合わせを次のア～エから１つ選び、記号で答えなさい。

	ア	イ	ウ	エ
発言Bの（　）	米	米	さくらんぼ	ぶどう
発言Cの（　）	ヒノキ	スギ	ヒノキ	マツ
発言Dの（　）	新潟《にいがた》県	北海道《ほっかいどう》	北海道	新潟県
発言Eの（　）	エコタウン	エコタウン	ニュータウン	ニュータウン

（３）みほさんが住む地域の、気温や降水量の年間の変化を示すグラフを、次のア～エから１つ選び、記号で答えなさい。

ア．

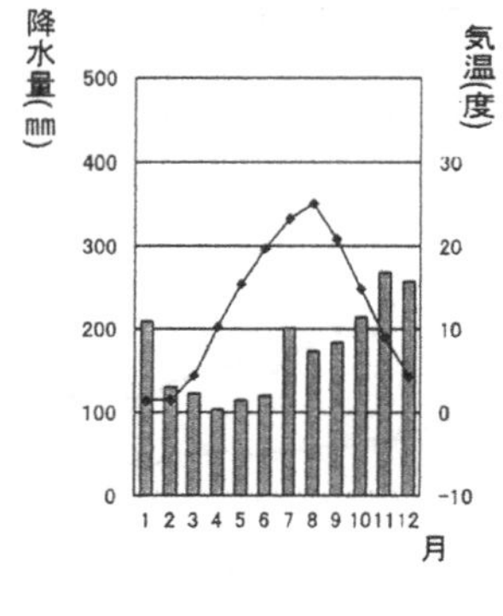

イ．

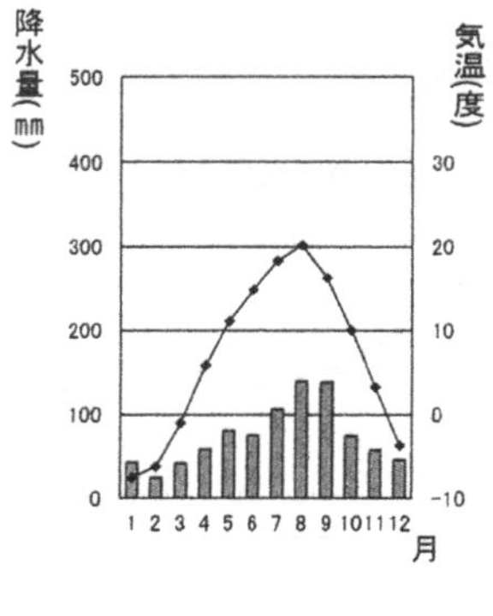

ウ．

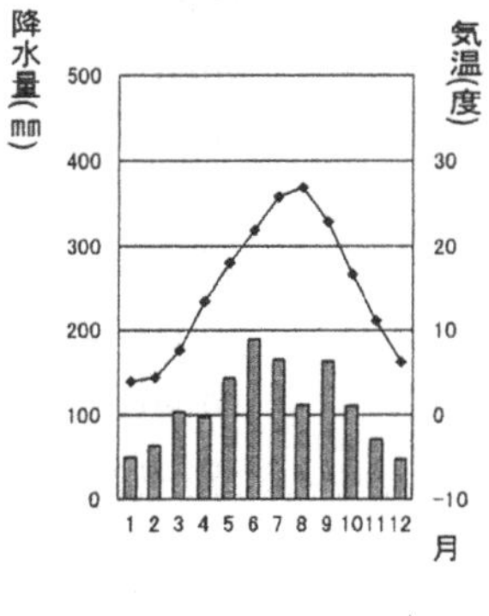

エ．

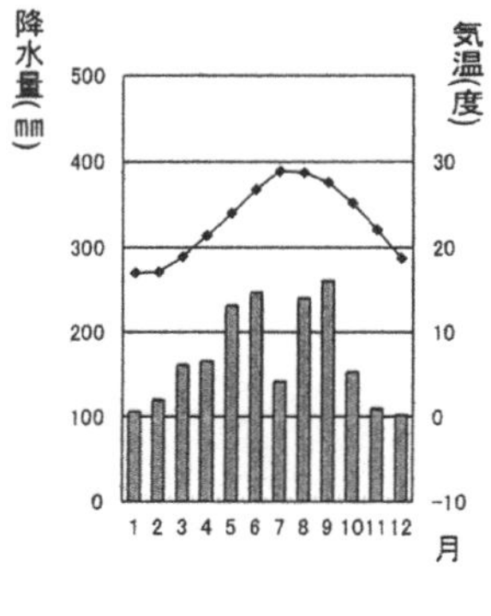

（1981年～2010年までの平均値　気象庁のデータをもとに作成）

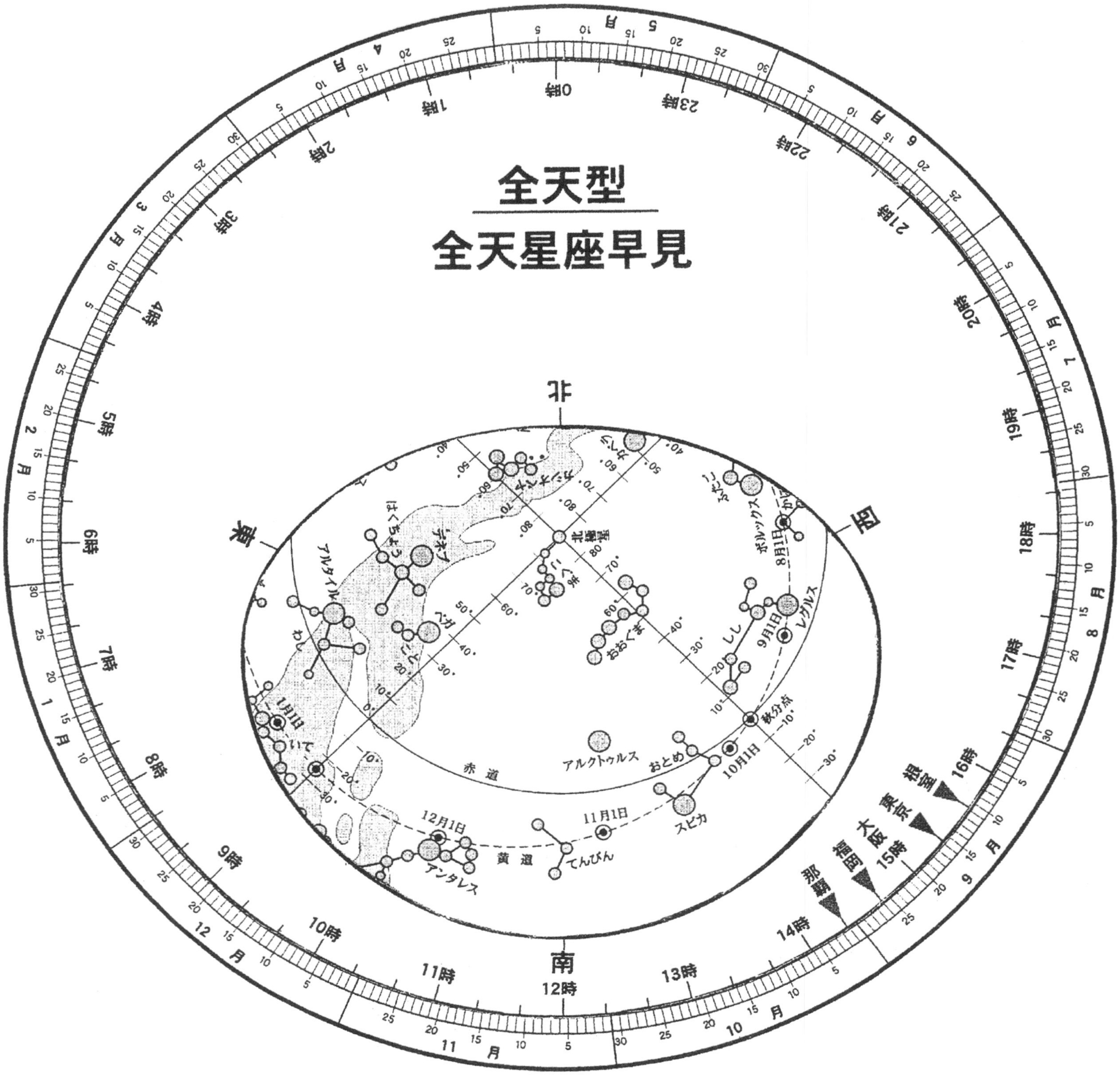

引用先：JAXA 宇宙教育センター「発達段階に応じた星座早見盤《ばん》を作る」より

図中の地名は「那覇(なは)」「根室(ねむろ)」と読みます。また、観測地は大阪として使用しています。

（６）　新幹線が通っている愛知県《あいちけん》豊橋《とよはし》市では、キャベツの栽培《さいばい》が行われています。キャベツを育てていると、モンシロチョウが卵を産みによく来ます。モンシロチョウは、卵→幼虫→さなぎ→成虫の順に育ちます。次にあげた動物のグループは、①モンシロチョウのように卵から幼虫になり、さなぎを経て成虫になる昆虫《こんちゅう》、②コオロギのようにさなぎの時期のない昆虫、③昆虫ではない生き物の3つに分類しようとしたものです。それぞれの中からまちがっているものを、１つずつ選び、記号で答えなさい。

①　（　ア　カブトムシ　　イ　アブラゼミ　　ウ　ナナホシテントウ　）
②　（　ア　コアオハナムグリ　　イ　アキアカネ　　ウ　オオカマキリ　）
③　（　ア　クモ　　イ　ダンゴムシ　　ウ　クロオオアリ　）

（７）　リニアモーターカーの建設工事など、大規模な工事をする際に、それによって地域の動物や植物などに影響《えいきょう》がでないかを調査します。はねのつくりやからだのつくりなどから、昆虫の種類を調べることもあります。調査をしていると、昆虫ではない生き物も採集されることもあり、昆虫のからだのつくりを知っておく必要があります。昆虫（成虫）のからだのつくりとして正しいものを、次のア～キからすべて選び、記号で答えなさい。

ア　からだが「頭」「胸」「腹」の３つの部分からできている。
イ　からだが「頭・胸」と「腹」の2つの部分からできている。
ウ　あしは腹についている。
エ　あしは胸についている。
オ　あしが６本ある。
カ　あしが８本ある。
キ　あしが１４本ある。

（８）　（7）の調査を行う際は、植物の種類などを調べることもあります。調査する時期によって見られる植物が異なってくるため、多くの植物の葉や花を知っておく必要があります。奈良県付近で春に花が見られない植物を、次のア～オから2つ選び、記号で答えなさい。

ア　ナズナ　　イ　セイタカアワダチソウ　　ウ　オオイヌノフグリ　　エ　ヒルガオ　　オ　ハハコグサ

（９）　生物の調査をする際には、けんび鏡を使います。下のア～ウの生物は、自然の池や川などにいる小さな生物です。ア～ウを体の大きさが大きい順に並べかえなさい。

ア　ゾウリムシ　　イ　ミジンコ　　ウ　イカダモ

（10）　酸素や二酸化炭素は、植物や動物の体を出たり入ったりしています。下のア～カは、光があたっているときの動物や植物の空気を通したつながりを模式的に表しています。正しいといえるものを、ア～カから１つ選び、記号で答えなさい。図の矢印が「動物 ➡ 酸素」となっているときは「動物が酸素を出す」、「酸素 ➡ 動物」となっているときは「動物が酸素をとり入れる」ことを表すものとします。

ア
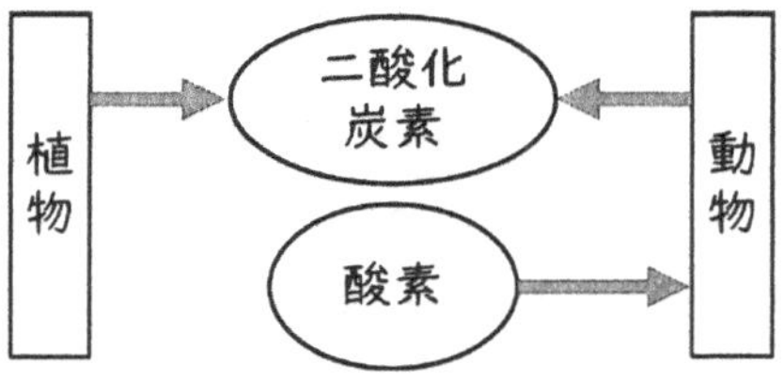

イ
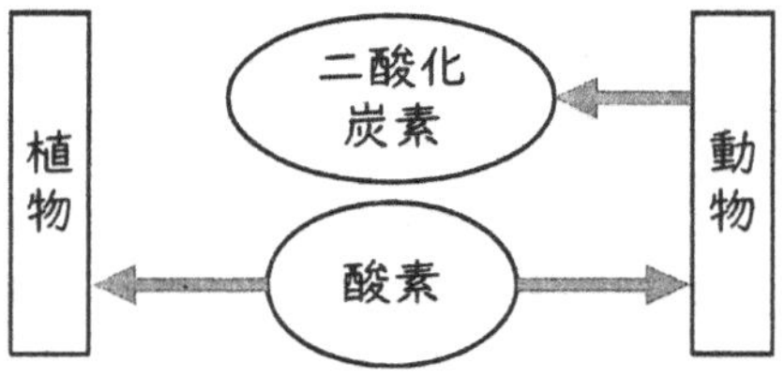

ウ
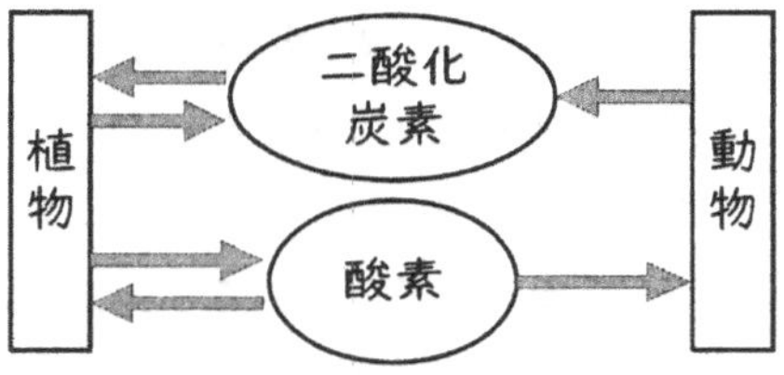

エ
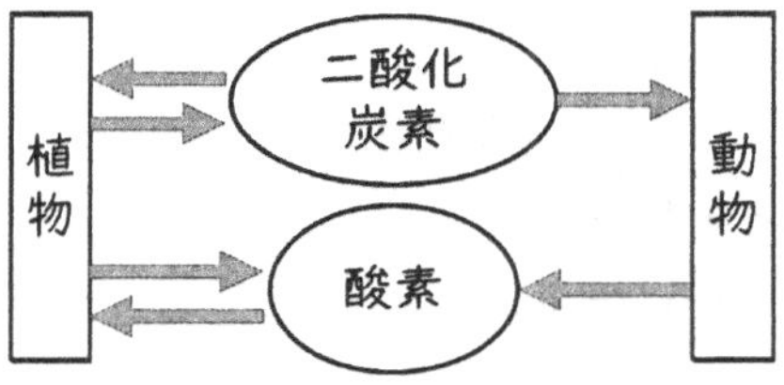

オ
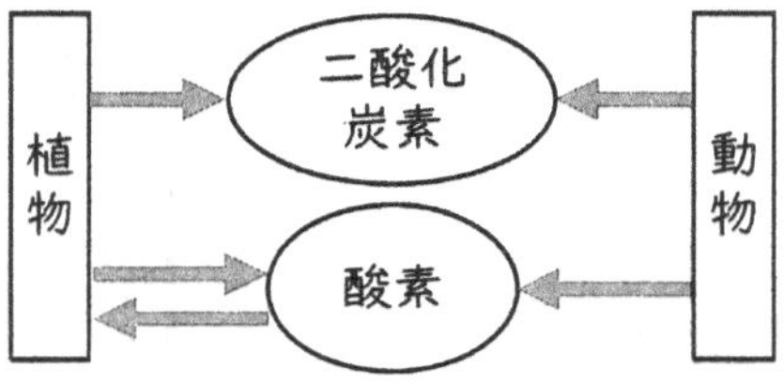

カ
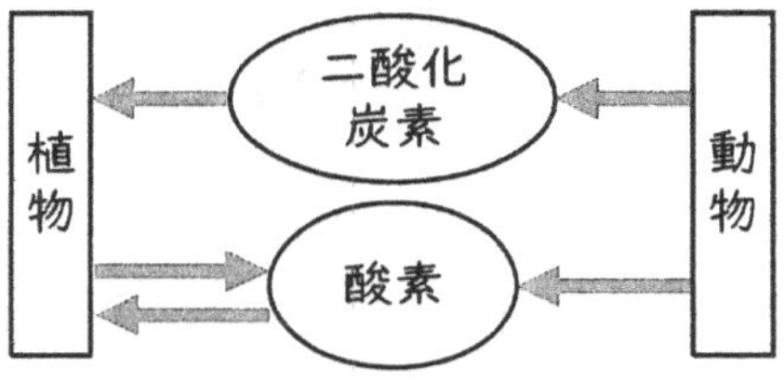

2 次の文を読み問題に答えなさい。

（１）新幹線は電気を物の動き（運動）に変えて動いています。新幹線と同じように電気を物の動きに変えている例を、次のア～オから１つ選び、記号で答えなさい。

ア　石油ストーブを使い、部屋を暖める
イ　手回し発電機を回し、豆電球に明かりをつける
ウ　水の勢いで水車を回し、発電する
エ　電熱線を使い、発ぽうポリスチレンを切る
オ　スマートフォンに着信があり、しん動する

（２）新幹線は車両の上部に設置されているパンタグラフという装置を通して、線路の上にはられた電線から、電気を取り入れて走っています。パンタグラフには電気を通す物質が使われています。電気を通すものを、次のア～カからすべて選び、記号で答えなさい。

ア　レジぶくろ（ビニル）
イ　ノート（紙）
ウ　スプーン（鉄）
エ　クリップ（プラスチック）
オ　アルミニウムはく（アルミニウム）
カ　割りばし（木）

（３）新幹線は主に鉄を利用して製造された車両よりも、主にアルミニウムを用いた金属で製造された車両のほうが3割程度軽くなっています。金属は種類が異なると、体積が同じでも質量が異なります。体積、質量が異なる金属A～Eがあります。同じ体積で比べたとき、3番目に質量が大きい金属を、次のA～Eから１つ選び、記号で答えなさい。

金属	A	B	C	D	E
質量（g）	18.9	15.8	54.0	31.5	77.2
体積（cm^3）	7	2	6	3	4

（４）図１のてこの左のうでに（3）の金属Aを、支点からのきょりが10.0cmのところにつるしました。てこが水平につりあうようにするためには、てこの右のうでに（3）の金属Dを、支点からのきょりが何cmのところにつるすと良いですか。その点が含《ふく》まれる範囲《はんい》を、次のア～オから１つ選び、記号で答えなさい。ただし、金属以外の質量は考えないものとし、てこは左右同じ長さ、太さとします。

ア　0cm～4.0cm
イ　4.0cm～8.0cm
ウ　8.0cm～12.0cm
エ　12.0cm～16.0cm
オ　16.0cm～20.0cm

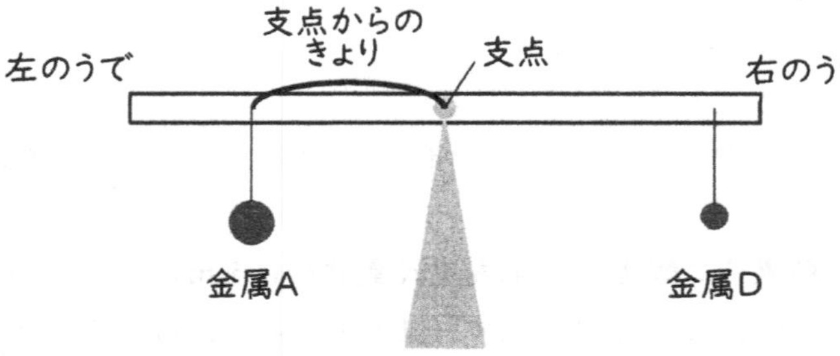

図１

（５）リニアモーターカーは電磁石《でんじしゃく》の力を利用して車両を浮《う》かせたり、前へ進ませたりします（図２）。通常走行時は、ガイドウェイにある電磁石の極を変化させることで、車両は浮上《ふじょう》しガイドウェイの中央を走行します。図３は、浮上走行している時に地震《じしん》が起こった際、車両中央がガイドウェイ中央からずれたようすを表しています。このような場合でも、電磁石ア、イの極を変え、磁石の反発する力、引き合う力を利用して瞬時《しゅんじ》に車両中央がガイドウェイ中央に戻《もど》るようにします。車両中央がガイドウェイ中央に戻るとア、イの極も変わり、ガイドウェイの壁《かべ》にぶつかることなく常に中央で安定して走行することができます。図３のように、浮上走行している時に地震が起こった際、車両中央がガイドウェイ中央に瞬時に戻るようにするためには、ガイドウェイにある電磁石ア、イは何極であると良いですか。それぞれ答えなさい。

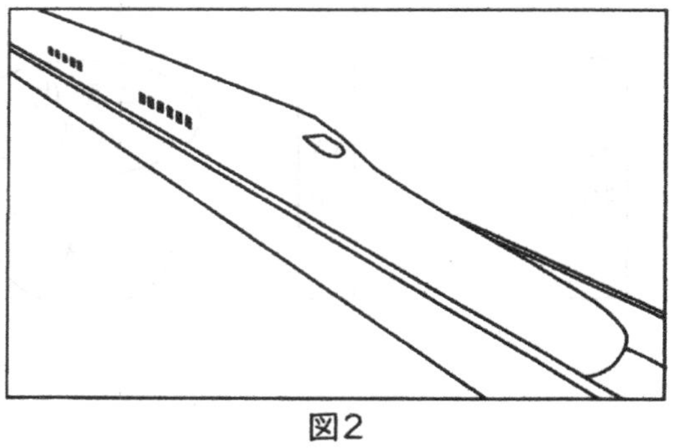
図２

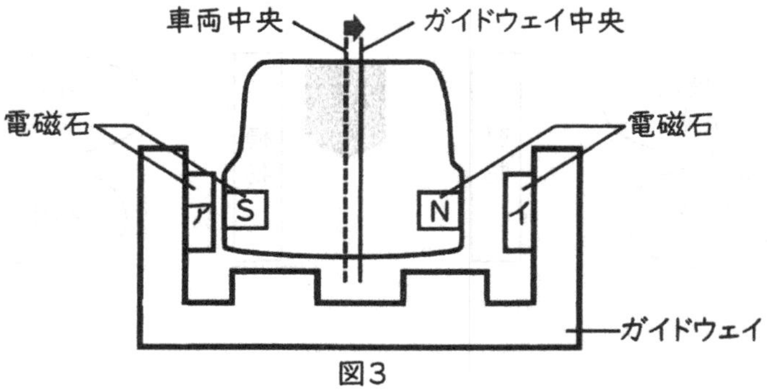

図３

（２）　短歌２の「かささぎの　渡せる橋」とは天の川にかかる橋のことで、中国の七夕伝説では、織姫星《おりひめぼし》と彦星《ひこぼし》を七夕の日に逢《あ》わせるため、たくさんのカササギ（鳥の名前）が翼《つばさ》を連ねて橋を作ったとされます。

①　織姫星とはこと座のベガ、彦星とはわし座のアルタイルのことを指します。この２つの星と、はくちょう座のデネブをむすんでできるものを何といいますか。名前を答えなさい。

②　図２はある年の七夕の日（午後１１時ごろ）の、天体のようすを簡単に表したものです。図２に描《か》かれたもう１つの星座Ａは何座ですか。名前を答えなさい。なお、図２はすべての天体は描かれておらず、星座の形がわかるように、星座を構成する代表的な星を線でつないでいます。

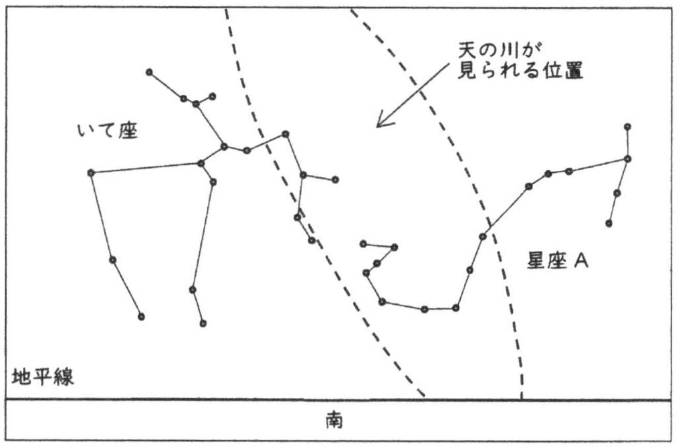

図２

③　短歌２は冬につくられたものです。天の川や①、②にでてきた星座は実際に冬に観察することが可能ですか。正しいものを、次のア～エの中から１つ選び、記号で答えなさい。なお、この問題は、別紙の全天星座早見《ぜんてんせいざはやみ》の図を参考にして答えなさい。

ア　天の川や①、②にでてきた星座は、夏以外は地平線上にあらわれないため、夏にしか観察できない。
イ　天の川や①、②にでてきた星座は、季節の変化とともに星の並び方を変えてしまうため、夏にしか観察できない。
ウ　天の川や①、②にでてきた星座は、冬の夜空でも日や時間帯によっては観察することができる。
エ　天の川や①、②にでてきた星座は、年によって観察できる季節がそれぞれ異なっているが、何年かおきに冬に観察することができる。

（３）　短歌２の霜は、(A)夜空に見える星を霜に例えている場合と(B)実際に霜が降りている場合の２つのとらえ方があると考えられています。

①　下線部(A)を観察する場合、晴れで、月の光の影響《えいきょう》を受けない新月の日が適した日といわれています。ただし、晴れていれば、新月の日でなくても、星の観測に適した日と時間帯があります。その日の月の形（月の見え方）と時間帯の組み合わせとして適していると考えられるものを、次のア～ケから２つ選び、記号で答えなさい。なお、観察は近畿《きんき》地方のある都市で行ったものとします。

	月の形	時間帯
ア	上弦の月	一晩中
イ	上弦の月	日の出の２時間前
ウ	上弦の月	日の入りの２時間後

	月の形	時間帯
エ	満月	一晩中
オ	満月	日の出の２時間前
カ	満月	日の入りの２時間後

	月の形	時間帯
キ	下弦の月	一晩中
ク	下弦の月	日の出の２時間前
ケ	下弦の月	日の入りの２時間後

②　下線部(B)の霜は、空気中の水蒸気が０℃以下に冷えた地面や地上のものにふれてできる氷の粒《つぶ》のことをいいます。同じように、空気中の水蒸気が冷たいもので冷やされて、その表面で水になることを何といいますか。名前を答えなさい。

③　下線部(B)の霜は、夜がふけて気温が下がると見ることができます。気温とは、どのような条件で測った温度のことをいいますか。当てはまるものを、次のア～カからすべて選び、記号で答えなさい。

ア　まわりがよく開けた風通しのよいところで測る。
イ　風通しが悪く、空気が入れかわりにくいところで測る。
ウ　地面から１ｍまでの間の高さで測る。
エ　地面から１.２ｍ～１.５ｍの高さで測る。
オ　日光が温度計に直接当たるようにして測る。
カ　日光が温度計に直接当たらないようにして測る。

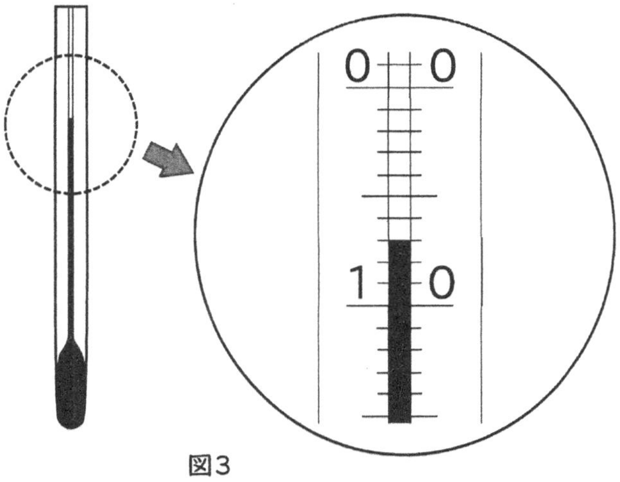

図3

④　下線部(B)のように霜が降りた日、日の出前に気温を測ると、温度計は図３のように示していました。このときの気温は何℃ですか。

令和３年度

理　　　　　科

(30分)

| １ |２つの短歌について、下の各問いに答えなさい。

短歌１.「朝ぼらけ　有明《ありあけ》の月と　見るまでに　吉野《よしの》の里に　降れる白雪《しらゆき》」 坂上是則《さかのうえのこれのり》
短歌２.「かささぎの　渡《わた》せる橋に　おく霜《しも》の　白きを見れば　夜《よ》ぞふけにける」 中納言家持《ちゅうなごんやかもち》

（１）　短歌１は朝方に雪が降り積もっているようすをうたったものです。

①　「有明の月」とは満月の次の日から新月の前日までのすべての月を指します。「有明の月」に当てはまる月の形（月の見え方）を、次のア～エからすべて選び、記号で答えなさい。なお、観察は近畿《きんき》地方のある都市で行ったものとします。

ア

（上弦《じょうげん》の月）

イ

（下弦《かげん》の月）

ウ

エ

（三日月《みかづき》）

②　雪が降った朝に、降り積もった雪を図１のようにバケツにつめこみ、雪の表面の高さでバケツに線を引きました。次にバケツ全体の重さを測定し、測定後は雪がすべてとけるまでバケツを暖かい場所に放置しました。雪がすべてとけたとき、バケツに引いた線と水面の高さの関係に変化があるかを確認しました。最後に、再度バケツ全体の重さを測定しました。
バケツに引いた線と比べた水面の高さ、バケツ全体の重さはそれぞれどうなりますか。正しい組み合わせを、次のア～ケから１つ選び、記号で答えなさい。ただし、バケツ内の雪が直接水蒸気に変化したり、雪がとけてできた水が蒸発したりしないものとします。

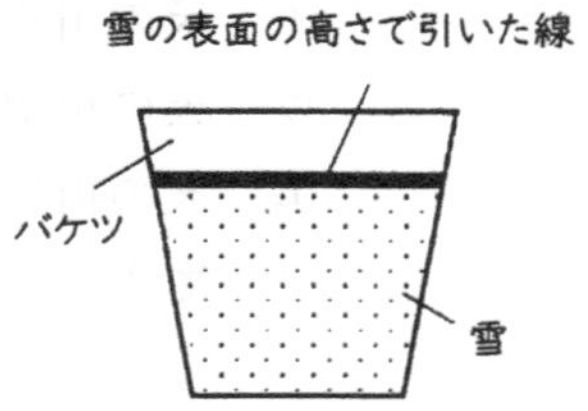

図１

	水面の高さ	バケツ全体の重さ
ア	高くなる	重くなる
イ	高くなる	変わらない
ウ	高くなる	軽くなる

	水面の高さ	バケツ全体の重さ
エ	変わらない	重くなる
オ	変わらない	変わらない
カ	変わらない	軽くなる

	水面の高さ	バケツ全体の重さ
キ	低くなる	重くなる
ク	低くなる	変わらない
ケ	低くなる	軽くなる

③　雪が多く降る地域では、発光ダイオードの信号機を使わず、現在も電球の信号機を使っているところがあります。その理由を述べた下の文章中のア、イに入る言葉を、それぞれ答えなさい。

「同じ明るさのとき、電球の方が発光ダイオードよりも、より多くの（　　ア　　）を発生させる。この性質を（　　イ　　）ことに役立てているから。」

5 長さが3 cm，4 cm，5 cm の3種類のぼうを使って図のような直角三角形をつくり，それをつなぎあわせて大きな三角形をつくっていきます。

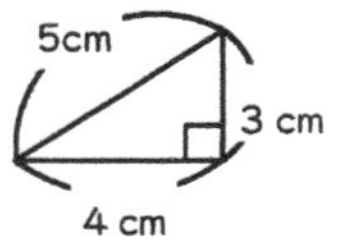

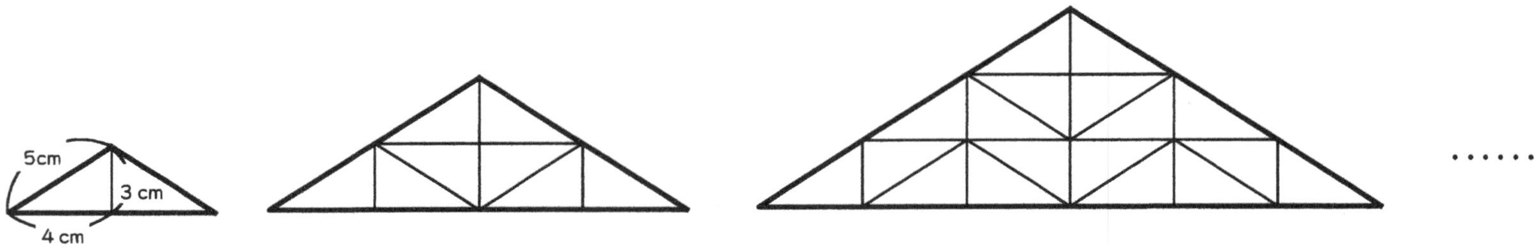

1段のとき　　2段のとき　　3段のとき

(1) 2段つくるのに5 cm のぼうは6本使われています。では，10段つくるのに5 cm のぼうは何本必要ですか。

(2) 5段つくったとき，5段目(一番下の段)だけの面積を求めなさい。

(3) ぼうで囲まれた太きな三角形(太線で囲まれた部分)の面積が 768 cm^2 のときの段数を求めなさい。

6 高さ80cmの2つの直方体の容器A，B があります。容器Aには 40cmの深さまで水が入っています。容器Bには水が入っていません。容器B に水を入れ始めてから10分後に，容器Aに水を入れ始めました。2つの容器に水がたまっていく様子を表したのが下のグラフです。それぞれのじゃ口からは，毎分同じ量の水が出るものとし，どちらかの容器が満水になると水を入れるのをやめます。

(1) 容器Bでは，2分間で何cmの水がたまりますか。

(2) 容器Aの底面積は，容器Bの底面積の何倍ですか。

(3) 容器Bが満水になったとき，容器Aの水の深さを求めなさい。

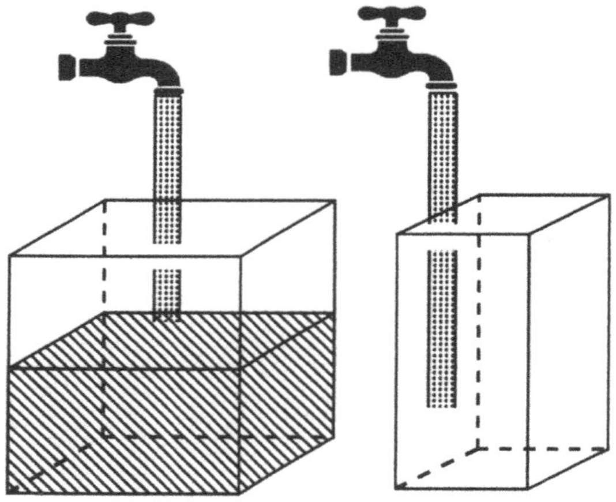

容器 A　　容器 B

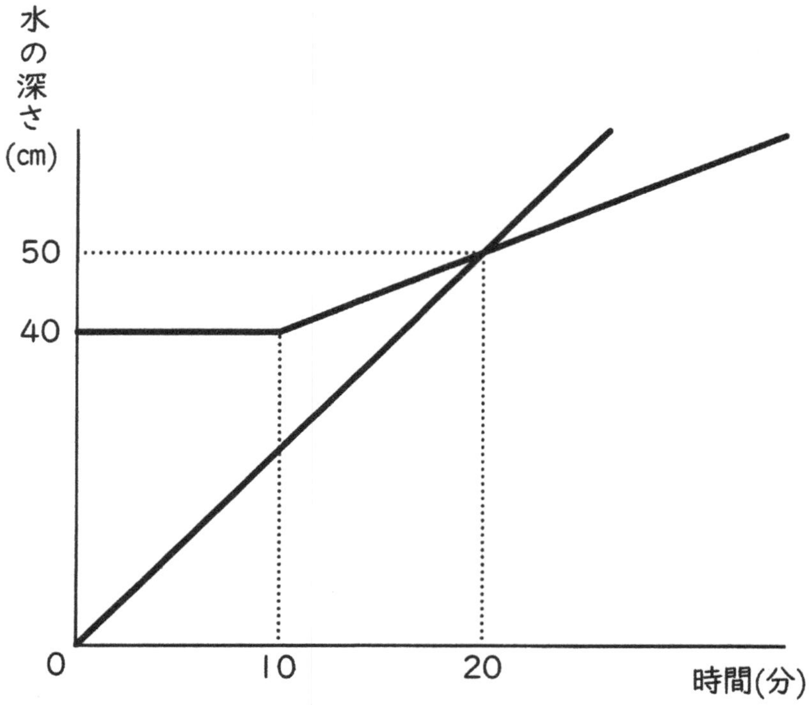

3 下の図のように，正方形アイウエの折り紙を半分に折り，その折り目に2つの頂点ア，エがくるように折り曲げます。また，頂点ア，エを合わせた点をオとします。

(1) このとき，頂点オ，イ，ウで囲まれてできた三角形の名前を答えなさい。

(2) 図中の①，②，③の角度を求めなさい。

(3) 三角形オイウと同じ形の三角形を，解答用紙の円の円周上に3つの頂点をとり，作図しなさい。
なお，作図に使った線は消さないで残しておきなさい。

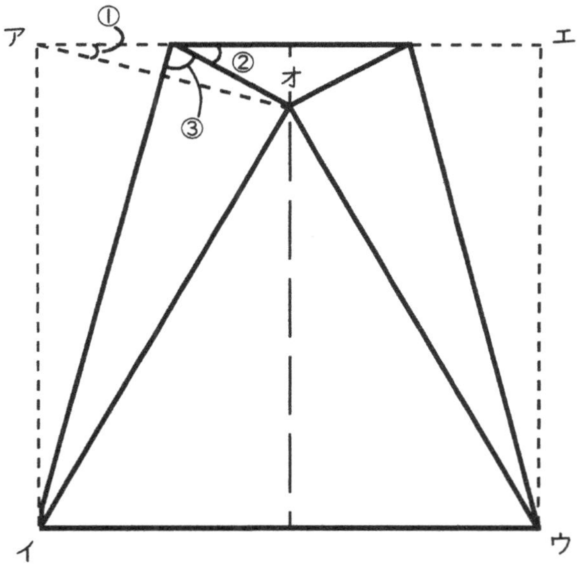

4 下のグラフは45人の子どもたちが10点満点のクイズ問題に取り組んで，正解した人数を表したものです。
6点と7点のところだけは，まだ完成していませんが，全体の平均点は7.2点とわかっています。

(1) 8点以上の人は，全体の何%いますか。四捨五入《ししゃごにゅう》して，一の位まで求めなさい。

(2) 6点の人と7点の人の点数を全員分合計すると何点か求めなさい。

(3) 6点の人と7点の人の人数を求め，グラフを完成させなさい。

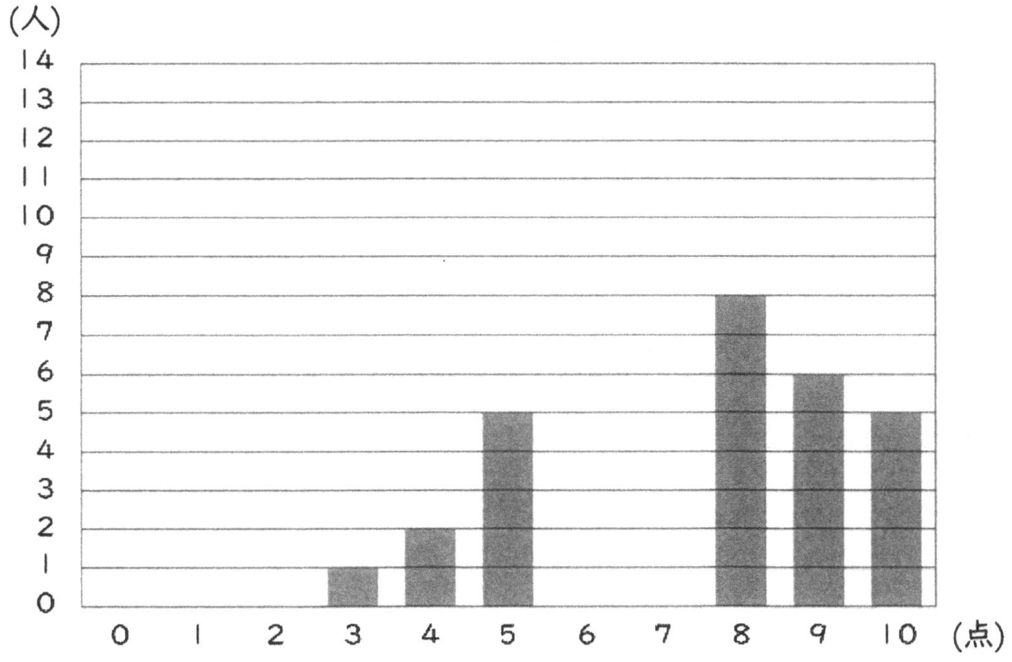

算　　数

(40分)

1 次の計算をしなさい。

(1) 127－89

(2) (14÷2＋4)×3

(3) $1\frac{3}{4} \div 1\frac{2}{5} \times \frac{2}{5} + \frac{1}{3}$

(4) (3.1－2.45)×6－0.4

(5) 10÷0.25－24×0.75

2 次の各問いに答えなさい。

(1) 1から50までの整数の中にある素数を小さい順にならべたとき，とちゅうの3つならんだ素数を合計すると97になりました。この3つの素数を小さい順に答えなさい。

(2) 次の速さのうち，いちばん速いのはどれですか。記号で答えなさい。

ア．時速4km　　イ．分速80m　　ウ．秒速150cm

(3) 500円の120%の値段は，□円の2割引きの値段と同じになります。□に入る数字を答えなさい。

(4) 40人のクラスで，算数と理科の2教科について得意か得意でないかの調査を行ったところ，次のような結果を得ました。

① 算数が得意である。‥‥‥‥‥‥‥‥‥27人

② 理科が得意である。‥‥‥‥‥‥‥‥‥25人

③ 算数と理科ともに得意でない。‥‥‥‥‥5人

このことから，「算数は得意であるが，理科は得意でない」生徒は何人ですか。

(5) たて2cm，よこ3cmの長方形のタイルが60枚あります。この中から何枚か使い，すき間なくしきつめて，もっとも面積が大きい正方形をつくったとき，その面積は何cm^2になりますか。

注意　○　特に決められたもの以外は、記号で答えなさい。
　　　○　句読点も一字と数えます。

(4)　――線部④「孤立」の例として適切なものを次の中から一つ選びなさい。

ア　クラスメイトたちが騒《さわ》がしくしていることによって、好きな読書に対して集中することができない。

イ　たとえ友人が少なくとも、自分の好きな世界や集中して取り組むことがあればいいと考えている。

ウ　友だちと二人でいるときに、友だちが自分の知らないことを話題にあげたことを面白《おもしろ》くないと思う。

エ　遊んでいる学級の人たちが一人でいる自分をどう思っているか気がかりだが、本を読み続けた。

(5)　空らん［A］から［D］にあてはまる言葉の組み合わせとして、最も適切なものを次の中から一つ選びなさい。

ア　A　つまり　　　B　または　　C　たとえば　　D　そして
イ　A　たとえば　　B　または　　C　それでも　　D　しかし
ウ　A　つまり　　　B　それとも　C　たとえば　　D　それでも
エ　A　ようするに　B　それとも　C　このように　D　それから

(6)　――線部⑤「文学に『心の友』を見いだすことができたら、たいへん豊かな友だちの鉱脈を見つけた、と言えます。」とあるが、あなたの「心の友」ついて、次の条件にしたがって書きなさい。

条件①　原稿《げんこう》用紙の使い方にしたがって二百字以上二百四十字以内で書くこと。

条件②　題・氏名は書かないで本文から書き始めること。

条件③　二段落で書き、一段落目には、あなたが今までに読んだ文学作品や漫画《まんが》、見たことのある映画などから共感した「心の友」がどのような人物なのかを書くこと。
　二段落目には、あなたがその「心の友」の生き方をどのようにいかしていきたいか具体的な例を書くこと。

勢が「単独」。

まわりから切り離《はな》されたような不利な状況に置かれているのが④「孤立」。

そこに自分自身の意思があるかどうかで、大きく違ってきます。

孤立はなくしたほうがいい。

単独は愛せるほうがいい。

孤独と思われる状況も、自分次第《しだい》で充実した「単独」にすることができる。

『湯神《ゆがみ》くんには友達がいない』（佐倉準《さくらじゅん》　小学館《しょうがくかん》）という高校生の学園マンガがあります。

タイトルにもなっている湯神くんは筋金《すじがね》入りの単独者、「能動的ひとりぼっち」なのです。

友だちなんかいらないと*豪語《ごうご》し、

「俺《おれ》はウジウジと過去の人間関係に脳の容量を使うつもりはない」

「何故《なぜ》なら俺は、友達とかそういうものを必要としない人間だからだ！」

と言い放つ。

クラスメイトからは、つきあいにくい変人とみなされています。

でも、湯神くんは孤立してはいないんです。

自分の好きな世界をもっているから。

野球部に所属し、エースとして活躍《かつやく》している一方、落語が大好き。

落語のほかにもマニアックな趣味《しゅみ》をいろいろもっているし、なにげに勉強もできちゃう。

このマンガの主人公であるちひろは、友だち関係に悩む普通《ふつう》の女子高生ですが、湯神くんとかかわり合うことで、ひとりでいることへの意識が変わっていきます。

湯神くんには共感できなくても、ちひろちゃんには共感がわくんじゃないかな。

能動的ひとりぼっち（単独者）への第2ステップとしてやってほしいのは、単独つながりの「心の友」を探すこと。

自分が共感できる、「わかる、わかる」と思えるような単独のヒーロー、単独のヒロインを見つけるのです。

あこがれの存在がいると、ひとりであることの*ネガティブイメージが頭のなかからどんどん取り払《はら》われていきます。

ぼくは子どものとき、ムーミンに出てくるスナフキンが大好きでした。

スナフキンは、単独の達人です。風のようにあらわれて、また風のように去っていく。孤独に見えるけど、さびしくはない。

注意　○　特に決められたもの以外は、記号で答えなさい。
　　　○　句読点も一字と数えます。

テレビアニメではギターを弾《ひ》いていたけれど、本のなかのスナフキンはハーモニカを吹《ふ》いていました。

ムーミン谷の面々も愛すべきキャラクターが多いですが、群れようとしないでひとりでちょっと深いことを考えているスナフキンがいちばんカッコよかった。

文学作品にも感じることがあると思います。

自分の感じていたこと、頭のなかにぼんやりとあった思いが言葉として表現され、主人公がしゃべったりしている。

「ああ、わかる、わかる。そうなんだよね」という気持ちになります。

そうすると、その作者の本をもっと読みたくなる。

好きな作家を見つけて、その世界観にはまり込《こ》んでいったときには、

「なんてすばらしい友だちがここにいたんだ」

と感激すると思います。

⑤文学に「心の友」を見いだすことができたら、たいへん豊かな友だちの鉱脈を見つけた、と言えます。

（齋藤孝《さいとうたかし》『友だちってなんだろう？ひとりになる勇気、人とつながる力』による）

*豪語…自信ありげに大きなことを言うこと

*ネガティブイメージ…好ましくない印象

(1)　――線部①「疎外感」を最も具体的に説明した表現を、本文の中から十八字で抜き出しなさい。

(2)　――線部②「自分の意思で『ひとりになる』」とあるが、筆者の考えとしてそのために何が必要だと述べているか。二十字以内で二つ答えなさい。

(3)　――線部③「『単独』と『孤立』」とあるが、二つの違いを説明した次の文のうち、あてはまらないものを次の中から一つ選びなさい。

ア　ひとりの時間を楽しめるかどうか。

イ　主体的な行動であるかどうか。

ウ　自分が共感できる人物がいるかどうか。

エ　自分自身の意思があるかどうか。

注意　○　特に決められたもの以外は、記号で答えなさい。
○　句読点も一字と数えます。

(6)　この文章についてあてはまらないものを次の中から二つ選びなさい。

ア　百音の年齢《ねんれい》をふまえ、心情を言葉に表現仕切れない様子が描《えが》かれている。

イ　その時々の風景と心情が一致《いっち》するように事細かに描かれている。

ウ　百音と統理の会話がかみ合って進むことで壁《かべ》のない人間関係が表現されている。

エ　百音と統理の信頼《しんらい》関係の深まりが、第三者からの視点によって表現されている。

オ　神社を訪れる人の願いや近くの住人の話を通して生きていく上での困難さが表現されている。

カ　何度も質問する姿を通して色々な問題を乗り越《こ》えようとする百音の姿が表現されている。

〔三〕　次の文章を読んで、あとの問いに答えなさい。

「休み時間に一緒《いっしょ》に過ごす友だちがいなくて、いつもひとりぼっち。学校に居場所がない」

こんな悩《なや》みをもっている人、多いですね。

ひとりぼっちであることをまわりに見られるのが恥《は》ずかしいから、トイレの個室でお昼を食べるという話もよく聞きます。

あるいは、

「仲よしグループのつきあいがすごく疲《つか》れる。でも、嫌《きら》われてひとりぼっちになっちゃうのは絶対にイヤだから、がんばって調子を合わせてる」

こういう人も多い。

ひとりぼっちになるのが怖《こわ》い、と感じるのはなぜなのか考えてみましょうか。

その原因は、ひとりの状況《じょうきょう》の違《ちが》いにある、とぼくは考えています。

「能動的」なひとりなのか。

「受動的」なひとりなのか。

［A］、自分の意思でひとりになっている状況なのか、［B］人との関係性のなかで、ひとりにさせられてしまっている状況なのかの違い。

人の心には、ひとりでいることが気にならないときと、さびしく感じるときと両方あります。

［C］、おもしろい本を読んでいるとき。何時間もひとりっきりでいても、全然さびしくないでしょう？

自分で「ひとりでいる」ことを選んでいるときは、さびしさは感じません。

だけど、仲のよい友だちが自分には声をかけてくれずに、ほかの子たちと楽しそうに話している姿を見たときはどうかな？

楽しそうな輪のなかに自分がいないことを無性《むしょう》にさびしく感じるのではないかと思います。

べつに仲間はずれにされたわけではなくて、たまたまきみがいないところで話が盛り上がっただけかもしれない。

［D］、①疎外感《そがいかん》を感じ、さびしさに心が痛む。

自分の意思ではなくて、自分をとりまく関係性のなかで、「ひとりにさせられている」と感じる状況だと、さびしさや不安がわくのです。

「嫌われるのが怖い」「ひとりぼっちになるのが怖い」という思いの強い人は、その「受動的ひとりぼっち」状態への不安がとても強いのです。

ひとりになることを怖がらないようにするには、「能動的ひとりぼっち」になればいいんです。

②自分の意思で「ひとりになる」ことを選択《せんたく》するのであれば、さびしくないし、恥ずかしくもない。みじめな気分になることもありません。

能動的というのは、自分で主体的に行動することです。

能動的ひとりぼっちへの道、ひとりが平気になるレッスンの最初のステップとして、まずはひとりで過ごす時間を充実《じゅうじつ》させることから始めてみましょう。

本を読む、絵を描《か》く、文章を書く。ものをつくる。

音楽にはいろいろな楽しみ方がありますね。好きな音楽を聴《き》くだけでなく、自分で歌うこと、楽器を演奏すること、詞を書いたり曲をつくったりすることもある。

散歩やランニングもいい。

植物を育てるとか、動物の世話をするのもいい。

釣《つ》りなんかも楽しそう。

気軽な気持ちでいろいろ挑戦《ちょうせん》してみるといいと思います。

「こんなにハマると思わなかった。自分はこういうことが好きだったんだ」といった新たな発見もあるかもしれません。

ひとりの時間の楽しさを味わえて「ひとりでいるって、まんざら悪くないな」と思えるようになったら、最初の一歩は成功です。

「能動的ひとりぼっち」と「受動的ひとりぼっち」は、③「単独」と「孤立《こりつ》」と言い換《か》えることもできるんじゃないかと思います。

自分でひとりであろうとする姿勢、独立心、自立心のある姿

統理が言い、わたしは目元をこすりながらうなずいた。乾《かわ》いた涙《なみだ》のあとがかゆかった。

この屋上神社に祀《まつ》られているのは断《た》ち物の神さまで、ご神体が刀であることから昔は『御太刀神社《みたちじんじゃ》』と書いたらしい。病気、酒・煙草《たばこ》・賭《か》け事《ごと》などの悪癖《あくへき》、＊気鬱《きうつ》となる悪い縁、すべてを断ち切る強い神さまなので、夫婦《ふうふ》や恋人《こいびと》たちはお参りしてはいけないと言われている。

たまによからぬことをお願いしにくる人もいる。『Kさんが奥さんと別れてくれますように』と書かれた形代を見たことがある。おばさんたちが、不倫《ふりん》よ、厚かましいわねえ、と怒《おこ》っていた。フリンとはなにかと問うと、倫理《りんり》に反した行いと統理は答えた。じゃありンリとはなにかと問うと、たくさんの人が不都合なく暮らしていくためのルールと統理は答え、

——でも、それがすべてじゃないんだよ。

とつけ足した。

——ルールを破ってもいいの？

——よくない。でも、どうしても破ってしまうときが誰《だれ》しもあるのかもしれないね。

そういう、わたしにはよくわからないお願いごとをしにくる人もいるけれど、ここの神さまが切るのは悪縁だけで良縁は切らないそうだ。

嫌《いや》なことがあるたび統理に形代をもらい、そこに断ち切りたいものの名前を書いて、神さまに縁を切ってもらうのがわたしの習慣になっている。お祓い箱に入れられた形代は、あとで統理がお祓いをしてくれるので、わたしはすっきりと身軽になれる。

切るものがない日も、お参りだけはする。屋上に植えられているとは思えない立派な楓《かえで》の木の下で、狛犬に両脇を護られた朱色の小さな祠に向かってわたしは手を合わせる。その日にあったことをお父さんとお母さんに教えてあげるよう統理から言われているのだ。

——天国のお父さん、お母さん、百音は今日も元気だよ。

実を言うと、わたしはお父さんとお母さんのことをよく覚えていない。夏の木洩《こも》れ日《び》みたいにちらちら眩《まぶ》しくて、のんびりしていて、なんとなく楽しい日々だったように思うだけ。

——それでいいんだよ。幸せに決まった形なんてないんだから。

統理がそう言うから、わたしは安心してうなずける。

④形がないって自由でいいねと言うと、形があっても自由にしていいんだよと返される。

統理の言葉は簡潔で、でもたまに難しくて、意味がわからないときもある。

注意　○　特に決められたもの以外は、記号で答えなさい。
　　　○　句読点も一字と数えます。

わたしは、それを、ゆっくり解いていこうと思っている。

（凪良《なぎら》ゆう　『わたしの美しい庭』）

＊神職…神社に務める仕事
＊宮司…神職をまとめる神社の長
＊桃子さん…同じマンションの住人
＊路有…同じマンションの住人
＊気鬱…気がふさいで晴れ晴れしないこと

(1)　——線部①「悲しい言葉」とあるが、なぜ悲しいのか。その理由を説明した次の文の□A・Bにもっとも適する言葉を、本文の中からそれぞれ二字で抜き出しなさい。

退職後に年金で生活を支える人も多く、別の A をしないと、神社の収入だけで B を立てられないから。

(2)　——線部②「この時間」とあるが、どのような時間のことか。二十字程度で「時間」に続くように具体的に説明しなさい。

(3)　——線部③「なんだか悔しいのと不安がごっちゃになって」とあるが、百音の「悔しい」「不安」の内容として次の文に当てはまる言葉を「　A　」に六字で、「　B　」に十字で、「　C　」に十五字で、本文の中から抜き出しなさい。

百音と統理はうまくやってきたのに、「　A　」たり、「　B　」人たちがいたりするということを悔しく思った。そして、「　C　」ということを不安に思った。

(4)　——線部④「形がないって自由でいいね」とあるが、それは誰の言葉か人物名を答えなさい。

(5)　文章全体を通して「統理」の人物像を示した文として本文から読み取ることができないものを次の中から一つ選びなさい。

ア　子供が相手でも、相手のことをていねいに扱《あつか》い、正直に向き合う人物。

イ　悩《なや》みを多く持っているが人前でそれを表現することのできない繊細《せんさい》な人物。

ウ　自分の考えをしっかりと持ちながらもそれを人に押《お》し付けることはない人物。

エ　物事の様々な側面をとらえ、感情的になることなく冷静にとらえるおだやかな人物。

注意　○　特に決められたもの以外は、記号で答えなさい。
　　　○　句読点も一字と数えます。

がしていく。
「カステラは、このねっとりしてるとこが甘《あま》くておいしいんだよね。だからなるべくここを保存するように、慎重《しんちょう》に紙をめくらなくちゃいけないんだよ」
「堪能《たんのう》しなさい。食べても食べても太らない時代なんて人生でほんの少しの間だけなんだ」
「統理、かわいそう」
「で、今日は学校どうだった？」
　統理が保温ポットからマグカップにほうじ茶をそそぎ、三時のおやつがはじまった。ふたりでお茶を飲みながら、わたしは今日あったことを統理に話す。甘いお菓子《かし》も好きだけれど、わたしは②この時間そのものが大好きだ。
　百音ちゃんの家は変わってる、とたまに友達から言われる。
　そうかなと首をかしげながら、心の中ではわたしも『変わってる』ことを知っている。
　わたしのお母さんは、わたしのお母さんになる前は、統理の奥さんだった。ふたりはいろいろな事情によりお別れをして、お母さんはわたしのお父さんと再婚《さいこん》してわたしが生まれた。わたしが五歳《さい》のときにお母さんとお父さんが事故で死んでしまい、身内のいないわたしは統理に引き取られた。
　──なさぬ仲は大変よ。しかも男手ひとつなんて。
　あれは八歳のときだった。近所のおばさんたちの噂話《うわさばなし》を、わたしはたまたま盗《ぬす》み聞きしてしまった（ちょうどスーパーの冷凍《れいとう》食品売り場の真ん前で、他のお客さんから迷惑《めいわく》そうな顔をされていたけど、おばさんたちはへっちゃらでしゃべり続けていた）。
　──見かねて引き取ったんだろうけど、統理くんも内心複雑でしょうよ。
　──百音ちゃんも今はいいけど、そのうち実のお父さんに似てくるだろうしね。
　──虐待《ぎゃくたい》とか物騒《ぶっそう》なことにならなきゃいいけど。
　家に帰ってインターネットで『なさぬ仲』を調べてみると、血のつながらない親子という意味だった。でもおばさんたちの言葉からはもっと違《ちが》うなにかを感じた。正体不明の不安で胸がざわざわして、統理の仕事部屋に駆《か》け込《こ》んだ。あのときはノックをするのも忘れた。
　──ねえ統理、統理は、ほんとはわたしのことが嫌《きら》いなの？
　統理はわずかに目を見開き、椅子《いす》ごと回転してわたしと向き合った。
　──ぼくはいつだって百音を愛してる。
　はっきりと答え、いきなりどうしたんだいと統理は訊《き》いてきた。おばさんたちのことを話すと、それはまたお節介《せっかい》なことだと統理は眉《まゆ》をひそめた。
　──ぼくと百音の関係はぼくと百音が作り上げるものなんだから、他の人があれこれ言うことに意味はない。意味のないことを気にするのは時間の無駄遣《むだづか》いだ。
　──でもおばさんたち、すごく心配そうに話してたよ。
　──うん。でもそれは心配とはまた違うんだ。
　──じゃあ、なに？
　──一体なんだろうね。
　統理は困った顔をして、よっこいしょとわたしを膝《ひざ》の上に抱《だ》き上げた。
　──世の中には、いろんな人がいるんだよ。
　自分の陣地《じんち》が一番広くて、たくさん人もいて、世界の中心だと思っていたり、そこからはみ出す人たちのことを変な人だと決めつける人たち。わかりやすくひどいことをしてくるなら戦うこともできるけれど、中には笑顔《えがお》で見下したり、心配顔でおもしろがる人もいる──。
　わたしを後ろから抱っこしながら、統理はぽつぽつ話した。
　難しくてよくわからなかったけれど、この先もこういうことはあるんだとわかった。わたしはスカートをぎゅっとつかんだ。③なんだか悔《くや》しいのと不安がごっちゃになって、こらえきれず泣いてしまった。もう小学生なのに、赤ちゃんみたいに泣くなんて恥《は》ずかしくて嫌《いや》だった。
　だってわたしたちは助け合って暮らしている。家事と翻訳と宮司のお仕事で忙《いそが》しい統理を、わたしはできるかぎり手伝いたい。わたしは七歳でもうお皿洗いができたし、ひとりで眠《ねむ》ることができた。わたしはそれが自慢《じまん》だったのに、あのときはなんだか駄目《だめ》だった。
　──大丈夫だ。百音は間違ってない。
　──百音はいい子だ。ぼくは百音が大好きだ。
　しゃくり上げるわたしを統理は抱きしめて、ずっとゆらゆら揺《ゆ》らしてくれた。よしよしと髪《かみ》を撫《な》でてくれた。赤ちゃん扱《あつか》いが恥ずかしくて、でもぎゅっと縮こまった心が、じんわりとほどけていくように感じていた。なにがあってもここに逃《に》げ込めば守ってもらえるんだ、ここはわたしの場所なんだと思えた。
　そのあと統理が形代《かたしろ》をくれた。両手を広げた人の形をした白い紙で、真ん中にわたしはどう書こうと少し考えてから、『よくわからない灰色のモヤモヤしたもの』と感じたことをそのまま書いた。それを持って統理と屋上神社へ行き、祠の横に設置されているお祓《はら》い箱に形代をすべり落とした。統理と並んで手を打ち鳴らし、神さまに切ってくださいと祈った。
　──よし、これで百音は『よくわからない灰色のモヤモヤしたもの』と縁を切れた。

令和三年度　国　語　(40分)　(六枚中の一)

奈良教育大学附属中学校

注意　○　特に決められたもの以外は、記号で答えなさい。
　　　○　句読点も一字と数えます。

〔一〕次の問いに答えなさい。

(1) ――線部のひらがなを漢字に直しなさい。

①　誕生日会にしょうたいする。

②　身なりをかまう。

(2) ――線部の漢字の読みをひらがなで書きなさい。

①　土地が肥える。

②　家の留守番をする。

(3) 次の（　）に共通する漢字一字を書き、慣用句を完成させなさい。

①（　）が広い。　（　）が売れる。　（　）に泥《どろ》をぬる。

②（　）で笑う。　（　）にかける。　（　）をあかす。

〔二〕次の文章を読んで、あとの問いに答えなさい。

わたしたちが暮らすマンションの屋上には庭園があり、緑があふれる小道の奥《おく》には、両脇《りょうわき》を狛犬《こまいぬ》に護《まも》られた朱塗《しゅぬ》りの祠《ほこら》がある。地元の人たちからは『屋上神社《おくじょうじんじゃ》』とか『縁切《えんき》りさん』と気安く呼ばれているけれど、正しくは『御建神社《みたちじんじゃ》』という。今は隠居《いんきょ》して田舎《いなか》暮らしの統理《とうり》のお父さんとお母さんに代わって、ひとり息子《むすこ》の統理が *神職《しんしょく》を継《つ》いでいる。

――神社の跡継《あとつ》ぎだったのに、なんで翻訳家《ほんやくか》になったの？

ここにきたばかりのころ、深い意味もなくわたしは尋《たず》ねた。

――神社経営だけじゃ、食べていくことができないからだよ。

これ以上なく現実的な答えに、わたしはぽかんとした。

全国のマイナー神社の多くは祈願料《きがんりょう》やお賽銭《さいせん》だけで生計を立てていくことはできず、*宮司《ぐうじ》さんは他に仕事を持っていたり、退職後は年金で生活を支えてる人が多いそうだ。『神主《かんぬし》は食わんぬし』なんていう①悲しい言葉があるくらいだと統理は溜息《ためいき》をつき、ぼくの父も宮司をしながら中学の養護教諭《ようごきょうゆ》をしていたんだ、と淡々《たんたん》と説明してくれた。

――じゃあ、うちは貧乏《びんぼう》なの？　翻訳のお仕事なくなったらどうするの？

わたしは幼いなりに危機感を募《つの》らせた。

――大丈夫《だいじょうぶ》だ。ぼくのお祖父《じい》ちゃんが対策としてこのマンションを残してくれた。神社が儲《もう》からなくても、翻訳仕事がなくなっても、家賃収入があるから百音《もね》は心配しなくていい。

――ヤチンシューニュー？

統理は子供相手にも適当にごまかすことをしない。おかげでわたしはいろんな仕組みについて、子供ながらに少しずつ理解することができた。

けれど儲かろうが儲かるまいが、統理はなにごとにも手を抜《ぬ》かない。翻訳のお仕事で目の下にクマを作りながらも、神職として日々ご神体に祈《いの》りを捧《ささ》げ、境内《けいだい》でもある屋上庭園の樹木のお世話をし、境内の掃除《そうじ》や祠のお清めに勤《いそ》しんでいる。

「統理、おやつにしよう！」

家から持ってきたバスケットの蓋《ふた》を開け、ガーデンテーブルにお茶の用意をした。神社でお茶なんて変だけど、季節ごとの植物が美しく、天気のいい日はオープンカフェ気分を味わえる。統理がホースをきちきちと巻き取ってからこちらにやってくる。

「さっきの女の人、ちょっと怖《こわ》かった」

「そう」

「こんにちはって挨拶《あいさつ》したら、にらまれた」

「そう」

統理はなんでも話してくれるけれど、お参りにくる人たちについてはなにも言わない。

ここは縁切り神社で、いろいろな人がくる。

わたしにはまだわからない、いろいろなものを抱《かか》えた人が――。

「百音、今日のおやつはなんだい？」

「こないだ *桃子《ももこ》さんにもらったカステラと、*路有《ろう》がお客さんからもらったハワイ土産《みやげ》のホノルルクッキー。それと統理の好きな梅ざらめの柿《かき》の種、とほうじ茶」

「おやつが多すぎないか？」

「夏がくる前に体力をつけておきましょうって保健のプリントに書いてあった」

「この場合つくのは体力じゃなくて脂肪《しぼう》のような」

「だから統理はお腹《なか》が出ないように柿の種だけね」

「なぜ太るのはぼく限定なのかな？」

「わたしは子供だし、たくさんシンチンタイシャするからいいけど、統理は屋上掃《は》く以外はずっと机に向かってるだけだからだよ。太ったら女の人にモテないでしょ」

「モテなくても気にしないけど」

そう言いつつ、統理はシャツの上から自分のお腹をさすった。

わたしは小さく笑い、カステラに敷《し》いてある紙をそうっと剥《は》

令和２年度　　解 答 用 紙（社 会）

受検番号		氏名	

得点	※20点満点 (配点非公表)

1 (1)　(2)　(3)　マップ

(4)

(5)　(6)

2 (1)　(2)　(3)　→　→　→

(4)

(5)

3 (1)　(2)　(3)

(4)

4 (1)　(2)　(3)

令和２年度　解答用紙（理科）

受検番号		氏名	

得点	※20点満点 （配点非公表）

1	(1)		
	(2)	①	
		②	赤色リトマス紙
			青色リトマス紙
		③	
	(3)	①	
		②	
	(4)		
	(5)	①	
		②	
		③	

2	(1)	①	
		②	
	(2)	①	
		②	
		③	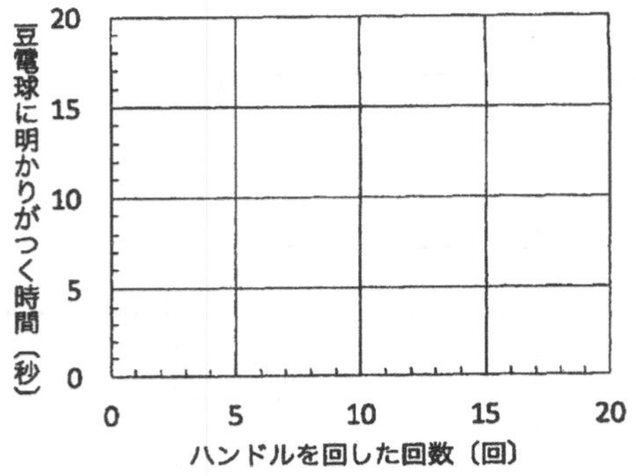
		④	
	(3)	①	
		②	
	(4)	①	
		②	

令和2年度

解答用紙(算数)

受検番号		氏名	

得点	※30点満点 (配点非公表)

1

(1)	
(2)	
(3)	
(4)	
(5)	

2

(1)	
(2)	m
(3)	通り
(4)	回
(5)	個
(6)	分
(7)	度

3

(1)	人
(2)	人

(3)

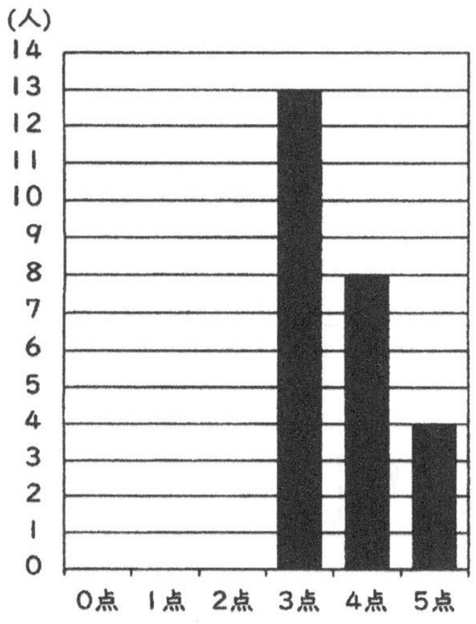

(4)	%

4

(1)

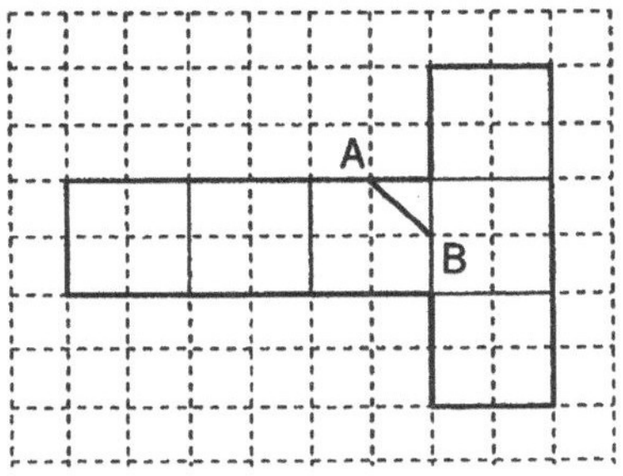

(2)	cm^3

5

(1)	cm
(2)	cm^2
(3)	cm

6

(1)	cm
(2)	cm^2

(3)

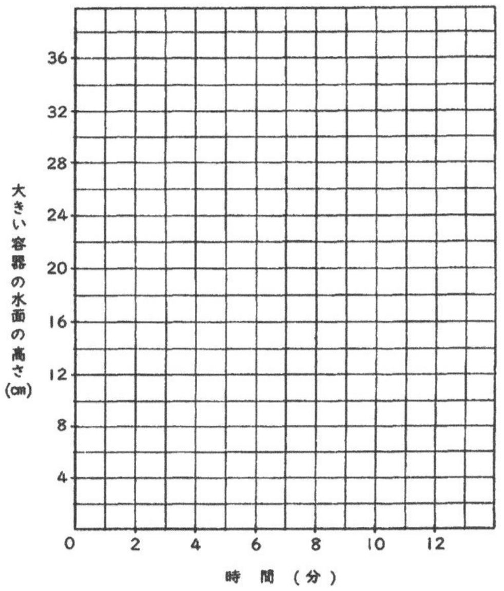

令和２年度　解答用紙（国語）

受検番号		氏名	

得点	※30点満点

【一】

(1) ① ②

(2) ① ②

(3) ① ② ③ ④

(1) 1点×2
(2) 1点×2
(3) 1点×4

【二】

(1)

(2)

(3)

(4)

(5)

(6)

(7)

(1) 1点
(2) 1点
(3) 1点
(4) 1点
(5) 1点
(6) 1点
(7) 2点

【三】

(1)

(2)

(3)

(4)

(5)

(6)

(7)

240　200

(1) 2点
(2) 1点
(3) 1点
(4) 1点
(5) 1点
(6) 完答2点
(7) 6点

社　　会

(1)文中____線部①について、日清《にっしん》戦争や日露《にちろ》戦争のころの様子について述べた次の文のうち、まちがっているものを１つ選び、記号で答えなさい。

ア．日清戦争で勝利した日本は、小村寿太郎《こむらじゅたろう》を欧米《おうべい》に派遣《はけん》し、関税自主権を回復した。関税自主権を回復した日本は、国力をつけ、日露戦争に備えた。

イ．日露戦争での日本の勝利は、欧米の支配に苦しむアジアの国々を勇気づけたが、戦争費用の負担などで苦しんだ日本国民の間には不満が残った。

ウ．日露戦争では多くのぎせい者をだしながらも勝ち進み、東郷平八郎《とうごうへいはちろう》率いる艦隊《かんたい》がロシアの艦隊を破るなどして戦争に勝ち、韓国《かんこく》（朝鮮《ちょうせん》）を日本の勢力のもとに置くことをロシアに認めさせた。

エ．ロシアは日本の動きを警戒《けいかい》し、ドイツやフランスとともにリヤオトン半島を清に返すように要求し、日本はリヤオトン半島を清に返した。

(2) 文中____線部②について、このできごとに関する説明として正しいものを１つ選び、記号で答えなさい。

ア．この日本の動きは、世界各国に受け入れられ、国際連盟でも日本の行動が承認された。

イ．日本は満州事変の翌年、満州をソビエト連邦《れんぽう》の領土から切り離し、満州国として独立させた。

ウ．満州《まんしゅう》国には、農業などを営むために多くの日本人が移り住んだ。

エ．満州国が独立すると、日本の人々の民主主義への意識が高まり、普通《ふつう》選挙を求める運動が広く展開された。

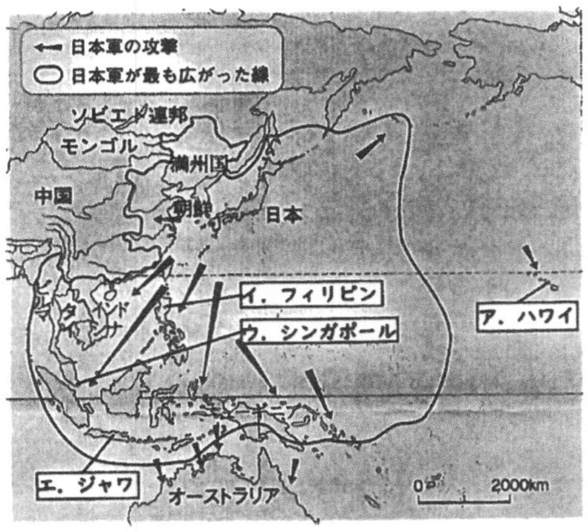

(3)文中____線部③について、このとき日本軍が攻撃《こうげき》した場所を右の図中のア～エから１つ選び、記号で答えなさい。

(4)文中____線部④について、当時の人々の生活の様子としてまちがっているものを１つ選び、記号で答えなさい。

ア．国の予算のほとんどが軍事費に使われるようになり、生産も軍事物資が優先された。

イ．隣組《となりぐみ》がつくられ、住民どうしがたがいに監視《かんし》するしくみが強められた。

ウ．国の命令によって、女子生徒なども軍需《ぐんじゅ》工場などの働き手として動員された。

エ．戦争が始まり、天皇がラジオ放送で国民生活を制限すると宣言し、国民の生活が苦しくなった。

4 次の日本国憲法前文に示された平和への誓《ちか》い（要旨《ようし》）を読んで、あとの各問いに答えなさい。

> わたしたちは、世界がいつまでも平和であることを、心から願います。わたしたちは、平和と正義を愛する世界の人々の心を信頼《しんらい》して、平和を守っていきたいと思います。
>
> わたしたちは、A 平和を守り、平等で明るい生活を築こうと努力している国際社会のなかで、名誉《めいよ》ある国民になることをちかいます。わたしたちは、全世界の人々が、みな平等に、恐怖《きょうふ》や欠乏《けつぼう》もなく、B 平和な状態で生きていくことができる権利をもっていることを、確認します。
>
> どんな国であろうと、自分の利益と幸福だけを考えて、他国のことを忘れるようなことがあってはなりません。

(1)文章中の下線部Aのような国際社会の実現のために、1945年に国際連合が生まれました。国際連合には、紛争《ふんそう》や内戦に巻き込《こ》まれて命を落としたり、家族を失ったり困難な状況《じょうきょう》にある右の写真のような子どもたち（難民《なんみん》）を守るために中心になって活動している機関があります。次のア～エから１つ選び、記号で答えなさい。

ア．安全保障理事会

イ．国連総会

ウ．ユニセフ（国連児童基金）

エ．ユネスコ（国連教育科学文化機関）

(2)文章中の下線部Bのような権利を保障する取り組みとして、1989年に国際連合は、「世界のすべての子どもは、生きる権利や育つ権利、教育を受ける権利や、意見を自由に言う権利、戦争から保護される権利などを平等にもっている」と、国連総会で条約を採択《さいたく》しました。日本も、1994年に国として確認、同意しました。この条約の名前を答えなさい。

(3)「平和主義」と並んで、日本国憲法の三原則の一つである「基本的人権の尊重」について述べた次の文のうち、まちがっているものを１つ選び、記号で答えなさい。

ア．基本的人権として、すべての国民が健康で文化的な最低限度の生活を送る権利が保障されている。

イ．基本的人権として、すべての国民が生まれながらにして自由で平等であることや、幸せに暮らす権利が保障されている。

ウ．基本的人権には、国民としての役割を果たすことを優先し、個人よりも国と地方の政治を尊重する義務が含《ふく》まれている。

エ．基本的人権には、プライバシーの権利や、暮らしやすい環境《かんきょう》のもとで生活する環境権、農産物や医薬品の安全性などについて知る権利なども含まれている。

社　　会

(4) Ｄの文と関係の深い資料はどれですか。次のア～エから１つ選び、記号で答えなさい。

ア．
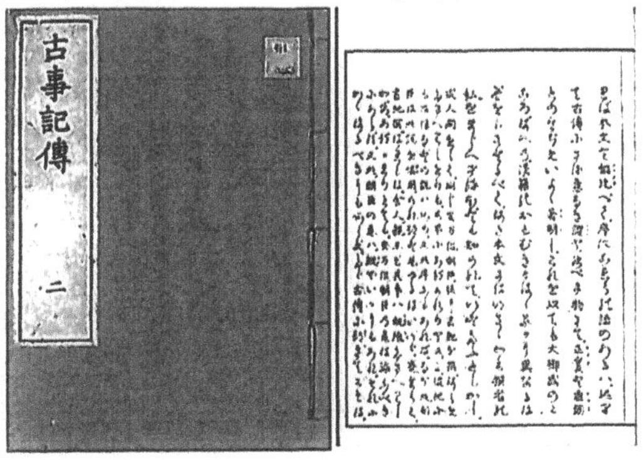

イ．
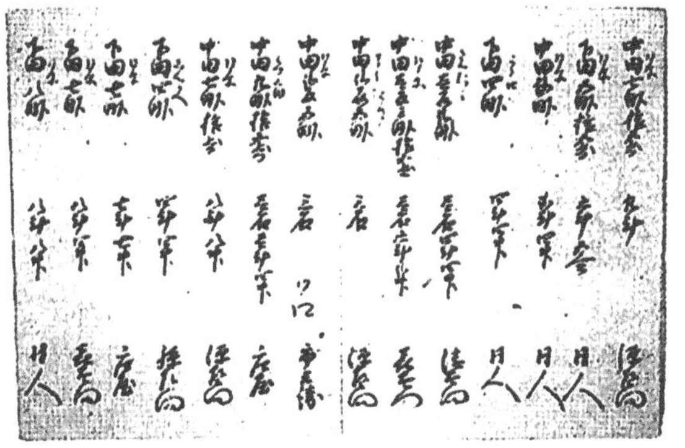

ウ．
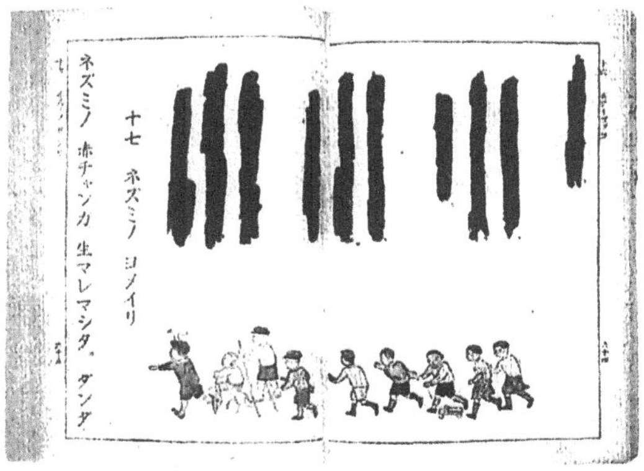

エ．
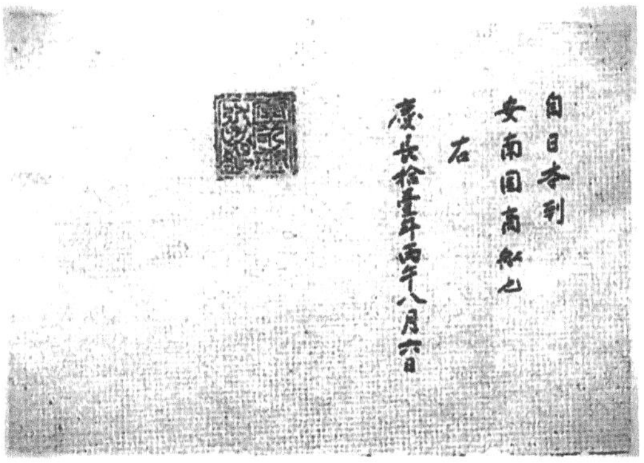

(5) 右の絵は、Ｅの＿＿部の「天下の台所」とよばれた当時の大阪《おおさか》の様子を描《えが》いたものです。「天下の台所」とよばれた理由を、25字以上50字以内の文章で説明しなさい。

3　次のよしこさんと先生とたかしさんの会話文を読んで、あとの各問いに答えなさい。

よしこ：昨日テレビを見ていたら、戦争遺跡《いせき》の話をしていたけれど、奈良《なら》にもそうした遺跡はあるのかな。
先　生：奈良教育大学の敷地《しきち》内にある教育資料館は、太平洋戦争のころの陸軍の倉庫だったんだよ。
たかし：日本が、外国と戦ったのですね。太平洋《たいへいよう》戦争より前から日本は外国と戦っていたのかな。
先　生：日本は、①日清《にっしん》戦争や日露《にちろ》戦争で朝鮮《ちょうせん》半島や中国に勢力を伸《の》ばしていったんだ。昭和《しょうわ》時代になると、景気がわるくなり、満州《まんしゅう》を日本のものにすれば不景気から抜《ぬ》け出せると考える人が現れたんだ。
よしこ：それで満州事変が起きたのですね。
先　生：そのとおり。②満州事変がきっかけで満州国がつくられたんだよ。さらに1937年には、ペキン近くで日本軍と中国軍のしょうとつがおこり、これがきっかけとなって中国との全面戦争がはじまったんだ。中国はアメリカやイギリスなどの援助《えんじょ》を受けて抵抗《ていこう》を続けたため、日本は100万人もの兵力を送ったんだよ。
たかし：イギリスやアメリカとも対立が激しくなったのかな。
先　生：そうだね。1941年12月8日に日本はイギリス領のマレー半島に上陸し、ほぼ同時に③アメリカ軍の基地を攻撃《こうげき》して、太平洋戦争が始まったんだよ。
よしこ：中国と戦争しながらアメリカやイギリスとも戦うなんて、人々の暮らしはどうなったのかな。
先　生：④人々の暮らしは、すべて戦争のために制限されたんだ。また、1944年以降はアメリカ軍の飛行機が日本の都市に爆弾《ばくだん》を落として、多くの都市が焼け野原となり人々の生命がうばわれたんだよ。

社　会

2　太郎《たろう》さんのクラスでは、日本の社会のうつり変わりや暮らしの様子について、調べ学習を行いました。次のＡ～Ｅは、図書館や博物館で見つけた文献《ぶんけん》や資料をもとに、学習内容をまとめたものです。これを読んで、あとの各問いに答えなさい。

A	８世紀、都としてさかえた平城京《へいじょうきょう》には、10万人の人々が暮らしていたと考えられています。都の人々の暮らしは、全国各地から税として集められたもので支えられていたことが、見つかった木簡《もっかん》から知ることができます。
B	平安京《へいあんきょう》では、有力な貴族が勢力を争い、そのなかで天皇とのつながりを深めた藤原《ふじわら》氏が、力をのばしていきました。藤《ふじ》原道長《わらのみちなが》は、「この世をば　わが世ぞと思う　もち月の　欠けたることも　なしと思えば」という歌をよんでいます。また、９世紀の終わりには遣唐使《けんとうし》が取りやめになり、日本風の文化が栄えるようになりました。
C	武士は一族のかしらを中心に武士団をつくりました。特に勢いが強かったのは源氏《げんじ》と平氏《へいし》で、源氏は東国《とうごく》(東日本)に、平氏は西国《さいごく》(西日本)に勢力を伸《の》ばしました。12世紀の中ごろからは、武士の政治への関わりが大きくなり、源頼朝《みなもとのよりとも》は鎌倉《かまくら》(神奈川《かながわ》県)に幕府《ばくふ》を開きました。
D	16世紀の後半、日本は戦乱から天下統一へと向かいました。豊臣秀吉《とよとみひでよし》は百姓《ひゃくしょう》に土地を耕す権利を認めるかわりに年貢《ねんぐ》を納《おさ》めさせ、刀狩《かたなが》りによって百姓が持つ刀や鉄砲《てっぽう》などを取り上げ、農業に専念させようとしました。また、武士が百姓や町人になることや、百姓が武士や町人になることを禁止し、武士と町人は城下町に、百姓は村にと、住む場所を分けました。
E	「将軍のおひざもと」といわれた江戸《えど》は、18世紀になると、人口が100万人をこえる大都市となりました。町人にかけられる税は百姓に比べて軽く、経済力では大名をしのぐ大商人もあらわれました。また、同じころの大阪《おおさか》は、「天下の台所」とよばれています。

(1) Ａの文中の「平城京」が都としてさかえた８世紀ごろの説明として、まちがっているものを１つ選び、記号で答えなさい。

ア．遣唐使や留学生らが命がけで海をわたり、中国の皇帝《こうてい》中心の政治のしくみや文化、大陸の文物が日本へもたらされた。

イ．天皇は、東大寺《とうだいじ》の大仏づくりに必要な、大量の金属や木材などの物資と、作業にあたる大勢の農民を全国から集めるとともに、高度な技術をもつ朝鮮《ちょうせん》からの渡来《とらい》人の子孫を、工事の責任者に任命した。

ウ．各地の農民たちは、税として稲《いね》や地方の特産物を納める他にも、遠くはなれた都の工事で働いたり、兵士として九州の守りについたりしていた。

エ．近畿《きんき》地方には大きな前方後円墳《ふん》がたくさんつくられ、設計や土木工事、金属加工などには、高度な技術をもった渡来人が、重要な役割を果たした。

(2) Ｂの＿＿部の「日本風の文化」の説明として、まちがっているものを１つ選び、記号で答えなさい。

ア．貴族の暮らしの様子や日本の風景などを描《えが》いたあざやかな大和《やまと》絵が生まれた。

イ．漢字をもとにしたかな文字が作られ、紫式部《むらさきしきぶ》は『源氏物語《げんじものがたり》』を書いた。

ウ．障子《しょうじ》やふすまで仕切られた、書院造《しょいんづくり》とよばれる現在の和室のもととなった建築様式が広まった。

エ．束帯《そくたい》といわれる男性の服装や、十二単《じゅうにひとえ》とよばれる女性の服装が着用されるようになった。

(3) Ｃの文を読んで、武士の政治への関わりについて述べた次のア～エを、年代順に並べかえ、記号で答えなさい。

ア．武士の裁判の基準となる法律（御成敗式目《ごせいばいしきもく》）がつくられ、北条《ほうじょう》氏を中心とした鎌倉幕府の支配力はいっそう強くなった。

イ．元《げん》の大軍が２度にわたり九州《きゅうしゅう》北部におしよせてきて、御家人《ごけにん》たちは、元軍の集団戦法や火薬兵器に苦しみながらも、激しく戦った。

ウ．源頼朝は、鎌倉（神奈川県）で武士による政治のしくみを整えた。また、朝廷《ちょうてい》にせまり、御家人を守護《しゅご》や地頭《じとう》につけ、地方にも力がおよぶようにした。

エ．平清盛《たいらのきよもり》は武士としてはじめて太政大臣《だいじょうだいじん》になり、中国（宋《そう》）との貿易を進めるために、兵庫《ひょうご》の港（神戸《こうべ》市）を整えるなど、積極的な政治をおこなった。

社　　会

(5) Ｄ班の＿＿部の「食料自給率」について述べた次の文のうち、まちがっているものを、下の６つの資料を参考にしながら１つ選び、記号で答えなさい。

ア．アメリカやオーストラリアなどでは、日本と比べて、農林業などの従事者１人あたりの耕地面積がはるかに大きいので、大型機械を使って、少ない人手で大量の農産物を安く生産することができる。

イ．日本は消費する小麦の多くを輸入にたよっており、2017年のとれ高と輸入高の合計にしめる輸入高のわりあいは８割をこえている。

ウ．日本の食料自給率は、他の国よりも低く、近年、魚貝類以外の食料は国内でほとんどまかなえていない。

エ．農業・林業・水産業で働く人のわりあいが減っていることや、耕地面積が減少していることも、日本の食料自給率が低くなっている理由の一つと考えられる。

資料Ⅰ　おもな国の食料自給率の変化

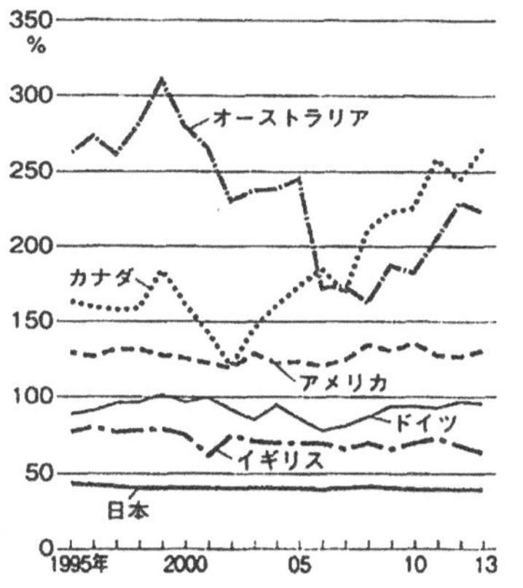

（農林水産省調べ　『日本のすがた2019』）

資料Ⅱ　日本のおもな食料の自給率の変化

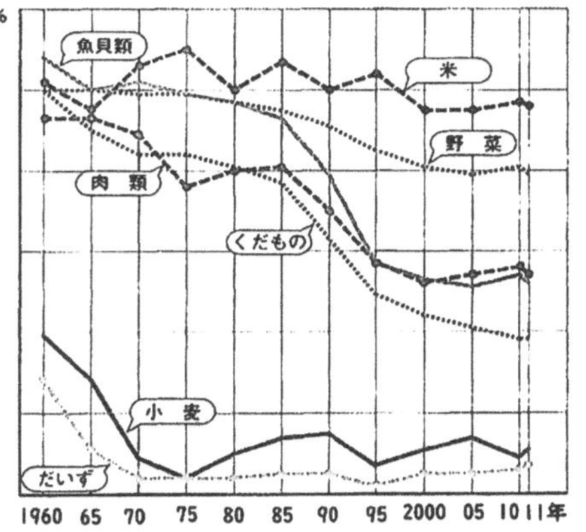

（2013年刊　食料需給表《じゅきゅうひょう》）

資料Ⅲ　産業別の人口のわりあいの変化

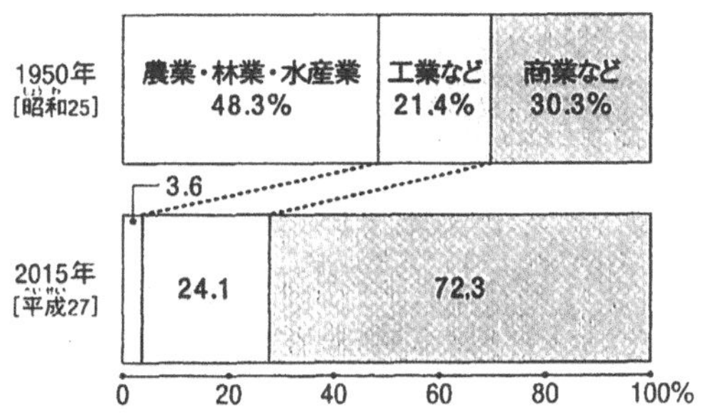

（労働力調査年報　2015年ほか）

資料Ⅳ　日本の小麦のとれ高と輸入高の変化

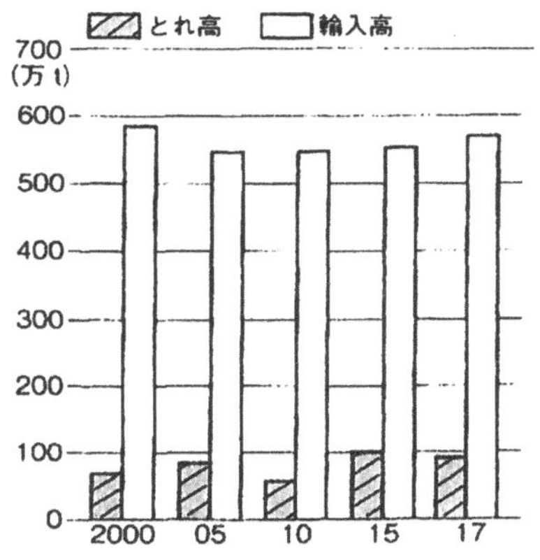

（農林水産省および財務省調べ『日本のすがた2019』）

資料Ⅴ　日本の耕地面積の変化

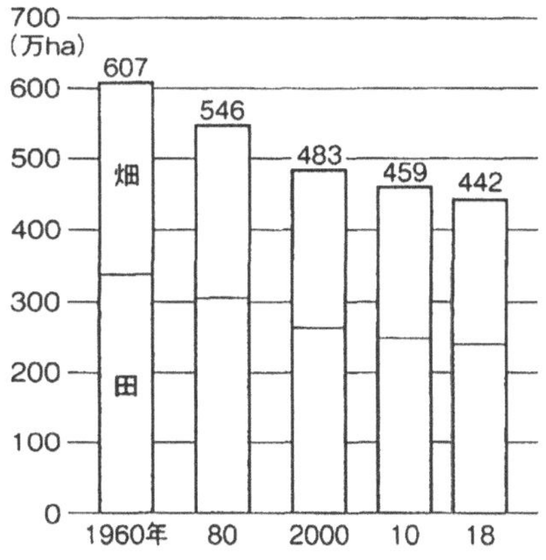

（農林水産省調べ　『日本のすがた2019』）

資料Ⅵ　おもな国の農林業などの従事者１人あたりの耕地面積

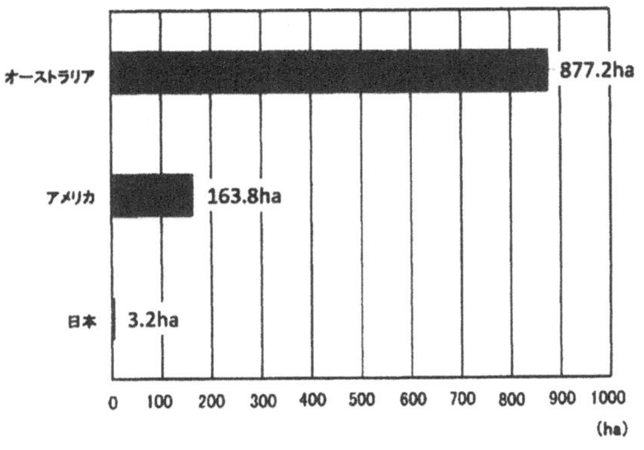

（2013年　農林水産省調べほか）

(6) Ｄ班の＿＿部の「食の安全・安心への関心は高まっており、食料生産と環境のかかわりについて考え、行動することが大切」について述べた次の文のうち、まちがっているものを１つ選び、記号で答えなさい。

ア．水田は、雨水を受けとめて水をたくわえ、棚田《たなだ》は、こう水や土砂くずれを防ぐ働きもあるので、水田や棚田で食料を生産することは、環境《かんきょう》保全に役立っている。

イ．食品がいつ、どこで、どのように生産され、どのような経路で店にならんだのかを追せきできるトレーサビリティのしくみが整えられてきている。

ウ．品質のよい食料を生産するためには、水や土などがよい環境であることが必要で、農業・林業・水産業で働いている人たちがいっしょに植林活動を行っている地域もある。

エ．日本ではすべての農家が農薬を使わない米づくりに取り組んでおり、水の管理をしっかり行ったり、かもを水田に放したりして、雑草や害虫を自然なかたちで取りのぞいている。

社　会

（30分）

1　ゆりこさんのクラスでは、「産業や暮らしの変化から、持続可能な社会のすがたを考えよう」というテーマで、これまで学んできた社会科の学習をふりかえることにしました。Ａ班～Ｄ班の発表内容を読んで、あとの各問いに答えなさい。

Ａ班	今から75年前に第二次世界大戦が終わり、日本では国が工業をさかんにしようと取り組んだこともあって、全国に多くの工場が建設されるようになりました。1960年ごろからは経済がめざましく発展し、わたしたちの暮らしは便利になった反面、そのことによって公害が発生し、環境《かんきょう》がはかいされ、人の健康や命をおびやかすことになりました。今の便利な生活をやめて、不便な生活にもどすことは、だれにとってもむずかしいことでもあり、現在、工場では、人や環境に配慮《はいりょ》しながら、工業製品をつくる取り組みをしています。
Ｂ班	日本では、毎年のようにさまざまな自然災害が起きています。2011年3月11日には、三陸《さんりく》沖を震源《しんげん》とする大地震《じしん》が発生し、それにともなう大津波《つなみ》によって、東北地方を中心として東日本の太平洋《たいへいよう》沿岸が大きな被害《ひがい》を受けました。また、気候との関係をみても、台風による大雨や暴風、土砂崩《くず》れ、川のはんらんなど、人々の命や財産に対して、大きな影響《えいきょう》をおよぼす災害が起きています。このため、現在、全国の各市町村では、自然災害による被害を予測して表した地図をつくり、住民に注意をよびかけています。また、自然災害が多い地域では、過去にあった自然災害を伝える記念碑《ひ》が建てられており、「災害は忘れたころにやってくるから気をつけなさい」という先人の思いを、地域の人々みんなで語り継《つ》いでいます。
Ｃ班	日本全体での米の生産量は、米の消費量とともに下がり続けています。現在では、農業以外に仕事をもつ兼業《けんぎょう》化が進み、農業を継ぐ若い人が少ないこともあって、高齢《こうれい》化も進んでいます。米の消費量を増やす試みとしては、米の粉でつくったパンや、米をとがずにたける無洗米などを売り出す取り組みが進められています。また、少しでも収入を増やすために、同じ地域の農家と生産組合をつくる取り組みも見られます。
Ｄ班	現在、わたしたちの食生活には、輸入された食料が欠かせなくなっています。国内で消費された食料の量に対して、国内で生産された食料の量をわりあいであらわした「食料自給率」は低くなっています。一方で、消費者の食の安全・安心への関心は高まっており、食料生産と環境のかかわりについて考え、行動することが大切です。なお、輸入先の国で天候不順や突然《とつぜん》の災害などが起きて農産物の収穫《しゅうかく》量が大きく減ったり、外国との関係が悪くなったりした場合、農産物などが輸入できなくなる可能性もあります。

(1) Ａ班の＿＿部の「公害」について、次のように説明される公害が発生した地域はどこですか。下のア～エから１つ選び、記号で答えなさい。

> 石油化学工場から空気中に出されたガスが原因で、息をするのが苦しく、のどがいたみ、はげしいぜんそくの発作《ほっさ》がおこった。このため、工場から排出《はいしゅつ》されるいおう酸化物の量をきびしく規制した。

ア．八代《やつしろ》海沿岸《えんがん》域（熊本《くまもと》県・鹿児島《かごしま》県）　　イ．四日市《よっかいち》市（三重《みえ》県）
ウ．神通《じんづう》川下流域（富山《とやま》県）　　エ．阿賀野《あがの》川下流域（新潟《にいがた》県）

(2) Ａ班の＿＿部の「人や環境に配慮」した自動車の開発や製造における取り組みについて述べた次の文のうち、まちがっているものを１つ選び、記号で答えなさい。

ア．電気自動車はガソリンを使用しないため、走行時に二酸化炭素などを排出せず、地球の環境にやさしい。
イ．資源を大切に使うために、古いものを再利用して新しい部品をつくるなど、リサイクルしやすい自動車が開発されている。
ウ．自動車工場では、ロボットだけにたよらず人を多くし、一つのラインで同じ種類の自動車だけが大量生産されている。
エ．前方の自動車とのしょうとつを防ぐために自動でブレーキがかかるなど、交通事故を防ぐためのくふうがしてある自動車が開発されている。
オ．朝からと夕方からの勤務を交替《こうたい》で行い、真夜中の仕事を少なくしたり、同じ作業の繰《く》り返しでミスやけがが起こることを防ぐため、受けもつ作業を入れかえたりするなど、くふうをしている工場もある。

(3) Ｂ班の＿＿部の「自然災害による被害を予測して表した地図」は、色や記号を使い分け、避難《ひなん》場所などもわかりやすく表しています。この地図のことを何マップといいますか。カタカナ４字で答えなさい。

(4) Ｃ班の＿＿部について、この取り組みによって農家の収入が増えることにつながる理由を、「機械」「生産にかかる費用」という２つの言葉を用いて20字以上40字以内の文章で説明しなさい。

（３）　りか子さんは学校で、光電池は太陽に対して正面に向くように置くと、よく発電することを学習しました。社会見学で見学した光電池を使った発電施設《しせつ》でも、すべての光電池が同じ方向に向けられ、斜《なな》めに傾《かたむ》けて置いてありました。しかし、りか子さんは朝と夕方で太陽の位置が違うので、いつでも効率よく発電するためには、光電池が常に太陽に対して正面に向くように置く方が良いのではないかと考えました。

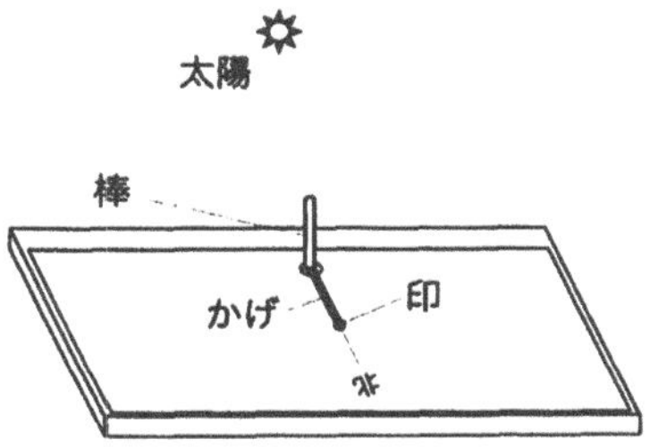

図３

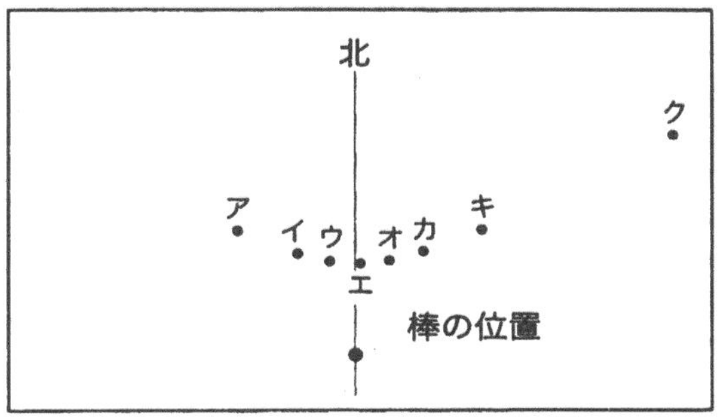

図４

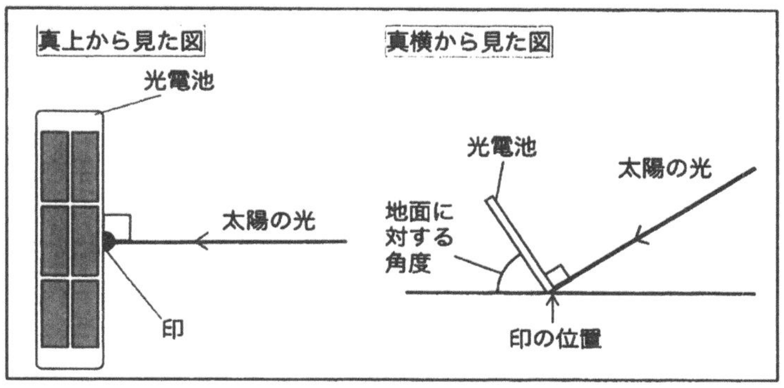

図５

①　まず、太陽の動きを調べるために、図３のような装置を作り、そのかげの動きを記録することにしました。観測は、学校で午前９時から午後４時まで、１時間ごとに棒のかげの先たんに印をつける方法で行いました。図４はその結果です。図４のア～クのうち、午後２時の印はどれですか。正しいものを１つ選び、記号で答えなさい。

②　次に、光電池を置くときの地面に対する角度について調べました。図５のように、印の位置で光電池に太陽の光が垂直に当たるように置くと、図４の各印の位置で地面に対する角度が変わることに気がつきました。図４のア～クのうち、光電池の地面に対する角度が最も小さくなる時間の印はどれですか。正しいものを１つ選び、記号で答えなさい。

（４）　りか子さんは、ダムを管理されている人から、ダムに土がたい積することについて話を聞きました。話は次のような内容でした。

【話の内容】
みなさんは、学校で流れる水のはたらきについて学習したと思います。川では、流れる水のはたらきによって、土が上流から運ばれます。ダムは、川をせきとめて水をためています。そのため、ダムには川の上流から流れこんだ土がたい積してしまいます。たい積した土を取り除かずに置いておくと、やがてダムにためることができる水の量が少なくなってしまいます。したがって、ダムに土がたまらないように、いろいろな工夫をしています。

そこでりか子さんは、ダムにたまった水の中で土がどのようにたまるのかを調べるために、図６のような装置を作って実験を行ないました。といに土をのせ、水で少しずつ水そうに流しこみました。土は、れき・砂・どろを同じ体積の割合で混ぜたものを使いました。

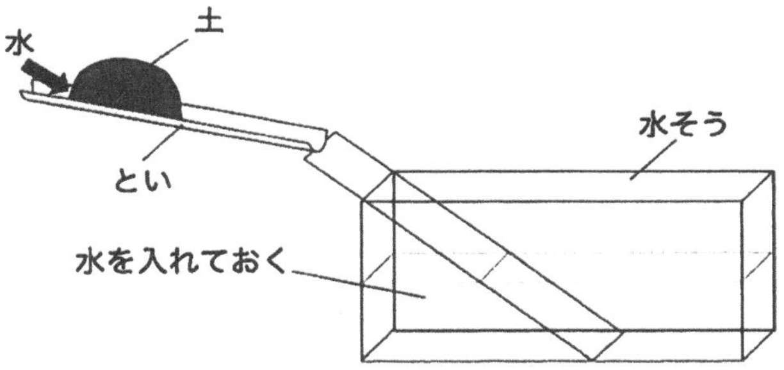

図６

①　【話の内容】にある、下線部のような流れる水のはたらきを何というか答えなさい。

②　水そうの中で土はどのようにたい積すると考えられますか。次のア～エのうち、最も正しいものを１つ選び、記号で答えなさい。

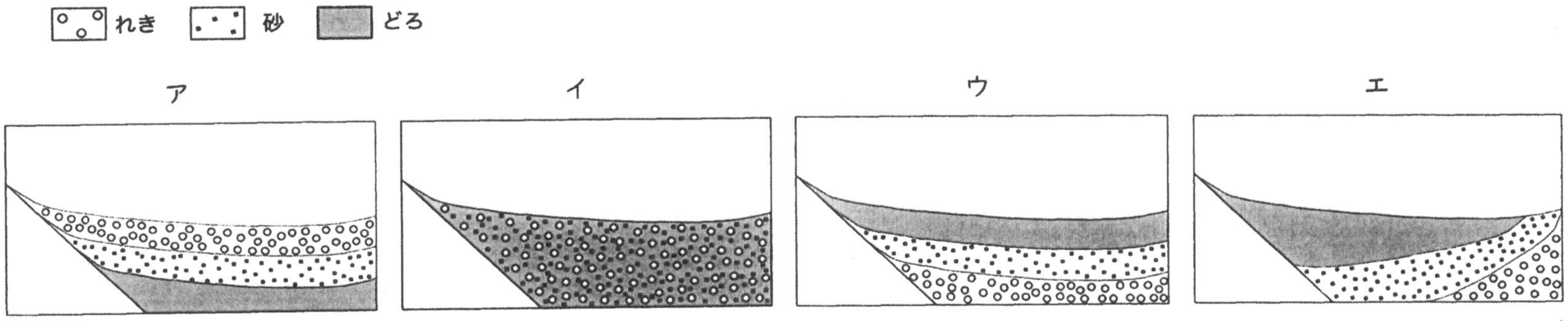

２　りか子さんは、奈良市の学校に通っています。りか子さんの学校では、電気について学習したあと、社会見学で光電池を使った発電施設《しせつ》や水力発電所を見学しています。あとの各問いに答えなさい。

（１）　りか子さんは、学校で図１のような回路を作って、豆電球を点灯させる実験を行いました。その後、下のア～カのように、乾《かん》電池の数や導線のつなぎ方をいろいろと変えた回路を考えました。ただし、電池はすべて同じ種類で新品であるとします。

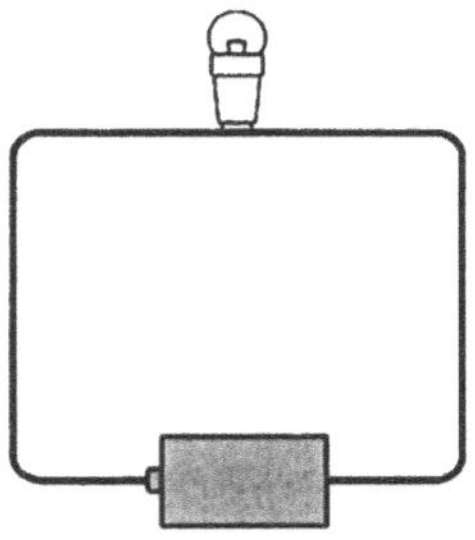

図１

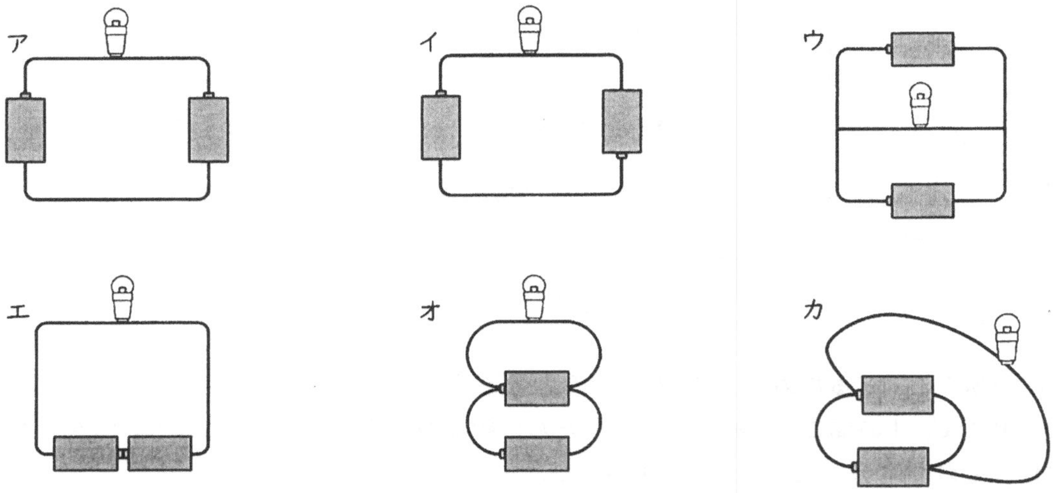

①　上のア～カの回路のうち、豆電球が点灯すると考えられる回路はどれですか。すべて選び、記号で答えなさい。

②　①で解答した回路の中で、図１の回路と同じ明るさで豆電球が点灯すると考えられる回路はどれですか。すべて選び、記号で答えなさい。

（２）　次に、りか子さんは、コンデンサーに電気をためる実験を行いました。図２のように、手回し発電機を使ってコンデンサーに電気をため、すぐにコンデンサーに豆電球をつないで明かりがつく時間を調べました。手回し発電機は、ハンドルを一定の速さ（１秒間に２回）で図２の矢印の向きに回し、その回数は０回から２０回まで５回ずつ増やしていきました。下の表は、この実験結果をまとめたものです。なお、表の×は、時間の計測に失敗し、結果が無いことを表しています。

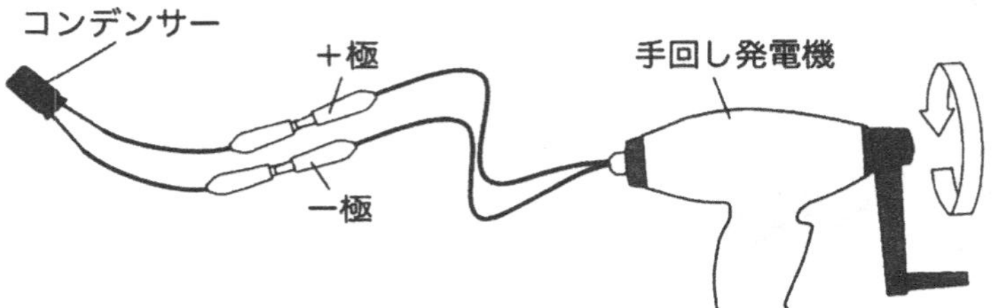

図２

表

ハンドルを回した回数〔回〕	０	５	１０	１５	２０
豆電球に明かりがつく時間〔秒〕	０	４	９	×	１８

①　この実験では、実験を始める前や終えた後にコンデンサーにある操作をしておく必要があります。ある操作とは何ですか。簡単に説明しなさい。

②　手回し発電機とコンデンサーをつなぐとき、手回し発電機の＋極は、コンデンサーの「＋たんし」と「－たんし」のどちらにつなぐとよいですか。

③　表の実験結果を、解答欄《らん》のグラフ上に●印で書き入れなさい。ただし、●と●は線で結ばないこと。

④　この実験で、手回し発電機のハンドルを回す速さは変えず、回す回数を１７回にした場合、豆電球に明かりがつく時間は何秒から何秒の間になると考えられますか。次のア～エのうち、最も正しいと考えられるものを１つ選び、記号で答えなさい。

ア　５秒から８秒の間　　イ　１０秒から１３秒の間　　ウ　１４秒から１７秒の間　　エ　１９秒から２０秒の間

（３）植物は生きていくために、根から水を吸収しています。太郎さんは、植物が根から吸い上げた水の行方《ゆくえ》が気になり、図４のように庭に植えたジャガイモの葉に袋をかぶせ、数時間放置した後、ようすを観察しました。すると、かぶせた袋の内側が白くくもり、よく見ると水滴《すいてき》がついていました。

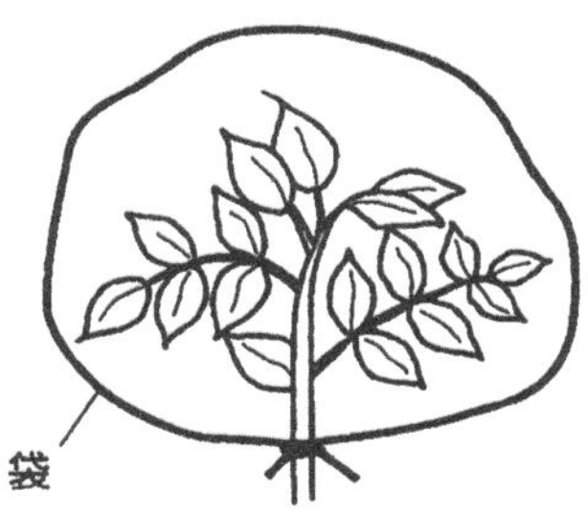

図４

①　根から吸い上げられた水は、主に植物の葉の何というところから出ていきますか。名前を答えなさい。
②　根から吸い上げられた水は、主に植物の葉から固体・液体・気体のどの状態で出ていくと考えられるか答えなさい。

（４）植物は、生きていくために水のほかにも酸素や二酸化炭素を出したり、取り入れたりしています。次のア～エの中で、二酸化炭素のことについて書いているものをすべて選び、記号で答えなさい。

ア　空気中の割合が約２１％である。　　　イ　ものが燃えるときに使われる。
ウ　ろうそくが燃えるときに発生する。　　エ　石灰水《せっかいすい》を白くにごらせる。

（５）太郎さんは親戚《しんせき》の人に、ジャガイモにふくまれるデンプン量を比べる方法について教えてもらいました。一般には機械で選別する方法もありますが、次の【方法】でつくった食塩水にジャガイモを入れると、デンプンの量が少ないジャガイモは浮くため、家庭でも大まかに分けることができます。なお、太郎さんはほぼ同じ大きさのジャガイモを使って実験を行いました。
※選別・・・いくつかの中から、ある基準によって分けること。

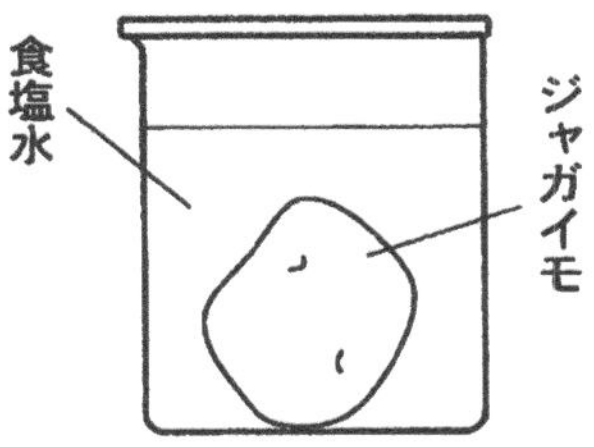

図５

【方法】
１Ｌの水に１２０ｇの食塩をとかして食塩水をつくり、その中にジャガイモを入れ、浮くか沈《しず》むかを調べる。（図５）

①　太郎さんが、自分で育てたジャガイモと産地Ａのジャガイモ、産地Ｂのジャガイモを水に入れたところ、すべてのジャガイモは沈みました。次に、上の【方法】で実験を行ったところ、結果は表２のようになりました。産地Ａのジャガイモと産地Ｂのジャガイモをさらに分けるためには、どのようにすればよいですか。最も正しいものを次のア～ウから１つ選び、記号で答えなさい。

表２

自分で育てたジャガイモ	産地Ａのジャガイモ	産地Ｂのジャガイモ
浮いた	沈んだ	沈んだ

ア　選別に使用した食塩水に、さらに食塩をとかして濃《こ》くする。
イ　選別に使用した食塩水に、水を加えてうすめる。
ウ　選別に使用した食塩水の濃さは変えず、食塩水全体の体積を２倍にする。

②　太郎さんはジャガイモのデンプンをけんび鏡で観察するために、図６の手順でプレパラートをつくりました。次の文の（Ａ）（Ｂ）に入る色の組み合わせとして最も適したものを、下のア～カから１つ選び、記号で答えなさい。

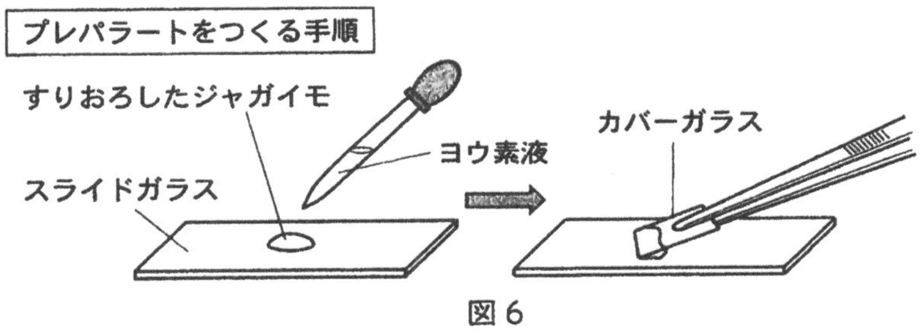

図６

「ヨウ素液の色は（　Ａ　）で、ヨウ素液をかけた後のすりおろしたジャガイモの色は（　Ｂ　）である。」

ア　Ａ:無色、Ｂ:茶色　　イ　Ａ:うすい青色、Ｂ:茶色　　ウ　Ａ:うすい茶色、Ｂ:茶色
エ　Ａ:無色、Ｂ:青むらさき色　　オ　Ａ:うすい青色、Ｂ:青むらさき色　　カ　Ａ:うすい茶色、Ｂ:青むらさき色

③　ジャガイモのデンプンをけんび鏡で観察すると、どのような形が観察できますか。最も正しいものを次のア～エから１つ選び、記号で答えなさい。 ただし、それぞれの図は、大きさがほぼ同じになるように倍率を変えています。

ア
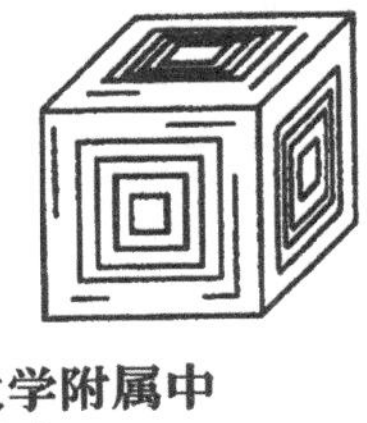
イ

ウ
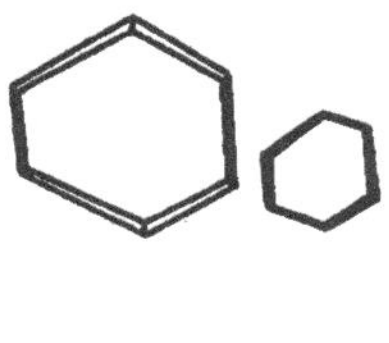
エ

（30分）

1　奈良市に住んでいる太郎さんは、ジャガイモ農家を営んでいる親戚《しんせき》の家に行き、ジャガイモの種芋《たねいも》と土をもらいました。あとの各問いに答えなさい。

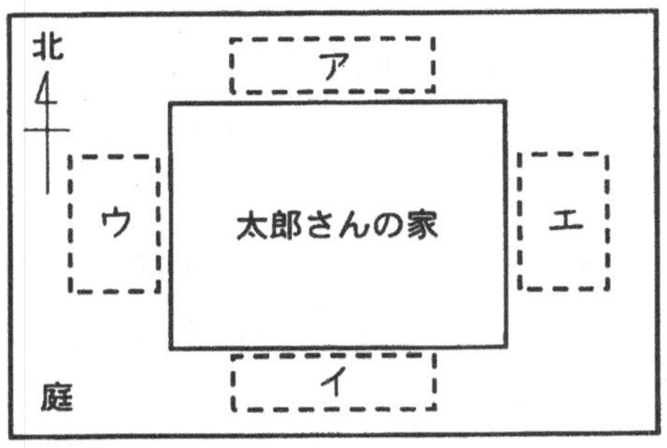

図１

（１）太郎さんは、自分の家の庭でもジャガイモを育ててみることにしました。図１は、太郎さんの家の配置を簡単に表したものです。太郎さんがジャガイモの種芋を植えて育てる場所として、最も適していないと考えられる場所を、図１のア～エから１つ選び、記号で答えなさい。ただし、太郎さんの家の周りには、他に高い建物は無いものとします。また、土は親戚にもらったものを使用しました。

（２）太郎さんは親戚の人に、ジャガイモの生育に適した土は酸性で、もらった土も酸性であると教えてもらいました。そこで、その土を使って、次の【方法】で実験を行いました。

【方法】
手順１．自然乾燥させた土を４０ｇとり、ビーカーに入れたあと、水を１００ｇ加えてよくかき混ぜる。（図２）
手順２．上ずみ液が透明になるまで放置する。（図３）
手順３．透明になった上ずみ液を試験管に少量とり、赤色と青色のリトマス紙で確かめる。手順２でしばらく放置しても、上ずみ液に細かいゴミなどが浮いている場合は、上ずみ液をろ過してから確かめるようにする。

図２

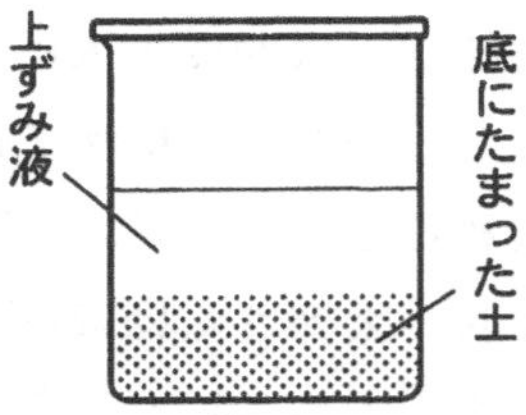

図３

①　手順３のろ過の方法として、最も正しいものを次のア～カから１つ選び、記号で答えなさい。

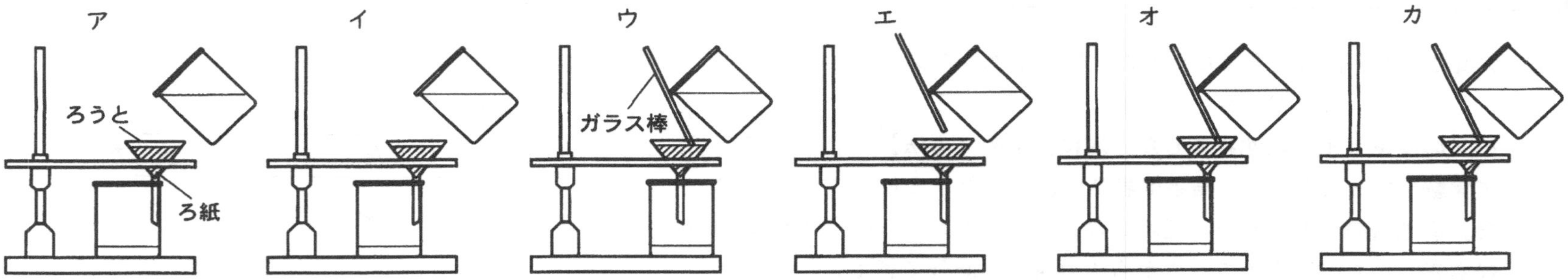

②　上ずみ液を赤色リトマス紙と青色リトマス紙につけて色の変化を調べると、酸性を示しました。それぞれのリトマス紙は何色になりましたか。変化した後のリトマス紙の色を答えなさい。ただし、変化しない場合は「変化なし」と答えなさい。

③　太郎さんは、上ずみ液と性質が似ているものがあるか調べる実験を、身近な水よう液（表１のア～エ）を用いて行いました。身近な水よう液は、うすい塩酸、うすい水酸化ナトリウム水よう液、食塩水、炭酸水を使いました。実験内容と結果は、表１のようになりました。
次に、上ずみ液でも同様の実験を行ったところ、炭酸水と一番近い結果が得られました。炭酸水の結果として最も正しいものを表１のア～エから１つ選び、記号で答えなさい。

表１

実験内容／水よう液	鉄を入れる	アルミニウムを入れる	ムラサキキャベツ液を入れる	水よう液を自然に蒸発させる
ア	鉄があわを出してとけた。	アルミニウムがあわを出してとけた。	赤色になった。	何も残らなかった。
イ	鉄が変化しなかった。	アルミニウムが変化しなかった。	赤むらさき色になった。	何も残らなかった。
ウ	鉄が変化しなかった。	アルミニウムが変化しなかった。	むらさき色になった。	固体が残った。
エ	鉄が変化しなかった。	アルミニウムがあわを出してとけた。	黄色になった。	固体が残った。

5 下図のように辺ABが3cm、辺ACが4cm、辺BCが5cmの直角三角形ABCと、その中に直角三角形ABDがあります。直角三角形ABDをとり出した図形がア、元の直角三角形ABCをイとして、アをイにはめこみました。

次の各問いに答えなさい。

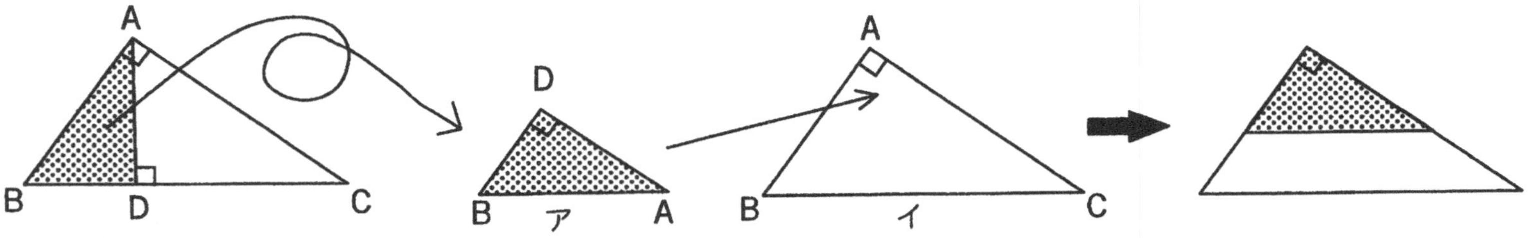

(1) ADの長さを求めなさい。

(2) 下図のように直線XY上で、直角三角形ABCを矢印の方向にすべらせます。BRの長さが 15 cmになるときにできる台形ABRPの面積を求めなさい。

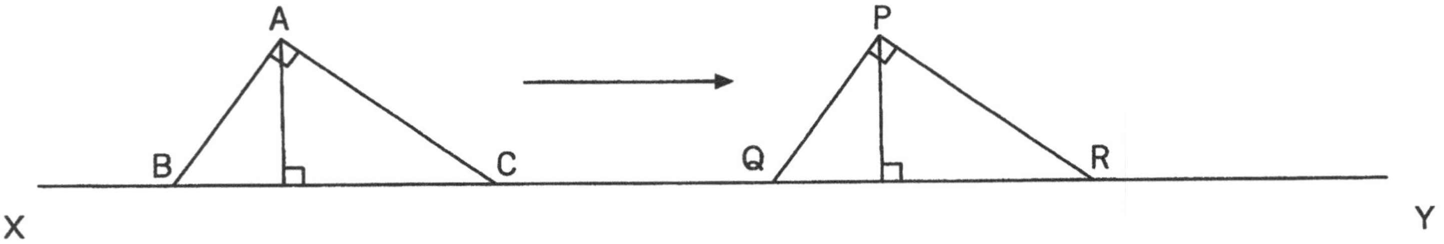

(3) (2)と同じようにすべらせたとき、台形ABRPの面積が 84 cm^2 になるときのAPの長さを求めなさい。

6 図のような大きい直方体の容器の底に、小さい直方体の容器を固定しました。大きい容器に水を毎分 3 Lの割合で入れました。水を入れ始めてからの時間（分）と大きい容器の水面の高さ（cm）を表すグラフは下のようになりました。

なお、容器の厚みは考えないものとする。

(1) 小さい容器の高さを求めなさい。

(2) 大きい容器の底面積を求めなさい。

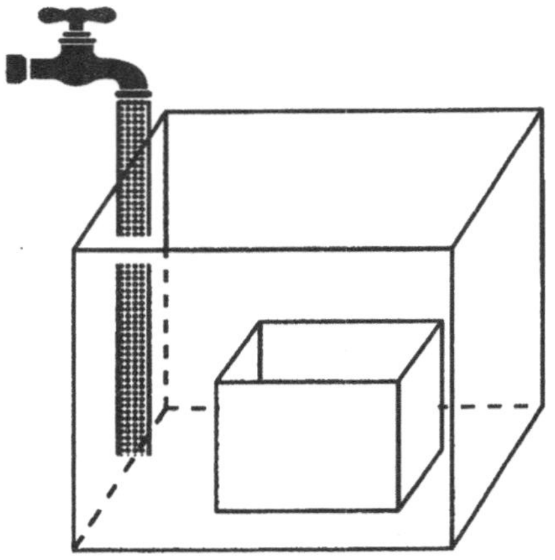

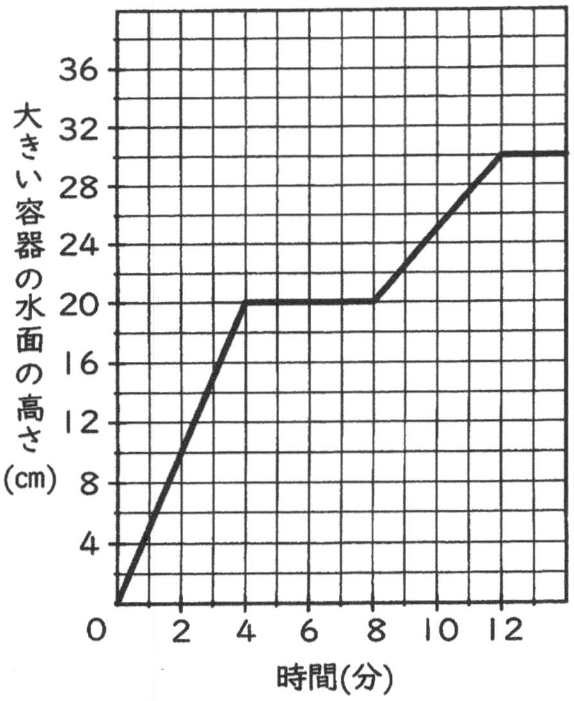

(3) 容器を空にして、毎分 3 Lの水を入れるのと同時に、小さい容器の上からも毎分 1 Lの水を入れるとき、大きい容器の水面の高さを表すグラフはどのようになりますか。

解答用紙のグラフに書きなさい。

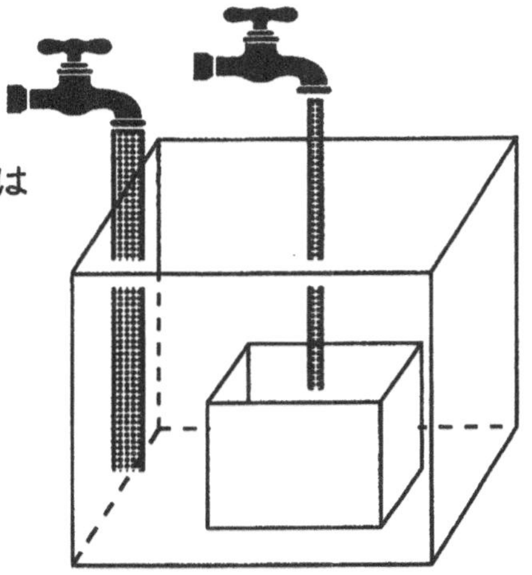

3 あるクラスでカードゲームを2回行いました。1回目と2回目の得点を調べた結果をまとめたのが左下の表です。なお、□でかこんだところは1回目で0点、2回目で3点だった人が2人いることを表しています。また棒グラフは1回目の結果を、円グラフは2回目の結果をそれぞれまとめようとしたものです。次の問いに答えなさい。

(1) このクラスの人数を求めなさい。

(2) 表中の(ア)にあてはまる人数を求めなさい。

(3) 棒グラフでぬけている、0点、1点、2点のグラフを完成させなさい。

(4) 円グラフにかかれていない、3点のしめる割合(%)を求めなさい。

2回目

1回目	0点	1点	2点	3点	4点	5点
0点	0	0	0	2	0	0
1点	0	1	1	1	1	0
2点	0	2	1	3	3	0
3点	0	1	3	4	(ア)	1
4点	0	0	2	2	4	0
5点	0	0	1	2	0	1

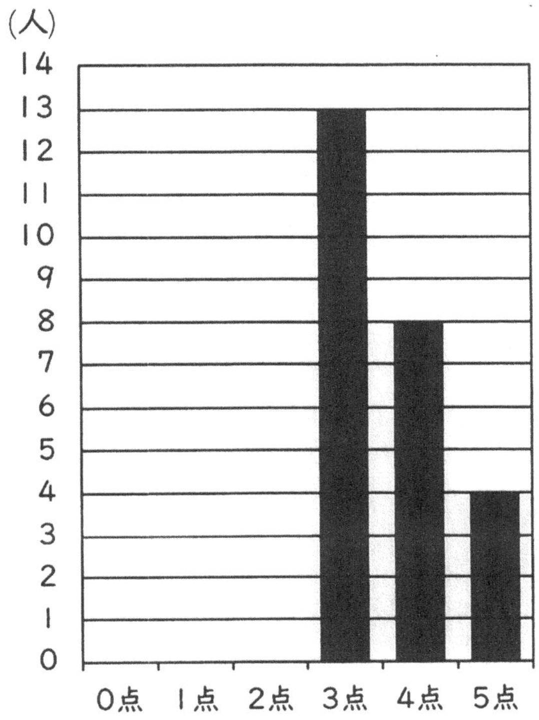

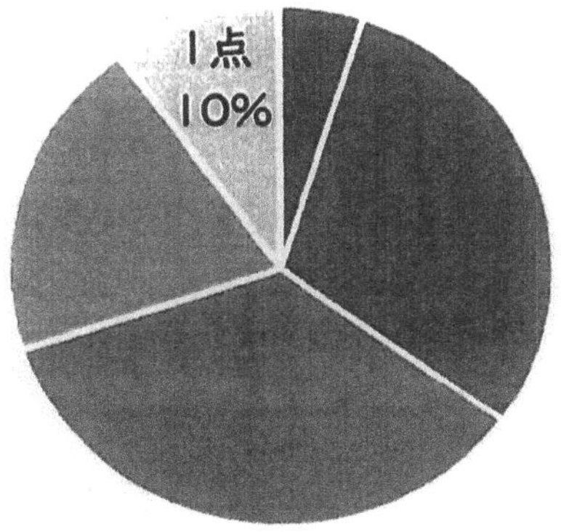

4 1辺が10cmの立方体を図1のようにABCDの面で切って五角柱と三角柱を作ります。ただし、A、B、C、Dはそれぞれの辺の真ん中の点です。

(1) 図2はもとの立方体の展開図です。解答用紙の図2に、図1のAD、BC、CDを書き入れなさい。

(2) 切ってできる2つの立体のうち、五角柱の体積を求めなさい。

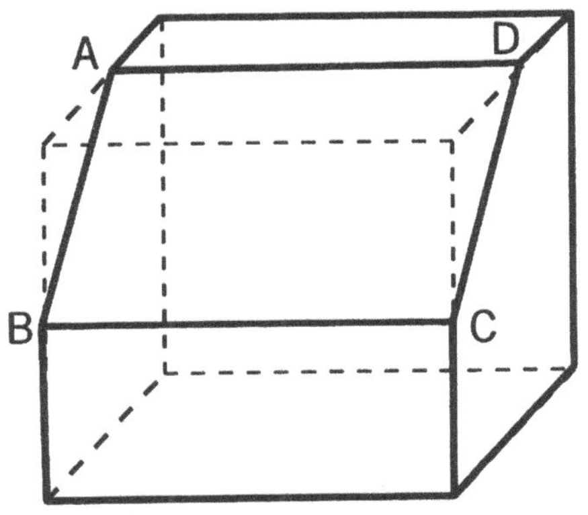

図1

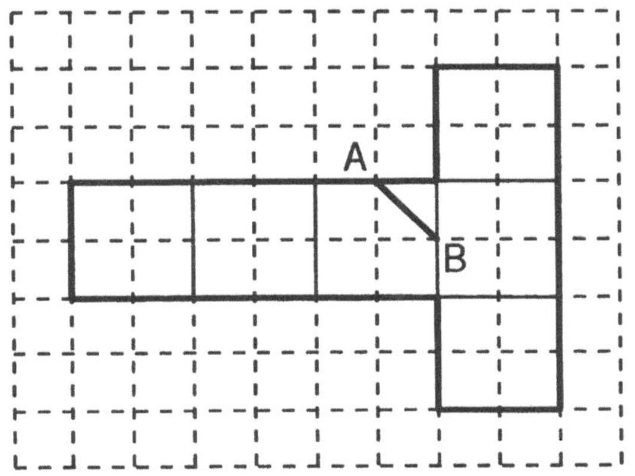

図2

算　　数

1 次の計算をしなさい。

(1) $43-19$

(2) $194-(73-47)$

(3) $39+63\div9-4\times7$

(4) $0.8\times32.5-0.1\div0.01$

(5) $1\frac{6}{7}-\frac{1}{6}\div\frac{2}{3}$

2 次の各問いに答えなさい。

(1) $\frac{23}{31}$ の分母と分子からそれぞれ同じ整数を引いたら $\frac{3}{5}$ になりました。引いた整数はいくらですか。

(2) 1本のロープを6つに切りわけました。短い順に並べたとき、となり同士は12cmずつちがいます。いちばん長いロープが70cmになるとき、元のロープの長さは何mですか。

(3) 10円玉、50円玉、100円玉のいずれも1枚以上使って500円にする方法は何通りありますか。

(4) 毎週木曜日に発行されるマンガ雑誌があります。今年(令和2年)の1月1日は水曜日です。今年1年間にこのマンガ雑誌は何回発行されますか。今年の2月は29日まであります。

(5) $1\times3\times5\times7\times\cdots$ のように奇数《きすう》を小さい順にかけていきました。このとき、その積の下から2けたが初めて25になるのは、奇数を何個かけあわせたときですか。

(6) 600mの道のりを200mずつ速さを変えて進みます。最初は分速150m、次は最初の速さの3分の2で、最後は2つ目の速さの2分の1で進みました。あわせて何分かかりましたか。

(7) 下の図は、辺ABと辺ACの長さが等しい三角形をADを折り目にして折ったものです。このとき、DEとEFの長さが等しくなりました。アの角度が42°のとき、イの角度は何度になりますか。

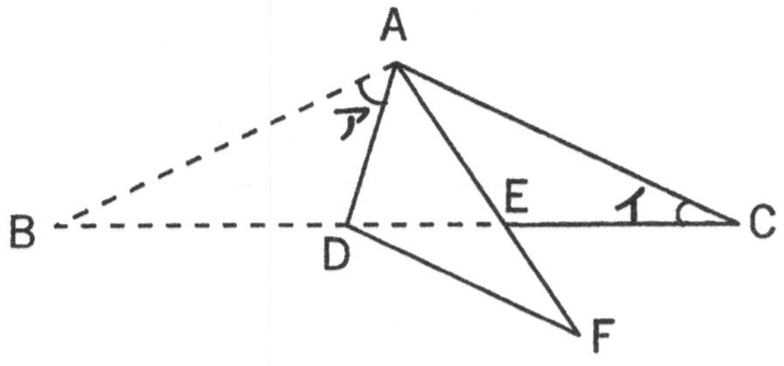

見分け方は、前述した「もし、このグループのみんながあなたの悪口を言っていると言われたら、どれぐらいドキッとするか」です。

思い入れのないグループ、好きでもない集団、関心のない人たちだと、「あなたの悪口を言っている」と言われても、あんまりチクッとしません。

その場合は、その集団は、あなたにとって「世間」ではありません。あなたは、その集団の掟《おきて》（ルール）に従う必要もないし、従うつもりもないでしょう。いつやめてもいいと思っているはずです。

逆に、大切な人たち、大好きなグループ、ちゃんと所属している集団だと、チクッではなく、ドキッとするでしょう。

それは、あなたにとって「世間」です。

「世間」に生きることは、安心することですが、同時にいろんな掟（ルール）に縛《しば》られることなのです。

大切なことは、今現在、「世間」に属していない人も、「世間」という考え方・感じ方が日本人として残っているということです。

（鴻上《こうかみ》　尚史《しょうじ》　『「空気」を読んでも従わない～生き苦しさからラクになる～』岩波ジュニア新書による）

(1)　――線部①「『みんな言ってる』というのはおかしいのです。」とありますが、その理由を本文中の言葉を使って三十字以内で説明しなさい。

(2)　筆者が考える「世間」にあてはまらないものを一つ選び、記号で答えなさい。

ア　安心感を得ることができる学級
イ　お互《たが》いが助け合い、強くつながっている友だち
ウ　まとまりを強調し、守るべき規則が多い学校
エ　行動を共にはするが、好きでもない集団

(3)　――線部②「人間は案外、変わらないものだ」とありますが、この筆者の考えと同じ意味の言葉を、本文中から探し漢字二字で答えなさい。

(4)　――線部③「故郷ではいまだに、朝の6時と夕方の6時に、公民館に設置しているスピーカーから大きな音で音楽が流れて、地域に時間を知らせます。」とありますが、その理由について述べている一文を探し、初めの三字をぬき出しなさい。

(5)　――線部④「もちろん」とありますが、これはどこにかかりますか。次の中から適切なものを一つ選び、記号で答えなさい。

ア　都市に
イ　住んでいて
ウ　属していなければ
エ　可能性も
オ　あります

(6)　次の各文の中から、筆者の考えとして適切なものを二つ選び、記号で答えなさい。

ア　「クラスのみんなが言ってるよ」と言われて気になるのは、「社会」に生きている証拠《しょうこ》である。
イ　働く人は、何かしらの「世間」に属さないと、生活することはできない。
ウ　「世間」に属することは、何らかの決まりに縛《しば》られることであるが、同時に安心することでもある。
エ　「世間」がなくなったので、知らない人が多く住む時代になった。
オ　所属している「世間」から、悪口を言われても気にはならない。
カ　派手な格好をして外出すると、世間体《せけんてい》が悪い。

(7)　あなた自身の「世間」やあなたの身の回りの「世間」のよい面とよくない面を次の条件に従って書きなさい。

〔条件①〕原稿《げんこう》用紙の正しい使い方にしたがい、二百字以上、二百四十字以内で書くこと。なお、必要に応じて段落をつくってもよい。
〔条件②〕題・氏名は書かないで本文から書き始めること。
〔条件③〕筆者の「世間」に対する考え方を参考にして、あなたの所属する「世間」の説明、その「世間」のよい面とよくない面を、具体的に書くこと。

〔三〕次の文章を読んで、あとの問いに答えなさい。

あなたのおじいちゃんやおばあちゃんが「世間体《せけんてい》が悪い」なんて言っているのを聞いたことがありますか？

都市より田舎《いなか》の人が、より高齢《こうれい》な人がよく言います。

例えば、結婚《けっこん》前の女性が夜遊びを続けているとか、派手な格好をして外出してたりすると、「世間体が悪い」とか「世間に顔向けできない」「世間様になんと言われるか」なんて言います。

「世間」に顔向けできないことをすると、「世間」が守ってくれなくなる。「世間」の掟《おきて》（ルール）を守らないといけない。おじいちゃんやおばあちゃんはそう思っているのです。

そうそう、スキャンダルを起こした芸能人が、記者会見で「世間を騒《さわ》がせて申し訳ありませんでした」なんて言ったりします。

いまだに、「世間」という言葉は根強く残っています。

そうは言っても、「世間」なんてピンと来ないなあと、あなたは思いましたか？

自分がどれぐらい「世間」に生きているか、簡単にテストできる方法があります。

友だちから「最近、おまえ、評判悪いよ」と言われたと想像して下さい。

あなたは思わず、「誰《だれ》が言ってるの？」と聞きます。すると、友だちは、顔をしかめながら「みんな言ってるよ」と答えるのです。

どうですか？　ドキッとしますか？

まったく何も感じない、という人は少ないんじゃないでしょうか。

冷静に考えれば、①「みんな言ってる」というのはおかしいのです。

クラス35人だとして、あなたを除いた34人全員があなたの悪口を言うはずがないのです。

たった一人をクラス全員がまとまっていじめる場合でも、全員が悪口を言うことはありません。必ず、黙《だま》っている人がいるはずです。そういう人は、みんなに従っていじめているふりをしながら、じっと黙っているのです。

クラブ活動で、メンバーが20人いたとして、あなたを除いた19人全員があなたの悪口を言うはずがないのです。

塾《じゅく》のいつものメンバーが10人だとして、あなたを除いた9人全員があなたの悪口を言うはずがないのです。

ですから「みんな言っているよ」というのはおかしいのです。

でも、私たちは、友だちから「みんな、あんたの悪口を言っているよ」と言われると、ドキッとしてしまうのです。

それは、私たちが「世間」に生きている証拠《しょうこ》です。

「クラスのみんなが言っているよ」と言われてドキッとしない場合でも、「いつもの仲間がみんな言ってるよ」と言われたら、ドキッとするかもしれません。

その場合は、クラスではなく、「いつもの仲間」「仲良しグループ」が「世間」ということになります。

お互《たが》いが助け合い、強くつながっている集団が「世間」なのです。どうですか？　あなたが生きる「世間」はありますか？

そんな昔の考え方が残っているなんて信じられないと思いましたか？

②人間は案外、変わらないものだと僕《ぼく》は思っています。

例えば、私たち日本人はずっと畳《たたみ》の生活をしてきました。

今、畳がある家に住んでいる人は少ないかもしれません。

家のリビングが畳の部屋ではなく、フローリングとかカーペットでソファーのある部屋の方が多いかもしれません。

あなたは、長時間、ソファーに座《すわ》っているうちに、いつの間にか床《ゆか》に直接座って、ソファーにもたれかかるということはありませんか？

それは、日本人が畳の生活で、床にじかに座っていた習慣が体に残っているからじゃないかと僕《ぼく》は思っています。

いろんな人に聞いてみましたが、畳の生活なんかしたことないのに、ソファーに座るより、床に直接座る方を選ぶ日本人が多くいました。人間の体は、そんなに簡単には変わらないのです。

考え方も、同じです。

しみついた考え方は、なかなか変わりません。

あなたは「世間」に生きている、と書きながら、江戸《えど》時代の強力な「世間」が残っているわけではありません。

今、「世間」は中途半端《ちゅうとはんぱ》に壊《こわ》れた状態で残っています。

昔、昭和の時代、「世間」は強力に残っていました。

隣《となり》近所の人たちは、お味噌《みそ》とかお醤油《しょうゆ》、お米なんかを貸し借りしていました。

知っている者同士、助け合っていたのです。

都会で、まず、この「世間」が壊れました。

知らない人が多く住むので、地域から「世間」がなくなったのです。

ただし、都会の人でも、とてもまとまりを強調する会社に勤めると、会社という「世間」に生きることになりました。

校則が厳しい学校とかルールの多い学生寮《りょう》も「世間」になりました。

また、あなたに親しいグループがあって、いつもその人たちと一緒《いっしょ》にいるのなら、強い「世間」に生きていることになります。

先輩《せんぱい》・後輩《こうはい》の礼儀《れいぎ》に厳しいクラブに所属している人は、それが「世間」と言えるでしょう。

都会よりも、地方、田舎に行けば行くほど、まだまだ強力な「世間」が残っています。

中学でいまだに丸坊主《まるぼうず》が校則とか、人口が少なくてお互いが知り合い、なんて地域は、「世間」が壊れないで残っている場合が多いです。

僕は愛媛《えひめ》県出身なのですが、③故郷ではいまだに、朝の6時と夕方の6時に、公民館に設置しているスピーカーから大きな音で音楽が流れて、地域に時間を知らせます。

でも、今の時代、深夜労働をしている人はいくら田舎でもそれなりにいると思います。

でも、無条件で朝の6時に大きな音量で曲が公民館のスピーカーから流れるのです。

思わず起きてしまう人もいるはずです。でも、「世間」は、この放送をやめないのです。みんな、朝の6時に起きると思っていて、放送がみんなのためになっていると思っているからです。

④もちろん、都市に住んでいて、いつも一人ぼっちで、集団に属していなければ「世間」に生きていない可能性もあります。

特に学生のうちは、どんな「世間」にも属さないで生活することは可能です。

働き出したら、そうはいきません。会社員にならなくても、バイト先が体育会系の団結を求める職場だったり、少人数で濃《こ》い人間関係だったりすると、そこが「世間」になります。

〔三〕次の文章を読んで、あとの問いに答えなさい。

あなたのおじいちゃんやおばあちゃんが「世間体《せけんてい》が悪い」なんて言っているのを聞いたことがありますか？

都市より田舎《いなか》の人が、より高齢《こうれい》な人がよく言います。

例えば、結婚《けっこん》前の女性が夜遊びを続けているとか、派手な格好をして外出してたりすると、「世間体が悪い」とか「世間に顔向けできない」「世間様になんと言われるか」なんて言います。

「世間」に顔向けできないことをすると、「世間」が守ってくれなくなる。「世間」の掟《おきて》(ルール)を守らないといけない。おじいちゃんやおばあちゃんはそう思っているのです。

そうそう、スキャンダルを起こした芸能人が、記者会見で「世間を騒《さわ》がせて申し訳ありませんでした」なんて言ったりします。

いまだに、「世間」という言葉は根強く残っています。

そうは言っても、「世間」なんてピンと来ないなあと、あなたは思いましたか？

自分がどれぐらい「世間」に生きているか、簡単にテストできる方法があります。

友だちから「最近、おまえ、評判悪いよ」と言われたと想像して下さい。

あなたは思わず、「誰《だれ》が言ってるの？」と聞きます。すると、友だちは、顔をしかめながら「みんな言ってるよ」と答えるのです。

どうですか？　ドキッとしますか？

まったく何も感じない、という人は少ないんじゃないでしょうか。

冷静に考えれば、①「みんな言ってる」というのはおかしいのです。

クラス35人だとして、あなたを除いた34人全員があなたの悪口を言うはずがないのです。

たった一人をクラス全員がまとまっていじめる場合でも、全員が悪口を言うことはありません。必ず、黙《だま》っている人がいるはずです。そういう人は、みんなに従っていじめているふりをしながら、じっと黙っているのです。

クラブ活動で、メンバーが20人いたとして、あなたを除いた19人全員があなたの悪口を言うはずがないのです。

塾《じゅく》のいつものメンバーが10人だとして、あなたを除いた9人全員があなたの悪口を言うはずがないのです。

ですから「みんな言っているよ」というのはおかしいのです。

でも、私たちは、友だちから「みんな、あんたの悪口を言っているよ」と言われると、ドキッとしてしまうのです。

それは、私たちが「世間」に生きている証拠《しょうこ》です。

「クラスのみんなが言っているよ」と言われてドキッとしない場合でも、「いつもの仲間がみんな言ってるよ」と言われたら、ドキッとするかもしれません。

その場合は、クラスではなく、「いつもの仲間」「仲良しグループ」が「世間」ということになります。

お互《たが》いが助け合い、強くつながっている集団が「世間」なのです。どうですか？　あなたが生きる「世間」はありますか？

そんな昔の考え方が残っているなんて信じられないと思いましたか？

②人間は案外、変わらないものだと僕《ぼく》は思っています。

例えば、私たち日本人はずっと畳《たたみ》の生活をしてきました。

今、畳がある家に住んでいる人は少ないかもしれません。

家のリビングが畳の部屋ではなく、フローリングとかカーペットでソファーのある部屋の方が多いかもしれません。

あなたは、長時間、ソファーに座《すわ》っているうちに、いつの間にか床《ゆか》に直接座って、ソファーにもたれかかるということはありませんか？

それは、日本人が畳の生活で、床にじかに座っていた習慣が体に残っているからじゃないかと僕《ぼく》は思っています。

いろんな人に聞いてみましたが、畳の生活なんかしたことないのに、ソファーに座るより、床に直接座る方を選ぶ日本人が多くいました。人間の体は、そんなに簡単には変わらないのです。

考え方も、同じです。

しみついた考え方は、なかなか変わりません。

あなたは「世間」に生きている、と書きながら、江戸《えど》時代の強力な「世間」が残っているわけではありません。

今、「世間」は中途半端《ちゅうとはんぱ》に壊《こわ》れた状態で残っています。

昔、昭和の時代、「世間」は強力に残っていました。

隣《となり》近所の人たちは、お味噌《みそ》とかお醤油《しょうゆ》、お米なんかを貸し借りしていました。

知っている者同士、助け合っていたのです。

都会で、まず、この「世間」が壊れました。

知らない人が多く住むので、地域から「世間」がなくなったのです。

ただし、都会の人でも、とてもまとまりを強調する会社に勤めると、会社という「世間」に生きることになりました。

校則が厳しい学校とかルールの多い学生寮《りょう》も「世間」になりました。

また、あなたに親しいグループがあって、いつもその人たちと一緒《いっしょ》にいるのなら、強い「世間」に生きていることになります。

先輩《せんぱい》・後輩《こうはい》の礼儀《れいぎ》に厳しいクラブに所属している人は、それが「世間」と言えるでしょう。

都会よりも、地方、田舎に行けば行くほど、まだまだ強力な「世間」が残っています。

中学でいまだに丸坊主《まるぼうず》が校則とか、人口が少なくてお互いが知り合い、なんて地域は、「世間」が壊れないで残っている場合が多いです。

僕は愛媛《えひめ》県出身なのですが、③故郷ではいまだに、朝の6時と夕方の6時に、公民館に設置しているスピーカーから大きな音で音楽が流れて、地域に時間を知らせます。

でも、今の時代、深夜労働をしている人はいくら田舎でもそれなりにいると思います。

でも、無条件で朝の6時に大きな音量で曲が公民館のスピーカーから流れるのです。

思わず起きてしまう人もいるはずです。でも、「世間」は、この放送をやめないのです。みんな、朝の6時に起きると思っていて、放送がみんなのためになっていると思っているからです。

④もちろん、都市に住んでいて、いつも一人ぼっちで、集団に属していなければ「世間」に生きていない可能性もあります。

特に学生のうちは、どんな「世間」にも属さないで生活することは可能です。

働き出したら、そうはいきません。会社員にならなくても、バイト先が体育会系の団結を求める職場だったり、少人数で濃《こ》い人間関係だったりすると、そこが「世間」になります。

〔三〕次の文章を読んで、あとの問いに答えなさい。

あなたのおじいちゃんやおばあちゃんが「世間体《せけんてい》が悪い」なんて言っているのを聞いたことがありますか？

都市より田舎《いなか》の人が、より高齢《こうれい》な人がよく言います。

例えば、結婚《けっこん》前の女性が夜遊びを続けているとか、派手な格好をして外出してたりすると、「世間体が悪い」とか「世間に顔向けできない」「世間様になんと言われるか」なんて言います。

「世間」に顔向けできないことをすると、「世間」が守ってくれなくなる。「世間」の掟《おきて》（ルール）を守らないといけない。おじいちゃんやおばあちゃんはそう思っているのです。

そうそう、スキャンダルを起こした芸能人が、記者会見で「世間を騒《さわ》がせて申し訳ありませんでした」なんて言ったりします。

いまだに、「世間」という言葉は根強く残っています。

そうは言っても、「世間」なんてピンと来ないなあと、あなたは思いましたか？

自分がどれぐらい「世間」に生きているか、簡単にテストできる方法があります。

友だちから「最近、おまえ、評判悪いよ」と言われたと想像して下さい。

あなたは思わず、「誰《だれ》が言ってるの？」と聞きます。すると、友だちは、顔をしかめながら「みんな言ってるよ」と答えるのです。

どうですか？　ドキッとしますか？

まったく何も感じない、という人は少ないんじゃないでしょうか。

冷静に考えれば、①「みんな言ってる」というのはおかしいのです。

クラス35人だとして、あなたを除いた34人全員があなたの悪口を言うはずがないのです。

たった一人をクラス全員がまとまっていじめる場合でも、全員が悪口を言うことはありません。必ず、黙《だま》っている人がいるはずです。そういう人は、みんなに従っていじめているふりをしながら、じっと黙っているのです。

クラブ活動で、メンバーが20人いたとして、あなたを除いた19人全員があなたの悪口を言うはずがないのです。

塾《じゅく》のいつものメンバーが10人だとして、あなたを除いた9人全員があなたの悪口を言うはずがないのです。

ですから「みんな言っているよ」というのはおかしいのです。

でも、私たちは、友だちから「みんな、あんたの悪口を言っているよ」と言われると、ドキッとしてしまうのです。

それは、私たちが「世間」に生きている証拠《しょうこ》です。

「クラスのみんなが言っているよ」と言われてドキッとしない場合でも、「いつもの仲間がみんな言ってるよ」と言われたら、ドキッとするかもしれません。

その場合は、クラスではなく、「いつもの仲間」「仲良しグループ」が「世間」ということになります。

お互《たが》いが助け合い、強くつながっている集団が「世間」なのです。

どうですか？　あなたが生きる「世間」はありますか？

そんな昔の考え方が残っているなんて信じられないと思いましたか？

②人間は案外、変わらないものだと僕《ぼく》は思っています。

例えば、私たち日本人はずっと畳《たたみ》の生活をしてきました。

今、畳がある家に住んでいる人は少ないかもしれません。

家のリビングが畳の部屋ではなく、フローリングとかカーペットでソファーのある部屋の方が多いかもしれません。

あなたは、長時間、ソファーに座《すわ》っているうちに、いつの間にか床《ゆか》に直接座って、ソファーにもたれかかるということはありませんか？

それは、日本人が畳の生活で、床にじかに座っていた習慣が体に残っているからじゃないかと僕《ぼく》は思っています。

いろんな人に聞いてみましたが、畳の生活なんかしたことないのに、ソファーに座るより、床に直接座る方を選ぶ日本人が多くいました。人間の体は、そんなに簡単には変わらないのです。

考え方も、同じです。

しみついた考え方は、なかなか変わりません。

あなたは「世間」に生きている、と書きながら、江戸《えど》時代の強力な「世間」が残っているわけではありません。

今、「世間」は中途半端《ちゅうとはんぱ》に壊《こわ》れた状態で残っています。

昔、昭和の時代、「世間」は強力に残っていました。

隣《となり》近所の人たちは、お味噌《みそ》とかお醤油《しょうゆ》、お米なんかを貸し借りしていました。

知っている者同士、助け合っていたのです。

都会で、まず、この「世間」が壊れました。

知らない人が多く住むので、地域から「世間」がなくなったのです。

ただし、都会の人でも、とてもまとまりを強調する会社に勤めると、会社という「世間」に生きることになりました。

校則が厳しい学校とかルールの多い学生寮《りょう》も「世間」になりました。

また、あなたに親しいグループがあって、いつもその人たちと一緒《いっしょ》にいるのなら、強い「世間」に生きていることになります。

先輩《せんぱい》・後輩《こうはい》の礼儀《れいぎ》に厳しいクラブに所属している人は、それが「世間」と言えるでしょう。

都会よりも、地方、田舎に行けば行くほど、まだまだ強力な「世間」が残っています。

中学でいまだに丸坊主《まるぼうず》が校則とか、人口が少なくてお互いが知り合い、なんて地域は、「世間」が壊れないで残っている場合が多いです。

僕は愛媛《えひめ》県出身なのですが、③故郷ではいまだに、朝の6時と夕方の6時に、公民館に設置しているスピーカーから大きな音で音楽が流れて、地域に時間を知らせます。

でも、今の時代、深夜労働をしている人はいくら田舎でもそれなりにいると思います。

でも、無条件で朝の6時に大きな音量で曲が公民館のスピーカーから流れるのです。

思わず起きてしまう人もいるはずです。でも、「世間」は、この放送をやめないのです。みんな、朝の6時に起きると思っていて、放送がみんなのためになっていると思っているからです。

④もちろん、都市に住んでいて、いつも一人ぼっちで、集団に属していなければ「世間」に生きていない可能性もあります。

特に学生のうちは、どんな「世間」にも属さないで生活することは可能です。

働き出したら、そうはいきません。会社員にならなくても、バイト先が体育会系の団結を求める職場だったり、少人数で濃《こ》い人間関係だったりすると、そこが「世間」になります。

〔三〕次の文章を読んで、あとの問いに答えなさい。

あなたのおじいちゃんやおばあちゃんが「世間体《せけんてい》が悪い」なんて言っているのを聞いたことがありますか？

都市より田舎《いなか》の人が、より高齢《こうれい》な人がよく言います。

例えば、結婚《けっこん》前の女性が夜遊びを続けているとか、派手な格好をして外出してたりすると、「世間体が悪い」とか「世間に顔向けできない」「世間様になんと言われるか」なんて言います。

「世間」に顔向けできないことをすると、「世間」が守ってくれなくなる。「世間」の掟《おきて》(ルール)を守らないといけない。おじいちゃんやおばあちゃんはそう思っているのです。

そうそう、スキャンダルを起こした芸能人が、記者会見で「世間を騒《さわ》がせて申し訳ありませんでした」なんて言ったりします。

いまだに、「世間」という言葉は根強く残っています。

そうは言っても、「世間」なんてピンと来ないなあと、あなたは思いましたか？

自分がどれぐらい「世間」に生きているか、簡単にテストできる方法があります。

友だちから「最近、おまえ、評判悪いよ」と言われたと想像して下さい。

あなたは思わず、「誰《だれ》が言ってるの？」と聞きます。すると、友だちは、顔をしかめながら「みんな言ってるよ」と答えるのです。

どうですか？　ドキッとしますか？

まったく何も感じない、という人は少ないんじゃないでしょうか。

冷静に考えれば、①「みんな言ってる」というのはおかしいのです。クラス35人だとして、あなたを除いた34人全員があなたの悪口を言うはずがないのです。

たった一人をクラス全員がまとまっていじめる場合でも、全員が悪口を言うことはありません。必ず、黙《だま》っている人がいるはずです。そういう人は、みんなに従っていじめているふりをしながら、じっと黙っているのです。

クラブ活動で、メンバーが20人いたとして、あなたを除いた19人全員があなたの悪口を言うはずがないのです。

塾《じゅく》のいつものメンバーが10人だとして、あなたを除いた9人全員があなたの悪口を言うはずがないのです。

ですから「みんな言っているよ」というのはおかしいのです。

でも、私たちは、友だちから「みんな、あんたの悪口を言っているよ」と言われると、ドキッとしてしまうのです。

それは、私たちが「世間」に生きている証拠《しょうこ》です。

「クラスのみんなが言っているよ」と言われてドキッとしない場合でも、「いつもの仲間がみんな言ってるよ」と言われたら、ドキッとするかもしれません。

その場合は、クラスではなく、「いつもの仲間」「仲良しグループ」が「世間」ということになります。

お互《たが》いが助け合い、強くつながっている集団が「世間」なのです。

どうですか？　あなたが生きる「世間」はありますか？

そんな昔の考え方が残っているなんて信じられないと思いましたか？

②人間は案外、変わらないものだと僕《ぼく》は思っています。

例えば、私たち日本人はずっと畳《たたみ》の生活をしてきました。

今、畳がある家に住んでいる人は少ないかもしれません。

家のリビングが畳の部屋ではなく、フローリングとかカーペットでソファーのある部屋の方が多いかもしれません。

あなたは、長時間、ソファーに座《すわ》っているうちに、いつの間にか床《ゆか》に直接座って、ソファーにもたれかかるということはありませんか？

それは、日本人が畳の生活で、床にじかに座っていた習慣が体に残っているからじゃないかと僕《ぼく》は思っています。

いろんな人に聞いてみましたが、畳の生活なんかしたことないのに、ソファーに座るより、床に直接座る方を選ぶ日本人が多くいました。人間の体は、そんなに簡単には変わらないのです。

考え方も、同じです。

しみついた考え方は、なかなか変わりません。

あなたは「世間」に生きている、と書きながら、江戸《えど》時代の強力な「世間」が残っているわけではありません。

今、「世間」は中途半端《ちゅうとはんぱ》に壊《こわ》れた状態で残っています。

昔、昭和の時代、「世間」は強力に残っていました。

隣《となり》近所の人たちは、お味噌《みそ》とかお醤油《しょうゆ》、お米なんかを貸し借りしていました。

知っている者同士、助け合っていたのです。

都会で、まず、この「世間」が壊れました。

知らない人が多く住むので、地域から「世間」がなくなったのです。

ただし、都会の人でも、とてもまとまりを強調する会社に勤めると、会社という「世間」に生きることになりました。

校則が厳しい学校とかルールの多い学生寮《りょう》も「世間」になりました。

また、あなたに親しいグループがあって、いつもその人たちと一緒《いっしょ》にいるのなら、強い「世間」に生きていることになります。先輩《せんぱい》・後輩《こうはい》の礼儀《れいぎ》に厳しいクラブに所属している人は、それが「世間」と言えるでしょう。

都会よりも、地方、田舎に行けば行くほど、まだまだ強力な「世間」が残っています。

中学でいまだに丸坊主《まるぼうず》が校則とか、人口が少なくてお互いが知り合い、なんて地域は、「世間」が壊れないで残っている場合が多いです。

僕は愛媛《えひめ》県出身なのですが、③故郷ではいまだに、朝の6時と夕方の6時に、公民館に設置しているスピーカーから大きな音で音楽が流れて、地域に時間を知らせます。

でも、今の時代、深夜労働をしている人はいくら田舎でもそれなりにいると思います。

でも、無条件で朝の6時に大きな音量で曲が公民館のスピーカーから流れるのです。

思わず起きてしまう人もいるはずです。でも、「世間」は、この放送をやめないのです。みんな、朝の6時に起きると思っていて、放送がみんなのためになっていると思っているからです。

④もちろん、都市に住んでいて、いつも一人ぼっちで、集団に属していなければ「世間」に生きていない可能性もあります。

特に学生のうちは、どんな「世間」にも属さないで生活することは可能です。

働き出したら、そうはいきません。会社員にならなくても、バイト先が体育会系の団結を求める職場だったり、少人数で濃《こ》い人間関係だったりすると、そこが「世間」になります。

「堤《つつみ》くん、いますか？」
「あ、皆川《みながわ》さん、どうしたの？」
「それって、こっちのセリフだよ」
と、笑いをふくんだ彩友《あゆ》の声がして、ぼくはあわてて玄関に向かった。とびらを開くとすぐに、彩友がいった。
「堤くんが、図書館に来ないなんて」
「ごめん、かぜっぽかったから。母《かあ》さんに出かけちゃだめだっていわれた」
「そうだったんだ。大丈夫《だいじょうぶ》なの？」
「あ、うん。だいぶ良くなった。外、暑いでしょ、入って」
　ところが、彩友はすぐに入ろうとせずに、後ろをふり向くと、だれかを手招きしながら、
「早くおいでよ」
といった。やがて、もう一人が近づいてくる。
　令央《れお》だった。
[6] 二人が、ソファに並んで座り、ぼくと向き合った形になった。いちおう、かぜをうつさないように、少し距離《きょり》を取ったわけだ。
「あのね、病気のところ、悪いんだけど……」
と彩友がいったので、ぼくはあわててさえぎった。
「病気ってほどじゃない。それよか、①永井《ながい》が……来て、よかった」
　令央は、小さくうなずいて、にゅっと＊『盗塁王《とうるいおう》』を差し出した。
それを受け取りながら、ぼくは聞いた。
「全部読んだの？」
「読んだ。ずっと読んでた。感想文も、書く」
　そのとたん、なんだか、ここ何日かの胸のつかえが取れたみたいな気がした。
[7]「そうだ、皆川さんの本探しのために、きのうはこの本、読んだんだ。でも、ちがってた。＊『少女ポリアンナ』って本だけど」
「いろいろありがと。なんか、ほんとにうれしいな」
「役に立たなかったけどね」
　ありがと、なんていわれたことが気はずかしくて、ぼくがちょっとわざとらしく、肩《かた》をすくめると、彩友は首を横にふった。
「でも、もう、本探しはいいの」
「え？　あきらめちゃうの？」
とぼく。
「見つかったのか？」
と令央。反応が正反対で、なんだかおかしくなった。②案外、「よかった探し」は、ぼくよりも令央の方が得意なのかも。
「香寿美《かすみ》さんに本をもらったの……香寿美さんっていうのは、前にも話したかもしれないけど、パパが結婚《けっこん》する人。何日か前に、感想文のことが話題になって……。それで、子どもの時に、自分が好きだった本だから、よかったら読んでみてって。最初は、あんまり気乗りしなくてほっといたんだけど、きのう、図書館から帰って読みはじめたの。そしたら、おもしろくて、やめられなくなっちゃった」
　そこまで聞いて、もしかしたら、それが探している本だったのだろうか、と思った。でも、聞くことはできなかった。だって、なくなったお母さんと、新しくお母さんになる人が、同じ本を好きだったとして、そのことが、彩友にとってうれしいことがどうかは、わからないからだ。でもやっぱり気になる。どうしようかと思っていると、令央が、おずおずと聞いた。
「それ、探していた本、なのか？」
「よくわかんなかった」
　思わず、ふーっと息をはく。彩友はまたすぐに、口を開いた。
「覚えていることが少なすぎたから。でもね、あたし、香寿美さんとうまくやれるかも、って、前より思えるようになった。だって、いろいろあっても、みんなたくましく生きてるし」
「みんなって？」
「あ、本の中の、女の子たち。アンも、ジョーも、セーラも、ジュディもね。だから、あたし、勇気を出すことにした」
「勇気って？」
　日ごろ、元気いっぱいの彩友から、勇気なんて言葉が出たのが、ちょっと意外だった。
「思いきって、パパに聞いたの。あたし、ほんとはパパには、聞きたくないって思ってたんだ」
　そういうことか。③彩友は、香寿美さんという人との結婚に反対していたわけではない。でも、今、結婚しようとしているお父さんに、なくなった母親のことを聞こうというのは、ちょっと複雑な気持ちだったのだろう。
「それで？」
「そしたらね……」
　彩友は、バッグから何か取り出した。それは、一枚の絵だった。花がさき乱れる中に、黒い髪《かみ》の女の子が立っている。
「へえ。きれいな絵だ」
　令央がつぶやいた。たしかに。でも、ずいぶん前に描《か》かれた絵のようだ。
「パパがくれたの。この前、引っ越《こ》した時に、荷物整理してて見つけたんだって。この絵を描いたのは、あたしのママなんだ」
「皆川さんのお母さん、絵、上手だったんだね」
とぼく。
「ありがとう。この絵見た瞬間《しゅんかん》、わかったの。ママが好きだった本。それは、香寿美さんがくれたのと、同じ本だった」
　彩友は、今度はカバンから本を取り出す。それを見たとたん、ぼくはさけんでしまった。
「＊『秘密の花園《はなぞの》』だ！」
（中略、『秘密の花園』に関する会話が続く）
「でも、この絵はね、＊メアリーじゃなかった。メアリーなら、九歳《さい》ぐらいでしょ」
「たしかに、絵の女の子は、もっと小さそうだね」
とぼく。続けて令央がいった。
「それに、髪が黒い。本の絵は黒くないぞ」
「うん。この女の子は、あたしだって、パパが……」
　その時、彩友のひとみがじわっとにじんだ。
「なるほど……。皆川さんのお母さんは、自分の好きだった本を、皆川さんにも好きになってほしいって、思っていたのかもしれないね」
「あと、ママ、お花が好きだったんだって。それで……パパと、新しい家に、お花をたくさん植えようって話した。それから、感想文も、この本で書くことに決めた」
「よかったな。見つかって」
　令央がぽつりといった。
「永井は、『盗塁王』読んで、どうだった？」

「堤《つつみ》くん、いますか？」

「あ、皆川《みながわ》さん、どうしたの？」

「それって、こっちのセリフだよ」

と、笑いをふくんだ彩友《あゆ》の声がして、ぼくはあわてて玄関に向かった。とびらを開くとすぐに、彩友がいった。

「堤くんが、図書館に来ないなんて」

「ごめん、かぜっぽかったから。母《かあ》さんに出かけちゃだめだっていわれた」

「そうだったんだ。大丈夫《だいじょうぶ》なの？」

「あ、うん。だいぶ良くなった。外、暑いでしょ、入って」

　ところが、彩友はすぐに入ろうとせずに、後ろをふり向くと、だれかを手招きしながら、

「早くおいでよ」

といった。やがて、もう一人が近づいてくる。

　令央《れお》だった。

[6]二人が、ソファに並んで座り、ぼくと向き合った形になった。いちおう、かぜをうつさないように、少し距離《きょり》を取ったわけだ。

「あのね、病気のところ、悪いんだけど……」

と彩友がいったので、ぼくはあわててさえぎった。

「病気ってほどじゃない。それよか、①永井《ながい》が……来て、よかった」

　令央は、小さくうなずいて、にゅっと＊『盗塁王《とうるいおう》』を差し出した。

それを受け取りながら、ぼくは聞いた。

「全部読んだの？」

「読んだ。ずっと読んでた。感想文も、書く」

　そのとたん、なんだか、ここ何日かの胸のつかえが取れたみたいな気がした。

[7]「そうだ、皆川さんの本探しのために、きのうはこの本、読んだんだ。でも、ちがってた。＊『少女ポリアンナ』って本だけど」

「いろいろありがと。なんか、ほんとにうれしいな」

「役に立たなかったけどね」

　ありがと、なんていわれたことが気はずかしくて、ぼくがちょっとわざとらしく、肩《かた》をすくめると、彩友は首を横にふった。

「でも、もう、本探しはいいの」

「え？　あきらめちゃうの？」

とぼく。

「見つかったのか？」

と令央。反応が正反対で、なんだかおかしくなった。②案外、「よかった探し」は、ぼくよりも令央の方が得意なのかも。

「香寿美《かすみ》さんに本をもらったの……香寿美さんっていうのは、前にも話したかもしれないけど、パパが結婚《けっこん》する人。何日か前に、感想文のことが話題になって……。それで、子どもの時に、自分が好きだった本だから、よかったら読んでみてって。最初は、あんまり気乗りしなくてほっといたんだけど、きのう、図書館から帰って読みはじめたの。そしたら、おもしろくて、やめられなくなっちゃった」

　そこまで聞いて、もしかしたら、それが探している本だったのだろうか、と思った。でも、聞くことはできなかった。だって、なくなったお母さんと、新しくお母さんになる人が、同じ本を好きだったとして、そのことが、彩友にとってうれしいことがどうかは、わからないからだ。でもやっぱり気になる。どうしようかと思っていると、令央が、おずおずと聞いた。

「それ、探していた本、なのか？」

「よくわかんなかった」

　思わず、ふーっと息をはく。彩友はまたすぐに、口を開いた。

「覚えていることが少なすぎたから。でもね、あたし、香寿美さんとうまくやれるかも、って、前より思えるようになった。だって、いろいろあっても、みんなたくましく生きてるし」

「みんなって？」

「あ、本の中の、女の子たち。アンも、ジョーも、セーラも、ジュディもね。だから、あたし、勇気を出すことにした」

「勇気って？」

　日ごろ、元気いっぱいの彩友から、勇気なんて言葉が出たのが、ちょっと意外だった。

「思いきって、パパに聞いたの。あたし、ほんとはパパには、聞きたくないって思ってたんだ」

　そういうことか。③彩友は、香寿美さんという人との結婚に反対していたわけではない。でも、今、結婚しようとしているお父さんに、なくなった母親のことを聞こうというのは、ちょっと複雑な気持ちだったのだろう。

「それで？」

「そしたらね……」

　彩友は、バッグから何か取り出した。それは、一枚の絵だった。花がさき乱れる中に、黒い髪《かみ》の女の子が立っている。

「へえ。きれいな絵だ」

　令央がつぶやいた。たしかに。でも、ずいぶん前に描《か》かれた絵のようだ。

「パパがくれたの。この前、引っ越《こ》した時に、荷物整理してて見つけたんだって。この絵を描いたのは、あたしのママなんだ」

「皆川さんのお母さん、絵、上手だったんだね」

とぼく。

「ありがとう。この絵見た瞬間《しゅんかん》、わかったの。ママが好きだった本。それは、香寿美さんがくれたのと、同じ本だった」

　彩友は、今度はカバンから本を取り出す。それを見たとたん、ぼくはさけんでしまった。

「＊『秘密の花園《はなぞの》』だ！」

　（中略、『秘密の花園』に関する会話が続く）

「でも、この絵はね、＊メアリーじゃなかった。メアリーなら、九歳《さい》ぐらいでしょ」

「たしかに、絵の女の子は、もっと小さそうだね」

とぼく。続けて令央がいった。

「それに、髪が黒い。本の絵は黒くないぞ」

「うん。この女の子は、あたしだって、パパが……」

　その時、彩友のひとみがじわっとにじんだ。

「なるほど……。皆川さんのお母さんは、自分の好きだった本を、皆川さんにも好きになってほしいって、思っていたのかもしれないね」

「あと、ママ、お花が好きだったんだって。それで……パパと、新しい家に、お花をたくさん植えようって話した。それから、感想文も、この本で書くことに決めた」

「よかったな。見つかって」

　令央がぽつりといった。

「永井は、『盗塁王』読んで、どうだった？」

「どうって……。ちょっと、おれと似てるかなって」

「主人公が？」

と彩友《あゆ》が聞くと、令《れ》央《お》は小さくうなずいた。もしかしたら、左利《ひだりき》き用のグローブが買えなかった主人公に、令央は感情移入したのだろうか。令央にとって、この物語は、ぼくが思っていた以上に、身近だったのかも。

「主人公、いろいろ、家が大変だったり。おれは、サッカー、好きだ。でも、この話では、最初から、野球が好きだったわけじゃない。けど、だんだんと、やってくうちに好きになる。そこが、よかった。それと、自分のこと、わかってくれる仲間？　最後、よかった。なんか、ちょっと泣きそうになった。話の先、わかってんのに、最後のとこ、二度読み返した。そん時も、ちょっと泣きそうになった。なんでだろう」

「それ、わかる。あたしも、読んだあと、ちょっとぼーっとして、それから、はじめて＊コリンが庭に行くときのシーンとか、読み返したよ。少したったら、また読んでみようかなって思ってる」

「④そういうの、おれだけじゃねえんだな」

令央は照れくさそうに笑った。それを聞いているうちに、なんだか気持ちがじんわりと温かくなってきた。ほんとうに、『盗塁王《とうるいおう》』を読んでもらってよかった、と思った。

「感想文書くなら、書き終わるまで持っていいよ」

というと、ぼくは『盗塁王』を令央に渡《わた》した。

[8]「ねえ、堤《つつみ》くん。今日、永《なが》井《い》くん、三冊も本借りたんだよ」

「へえ？　何借りたの？」

と聞くと、令央はバッグから三冊の本を取り出した。一冊は、読み物で卓球《たっきゅう》がテーマの『チームふたり』、あとの二冊は絵本だった。

「『チームふたり』は＊篠《しの》田《だ》さんがスポーツものあるよ、って教えてくれたんだって。あとの絵本は……って、あたしがしゃべってばかりじゃだめだよね」

彩友はぺろっと舌を出した。

「……妹に、家で読んでやろうかなって」

令央の言葉に、ぼくはまたまた、うれしくなった。令央の妹には、まだ会ったことがない。でも、令央がかわいがっているのだから、いつか会ってみたい。

「おれ、あん時、うれしかった」

「あん時って？」

「うっかり、図書館の本持って、外に出ようとして……」

「ああ、ゲートに引っかかった時？」

「盗《と》ろうとしてねえ、っていった時、すぐに、堤《つつみ》がいった。そんなのわかってるって」

「だって、当たり前だよ、それ」

「けど、すぐに疑うやつもいるから。だからおれ、堤が読んでみたらっていった本、読もうって、そう思ったのかも」

朝はかぜでしんどかったけど、今は、「よかった探し」をしなくても、⑤本気でよかったって思えた。

きのう彩友が、自分も令央も、「ここで本と出会った」といってくれた。だけど、ぼくも出会ったのだ。ただしぼくが出会ったのは、本ではない。ぼくは、彩友や令央と図書館で出会ったのだ。夏休み前までは、どんな子かなんてぜんぜん知らなかったし、興味もなかったのに、今では、二人のことをいろいろ知っている。

二人がぼくのことをどう思ってくれるかはわからない。でも、今いっしょに笑っている二人が、友だちだとぼくは思った。

（濱野《はまの》　京子《きょうこ》『夏休みに、ぼくが図書館で見つけたもの』による）

＊　皆川《みながわ》彩友…堤のクラスメイト。実の母をなくして、思い出の本を探している。

＊　永井令央…図書館で出会った友だち。本を読むことが苦手。

＊　「よかった探し」…堤が読んだ本に書いてあった内容をもとにした考え方。なんでも前向きにとらえる考え方。

＊　『ぼくを探しに』…堤が借りて読んでいる本。

＊　『盗塁王』…堤が令央にすすめた本。

＊　メアリー…『秘密の花園』の主人公。

＊　コリン…『秘密の花園』で主人公が出会う人物。

＊　篠田さん…図書館の職員。

(1)　[3]～[4]場面の中で、「ぼく」と本の関係がよく分かる部分を、ぬき出しなさい。

(2)　[7]場面を内容から前半と後半に分けるとすればどこで分けられますか。後半の最初の五字をぬき出しなさい。

(3)　――線部①「永井が……来て、よかった」とありますが、ここにはぼくのどのような気持ちが表れていますか。最も適切なものを次から一つ選び、記号で答えなさい。

ア　来るはずのない友人が現れたことに対する驚《おどろ》きの気持ち

イ　永井が不《ふ》機《き》嫌《げん》なのではないかとおびえるような気持ち

ウ　気になっていた友人が訪《おとず》れてきた感動をおさえた気持ち

エ　永井が本を気に入ったかわからない不安な気持ち

(4)　――線部②「案外、『よかった探し』は、ぼくよりも令央の方が得意なのかも。」とありますがこれはどういう意味ですか。最も適切なものを次から一つ選び、記号で答えなさい。

ア　探している本を見つけるのは令央の方が得意だと感じたから。

イ　探している本が見つかったのかと、令央は前向きに考えることができるから。

ウ　令央といるとぼくと反応が正反対でどんどんよかったが見つかるから。

エ　令央といると本を読むことより、まず行動することが大切だと思ったから。

(5)　――線部③「彩友は、香寿美《かすみ》さんという人との結婚《けっこん》に反対していたわけではない。」とありますが、この文と同様に、ぼくが彩友と彩友の新しい母の関係を気にしていたことがわかる一文を――線部③より前から探し、はじめの五字をぬき出しなさい。

(6)　――線部④「そういうの」とあるが、これは何を指しますか。二十字以内で説明しなさい。

(7)　――線部⑤「本気でよかったって思えた」とありますが、ぼくがそのように思えた理由を「かけら」という言葉を使って四十字以内で説明しなさい。

奈良教育大学附属中学校

注意
○ 特に決められたもの以外は、記号で答えなさい。
○ 句読点も一字と数えます。

〔一〕次の問いに答えなさい。

(1) ――線部のひらがなを漢字に直しなさい。

① この薬のこうのうをたずねる。

② おじいさんの家に行くためざいらいせんに乗った。

(2) ――線部の漢字の読みをひらがなで書きなさい。

① アジアとヨーロッパを歴訪した。

② 野菜で栄養を補う。

(3) 次の文の――線部の熟語の組み立てとして適切なものを一つ選び、記号で答えなさい。同じ記号をくりかえし使ってもかまいません。

① ぼくは、昨日《きのう》足を骨折した。

② 車の往来がはげしい。

③ この会社でねじやボルトを製造している。

④ 公園にある銅像。

ア 似た意味の漢字の組み合わせ。
イ 意味が対《つい》の漢字の組み合わせ。
ウ 上の漢字が下の漢字を修飾《しゅうしょく》する関係にある組み合わせ。
エ 上の漢字が動作や作用を、下の漢字がその対象を表す組み合わせ。
オ 上の漢字が「主語」、下の漢字が「述語」の組み合わせ。
カ 上の語が下の語を打ち消す組み合わせ。
キ 上の語に下の語が意味をそえて、様子や状態を表す組み合わせ。

〔二〕次の文章を読んで、あとの問いに答えなさい。

> 学校ではあまり目立たない堤《つつみ》達輝《たつき》だが、本の知識ではだれにも負けず、図書館で活躍《かつやく》している。そんな時、同じクラスの*皆川《みながわ》彩友《あゆ》から「本探し」の相談を受けた。図書館で仲良くなった*永井《ながい》令央《れお》とともに、「本探し」を進めていくことになる。ある日、かぜをひいて寝《ね》込《こ》んでいる達輝のもとに彩友と令央がきた。

[1]楽天的になるのってむずかしい。

きのうはがんばって*「よかった探し」をしてみたけれど、朝、目が覚めたらそんな気分にはぜんぜんなれなかった。のどがひりひりと痛くて、なんだか身体《からだ》も重い。

「達輝、かぜ引いたんじゃない?」

一言もしゃべらないうちから、母さんにいわれてあせった。

「大丈夫《だいじょうぶ》だよ」

といった声は、かすれてしまい、ちょっとせきこむ。

「熱、測って」

体温計を渡《わた》されて熱を測ると、幸い、平熱よりちょっと高いだけだった。

「熱は心配なさそうね。じゃあ、わたしは仕事行くけど、何かあったら、携帯《けいたい》に連絡《れんらく》するのよ」

母さんはそういい残してリビングを出ていく。けれど、すぐにもどってきて、

「今日《きょう》は、どこにも出かけないでおとなしくしていなさいね。なるべく早く帰ってくるから」

といった。

「図書館は、いいでしょ」

「だめ。かぜ、ほかの人にうつすかもしれないでしょ」

図書館に行けないなんて。こんな時は、どんな風に「よかった探し」をしたらいいんだろう。

[2]朝ご飯を食べて部屋《へや》にもどったぼくは、なんとなく身体がだるかったので、ベッドに入った。文字のつまった本を読むのがなんだかおっくうで、*『ぼくを探しに』をベッドに持ちこんだ。最初に読んだ時は、令央のことが気がかりで、あまり頭に入ってこなくて、その後、ほったらかしにしていたのだ。あらためて読んでみると、なんか不思議な味わいがあった。単純な絵の「ぼく」に親しみがわいてくる。「ぼく」は、転がりながら、自分のかけらを探している。この本で、かけらというのは、何を意味しているんだろう。

何度かページをめくったりもどったりしてから、閉《と》じてまくら元に置いた。ぼんやり天井《てんじょう》を見ながら、ぼくは、ぼく自身のかけらについて考えてみた。そのうちに、だんだんまぶたが重たくなってきた。きのう、おそくまで本を読んでいたせいかもしれない。

[3]目が覚めたのは、お昼ごろ。窓から外を見ると、今日も暑そうだ。

朝よりはましだけど、まだのどがひりひりする。よくなったら、母さんにだまって図書館に行こうかと思っていたけれど、がまんすることにした。

サラダとパンとヨーグルトの昼ご飯をすませて、ぼくはまたベッドにもぐりこむ。けっこう寝たのに、まだ眠《ねむ》たい。

[4]次に目が覚めたのは、午後三時過ぎ。のどがかわいたので、『ぼくを探しに』を持ってリビングに降りた。読み返してみたくなったから。それから、麦茶を一気飲みする。

ぼくはずっとかけらのことを考えている。かけらって、いったいなんなんだろう。ぼくの何かを埋《う》めてくれるもの? たとえば、なんとなくつまらないとか、さびしいとか。でもぼくは、本があればそれでよかったから、さびしいとかつまらないとか、あんまり思ったことがない気がする。

それなのに、今、少し心がざわざわして落ち着かない。それは、令央のことが引っかかっているのだと思う。

体調はすっかり良くなっていた。でもなぜかのどがかわいて、麦茶をまた飲む。それからリビングのソファに座《すわ》って本をながめていると……。

[5]玄関《げんかん》のチャイムが鳴った。だれだろう。セールスの人とかだったら、出なければいいと思ってモニターをのぞくと、彩友の顔が見えた。